전생인연의 비밀

지 자 경 • 저

제 1권

머 리 말

　인생은 조그만 기계이다. 그리고 죽음은 육체의 화학적 해체에 이르는 것과 같다.
　그 외에 아무것도 남기지 않으니⋯⋯ 라고 할 수 있을 것이다.
　그러나 인간은 무엇때문에 살고 고통받고 늙고 병들고 죽게 되는가? 자기 자신은 과연 무엇인가? 라는 의문은 지워지지 않을 것이다.
　과학은 만능의 힘을 갖고 무엇이든지 다할 수 있다고 생각하기에 이르렀지만 그러나 사람의 눈이나 귀의 감각에 기초를 두고 있는 과학은 그 문제에 이르면 주춤하지 않을 수 없을 것이다.
　이것은 지금까지 내려 온 인류가 인간에게 내재되어 있는 초감각적 능력에 의해서 무시할 수 없는 시대를 보내 왔다고 말할 수 있는 의미가 될 것이다. 카르마와 윤회재생(輪廻再生)의 사상은 동양에서는 물론 새로운 것은 아니다.
　그것은 위대한 불교도들의 유산(遺産)의 하나이다. 그러나 많은 현대인은 양(洋)의 동서를 묻지 않고 그것이 전통적인 사상이라고 생각해 오고 있다는 것이다.
　모두가 과학의 원리와 일치하고, 증거에 의해 제시되지 않으면 안되고 일체를 받아들이지 않으면 안되는 그러한 상황속에서 인간의 본성과 운명에 대하여 많은 사례에 접해야 하고 어느 정도의 증거를 제시하지 않으면 안되는 것이 사실이다. 이러한 자료들은 장래 완성될 것이다. 인간심리에 관한 참된 과학의 발전, 위대한 우주 진리의 출발점에 이르게 될지도 모른다.

장래의 심리학은 심(心) 즉 마음이라든가 성격 외에 혼(魂)을 포함하여 깊이 고찰 연구하지 않으면 안될 것이다.

앞으로 전개되어 오는 인류사회에 신사조(新思潮)나 과학 우주진리에 기초를 두게 될 종교를 위해서도 그 어떤 역할을 할 수 있는 가능성의 제시는 개진되어야 한다. 현대생활의 포악성으로 급변하고 무의미한 생활로 변해 가는 안타까운 세태(世態)를 맞이한 사람들에게 '실망은 금물이다, 힘차게 일어나라' 일어날 수 있는 것은 모두가 다 우주의 가르침이다. 건전한 혼을 우주로부터 영입하는 것이다. 그것은 바로 강한 제2의 생명을 부여받는 행운을 의미한다.

우리들에게 오늘이 있다는 것은 생각하고 있다는 결과이다.

우주에 편재해 일어나는 모든 손실 등, 즉 슬픔이라는 것, 관계의 단절, 병, 그리고 고통, 이러한 것들은 인간에 대한 우주의 근본조건의 하나인지도 모른다.

사람은 육체이상의 것이다. 환경은 '혼'의 연마를 위해 존재한다는 것을 알지 않으면 인생의 제문제는 점점 공포의 대상으로만 생각되어질 것이다. 현대에 사는 많은 사람들은 윤회사상을 낡고 썩은 종교적 미신이라고 오해하는 경우가 많다. 그러나 이것은 별로 놀랄만한 일은 아니다. 왜냐하면 현대 교육의 가운데에도 과학의 연구로 먼 오랜 신앙에 대하여 사람을 회의적으로 가르치는 경향이 있기 때문이다.

오랜 옛 신앙적 유산으로만 생각되는 것은 많은 신앙적인 신조가 미신적이라고 인정되어지는바 그것은 그 신빙성이나 효력을 실제로 잃기 때문인 것이다.

그러나 수년 전부터는 초감적 지각능력(超感的知覺能力)에 의해서만 판별·판단·감지되었던 것이 실제적으로 하나의 힘이 되어 모습을 나타내고 의식의 본질 분야에 깊이 연구하는 새로운 학술팀들이 세계 여기저기에 나타나 예측할 수 없는 미래에 대한 연구가 진행되고 있다.

의식을 확대 내지 강하게 하기 위하여 약품을 사용한다든지 전자 공학적인 측면에서 응용하여 개발 내지는 발전시키려는 시도가 계속되고 있다. 이렇게 경탄하지 않을 수 없는 새로운 시대가 우리들 앞에 전개되고 있다는 사실은 곧 새로운 발견 속에서 윤회전생이야말로 자연의 법칙이라는 사실이 증명되어질 날도 멀지 않다고 보지 않을 수 없다. 윤회전생은 오랜 신앙의 관습이나 전설만은 아니다.

이제는 새로운 시각으로 바로 보고 받아 들여야 할 시대가 다가오고 있다. 불교나 힌두교에서는 윤회설을 적극 인정하나 그리스도교에서는 윤회는 존재하지 않는 것으로 가르치고 있을지 모르지만 유럽이나 북미주에서는 윤회전생에 대한 깊은 흥미와 연구가 점점 높아져 가고 있다.

　실제로 영화나 만화, 세미나 등 많이 나오고 있는 실정이다. 이제 현실적으로 대두될 윤회전생의 사상은 새로운 계층의 사람들에게 심리학적, 철학적 견식(見識)을 기르고 확립시키는 것 말고도 자신의 생명이나 의식을 높게 발현시키고 인간의 운명에 보다 더 밝은 미래를 개척해 나갈 수 있는 힘을 부여해 줄 것이며, 참된 인생을 살아가야 할 자신의 입장을 다시한번 깨닫게 되는 좋은 삶의 지표로써 중요한 자극제가 되리라 생각한다.

　다행스럽게도 이러한 생각들이 서울의 서음출판사 李光熙사장님의 혜안에 힘입어 광표(廣表)되게 된 것을 신조(神助)로 감사하는 바이다.

　그리고 무엇보다 지극한 하교(下敎)를 주신 師文 也石 朴喜宣 大禪師께 합장 진배(進拜)드리며, 또한 본서가 빛을 보기까지 도움을 주신 津山의 朴成信 사장님과 森本씨, 또 성심성의를 다해 삽화를 맡아준 池銀娥양에게 감사드린다.

캐나다 토론토에서
저 자

차 례

머리말 ———————————————————— 73

서 장 혼의 윤회

의식 에네르기와 혼의 윤회 ———————— 13
누구나 자기 전생을 기억하고 있다 ————— 21
현세의 인간의 조건 ————————————— 25

제1부 전세에 결정되는 행운과 불운

영장인연이란 무엇인가? ———————————— 29
사람은 어떤 인연을 갖고 있는가? ——————— 35
현세에 나타나는 전세의 인연 ————————— 40

제2부 인연에 얽힌 돈과 성공의 비밀

가운쇠퇴와 몰락의 인연 ———————————— 55
중도좌절의 인연 ———————————————— 67
운기불안정부침의 인연 ———————————— 76

제3부 유리상자에 갇힌 불가사의

혈족·친족의 상극인연 ————————————— 83

차 례

자기 자식을 해치는 인연 ——— 95
은혜 배반의 인연 ——— 103
난산과 무자식의 인연 ——— 108

제4부 인연전생과 남과 녀의 관계

남편을 해치는 인연 ——— 119
부부애정 결핍의 인연 ——— 132
결혼 파괴의 인연 ——— 137
만혼과 애정결핍의 인연 ——— 146

제5부 인연에 얽힌 기막힌 인생들

색정의 인연 ——— 161
폭력과 형옥의 인연 ——— 200
주벽과 도벽의 인연 ——— 215

제6부 무서운 영의 파워

병의 인연 ——— 231
병과 영과는 어떤 관계인가? ——— 241

차 례

제7부 인연해탈의 현세와 미래

지혜있는 자의 행운 ——————— 257
현세에 고통받는 영혼들 ——————— 267

제8부 열리는 눈동자

영과 인간의 차이점 ——————— 293
우주의 윤회법칙 ——————— 296
인류에 전달되는 기억 ——————— 301
인간의 인연과 운명 ——————— 305
인연 발동의 시기 ——————— 309
전세와 이어지는 운명 ——————— 312

서장
혼의 윤회

의식에네르기와 혼의 윤회

　의식(意識)은 원자(原子)에서 이루어지는 육체와는 질적으로 다르다고 할 수 있다. 과학자는 생물의 구조에서 보이는 단백질과 핵산·탄수화물 같은 중요한 화합물에 관한 실험 데이터를 산같이 모으고 있다. 그러나 이와 같은 과학반응(科學反應)에 의한 산물로는 의식의 현상을 밝게 만들어 준다는 증거가 될만한 결과를 얻지 못한다.

　노벨상을 수상한 과학자 알버트 혼센트찰스 박사는 일생을 통해 추구해 온 의식에 관해서 다음과 같이 말한바 있다.

　"생명의 수수께끼를 추구해 온 내가 갈 곳은 전연 생명을 갖고 있지 않은 원자나 전자였다. 연구 중에 생명은 나의 손가락 끝에서 흘러나왔다는 사실이다. 연로한 지금 나는 자신의 발자취를 더듬거리며 나아가고 있는 중이다."

　유명한 생물학자 토마스 학슬레이는 생명에는 원자나 전자가 아닌 것이 있다고 인정하고 있다.

　"우주 내에는 세번째의 것, 즉 의식이 있다는 것을 나는 잘 알고 있다. 그러나 그것이 결정적으로 물체인가, 힘인가, 또는 아무것도 아닌가……. 나는 잘 모른다. 그러나 의식의 존재를 인정하든가 부정하든가의 문제는 놔두더라도 현대과학은 어쨌든 이것 이상의 정보를 제공해 주지 못하고 있다."

노벨상 수상의 물리학자 닐스포아는 다음과 같이 말하고 있다.

"우리들은 물리학에 있어서나 과학에 있어서도 의식에 관해서는 관계있는 대상을 취급하지 않는다고 말할 수 있다. 그러나 이상한 것은 우리들은 의식이라 말하는 것이 존재한다는 것을 알고 있다. 왜냐하면 우리들 자신이 그것을 갖고 있기 때문이다. 다시 말하면 의식은 자연의 일부로서 일반적으로 말하는 현실의 일부임에 틀림이 없다.

그것보다는 의식은 양자론(量子論)가운데 규정되어 있는 것과 같은 물리학이나 화학의 법칙과는 전적으로 거리가 멀다 할 수 있으며, 우리들은 전연 별개의 법칙을 생각할 수도 없다."

또 한 사람의 노벨상 수상자 유진와이다나도 다음과 같이 말하여 동의하고 있다.

"양자력학에는 생명과 의식의 설명은 할 수 없다."

그러나 예를 들어 현재의 물리학에는 의식의 성질에 관해 확실한 정보를 갖고 있지 못해도 고대의 산스크리트 문전(文典)에는 찾아낼 수 없는 기본적인 자연현상에의 의식에 관하여 상세히 말하고 있다. '몸 전체에 편재하는 것[의식]은 불멸한다는 것을 안다.' 또는 '불멸이라 헤아려 알 수 있는 영원한 자기[의식]가 살고 있는 집이라 할 수 있는 육체만이 멸한다'고 말하고 있다.

물질적 요소로부터 이루어진 우리들의 육체는 영원히 변화

하는 하위 에네르기의 일부분이다. 그러나 육체를 움직이는 생명력은 비물질적 우선 에네르기에서 이루어진 입자다. 그것은 의식의 근원으로 태양 광선이 공중에 퍼지는 것과 같이 몸가운데 확산되어 있다.

순수한 상태에 있는 의식은 청정한 공기와 같다. 원래 공기에는 냄새가 없는 바, 무엇인가의 위를 통하여 오는 가운데 여러 물질의 향을 운반해 온다.

꽃이 활짝 핀 정원을 지나 온 바람은 달콤한 향기가 가득하다. 부서지는 흰 파도를 건너 온 해풍은 상큼한 기분을 안겨 준다.

쓰레기 더미를 통해 온 바람은 좋지 않은 냄새가 난다. 그렇지만 이러한 냄새는 본질적으로 공기 자체와는 다르다.

이와 같이 인간의 의식도 헤아릴 수 없이 많은 육체의 명칭을 갖게 된다. 자기는 남자다, 여자다, 뚱뚱하다, 말랐다, 미국인이다, 일본인이다, 유럽인이다, 농부다, 변호사다, 정치가다, 젊은이다, 늙은이다, 부자다, 가난하다, 중류다, 라고 생각하고 있는 것이다. 그러나 이러한 인식은 흔들려 움직이는 것이다. 시간이 흐르면 움직여 변하는 것이다.

지금은 의사이지만 어릴적엔 의사가 아닌 것과 같다. 이와같이 물리적인 개념은 쓰고 나면 없어져 간다.

하늘의 구름과 같이 몸과 마음은 시간이라고 하는 바람에 의해 지워진다. 결국엔 결정적 변화의 순간을 맞이한다. 그래도 의식은 육체의 죽음을 초월하여 존재를 계속한다.

그렇다면 그 목적은 도대체 무엇인가? 그리고 의식을 초감각적인 나그네로 끄는 힘은 무엇일까?

만약 인간의 의식이 죽음을 체험했는데도 생을 계속한다면 새로운 차원으로 옮겨감은 무엇에 의해 결정되는 것일까?

죽을 때에 혼은 새로운 몸으로 들어간다. 물속 동물에서 시작하여 인간이라는 최고점에 이르기까지 840만종의 생물체가 있다. 그래서 인간의 몸에는 죽음으로 바뀌어서 자유롭게 될 수 있는 기회가 주어진다.

미국에서 발간된 《불사 가운데의 모험》이란 책에서는 네 사람 중에 한 사람의 미국인은 자기 또는 혼(魂)은 육체의 사후에도 생존하고 다음의 육체에 태어나 변한다는 것을 믿고 있다고 보고 있다. 유감스럽게도 많은 사람의 윤회(輪廻)에 관한 생각은 단순히 사람을 놀라게 하는 데에만 쓰여지고 있다.

사실에 입각해서 현실로 나타나는 자기의 생의 변화에 대하여 가설적으로 이야기를 할 수만은 없는 것이다.

많은 사람들이 나의 사후는 어떻게 될 것인가?하고 생명의 궁극적인 문제에 대하여 대답하지 않으면 안된다. 생명의 윤회는 진화의 과정이라고 말할 수도 있다. 다윈은 동식물의 분화(分化)와 진화(進化)를 이해하고 설명하고 있다.

주로 자연도태에 의해서 다른 종자가 물리적 변화에 의하여 높은 종자로 진화한다는 가설을 내놓았다. 그러나 5,000년 전에 벌써 동양에서는 물질자연 내에서의 진화의 원칙을 밝히고 있다. 물질자연 내의 생명체인 혼을 말하고 있는 것이다.

우주 창조의 초기의 단계에 모든 종자가 나타났다. 이 불멸하는 영원한 종자혼(魂)은 서서히 다른 종자의 물질적 육체를

서장 혼의 윤회 17

지나 진화한다.

　미생물 아메바에서 시작하여 어류·식물·곤충·파충류·조류·포유류·인류, 그리고 초인류(半神)로 진화해 나간다.

　따라서 진화의 과정이란 실제로는 의식의 진화인 것이다. 그렇기에 윤회란 혼의 전생이며, 물질적 육체를 타고 넘나드는 것이다.

　그렇다면 혼이 전생하기 위한 특별한 구조란 대체 무엇일까?

　물질계에 말려 둘러 쌓였다는 것은 현세 또는 전세에 전개된 것으로 끝나지 않고, 계속 작용, 반작용의 결과를 가져 온다. 이것은 불교의 업(業)에 의해서 알 수 있고, 작용, 반작용에 관한 과학의 원리와 유사한 자연의 법칙이다. 겸허하게 행동하는 자는 장래에 좋은 결과를 얻게 되고, 또 그 반대도 같은 이치이다. 그러나 인류만이 그 정묘하고 면밀한 법칙에 지배되고 있다.

　이렇게 말하는 것은 인류라고 하는 그 형태만이 진보된 지성과 자유로이 선택된 권리를 갖고 있기 때문이다.

　인간보다 저급한 생물체에는 혼은 마음과 몸 보다도 꾸며진 크기의 모양에 덮여 있기 때문에 그러한 몸에 존재하는 생명은 모두가 자연의 지배하에 있다.

　짐승이나 미생물, 곤충이나 식물은 반사적으로 본능에 봉사하게 됨으로써 자기들의 행동에 책임이 없고 동물·식물은 업의 반작용을 받지 않는다.

　카르마〔업〕의 법칙에 따라서 우리들은 미세에 인간으로 태어날지, 태어나지 않을지도 모른다.

우리들은 인간이기에 전생의 과정에서 끝날지도 모르고 개·돼지·닭·고양이 보다 더 저급한 종류의 생물로 변하여 태어날지도 모른다.

예를 들어 만약 돼지와 같은 성질을 갖고 있다면 다음 생에는 그와 같은 동물의 몸에 들어갈지도 모른다. 따라서 정신적으로 완성되려 노력하지 않고, 인간의 몸을 오용하는 것은 위험하다 할 것이다.

인간으로써의 일생에 우리들은 몇천 번이고 생(生)과 사(死)의 짜임에 말려 돌아가게 되니 주의해서 카르마를 지어 나가야 한다.

인간이라고 하는 형태 속에 살고 있는 혼은 위험한 십자로에 서있는 것이다.

인간으로서의 우리들에게는 초월적인 지식에 정신적으로 교화되고 영원히 계속되는 윤회전생의 짜여져 돌아감을 파괴하는 기회를 많지 않게 부여해 주고 있다. 물질에 의한 생명체는 어느 생명체에 들어가고 다시 그곳을 지나 다른 육체에 옮겨 갈 때 바람이 향기를 운반해 오듯이 여러 가지 개념을 수반해 온다.

누구나 자기 전생을 기억하고 있다

전생(前生)은 정말 존재하는가? 존재한다는 증거는 도대체 어디에 있는가? 이러한 의문을 나에게 물어 오는 사람이 대단히 많다.

의문은 더욱 많다고 생각한다. 의문이 많기에 나는 기꺼이 말한다. 전세(前世)는 사실 존재하며, 증거도 아니라 할만큼 존재한다.

예를들어 이러한 경험은 없었을까? 그 사람과는 도무지 생각해도 초면인데 '어? 이 사람은 어디선가 만났던 것 같은데 어딘지 확실히 생각이 안 나지만 이상한 감이 드는데……'라고 마음이 반응하는 경우가 있다.

또는 여행을 떠나서 처음 가보는 여관이나 호텔에서 '어? 이 곳은 전에 한번 왔던 곳이 아닌가'하고 와 본 것 같은 착각에 빠지는 경우도 있다.

그 방의 느낌, 정원의 풍경, 그 방의 분위기가 꼭 내 방 같은 포근한 느낌이 들고 전연 서먹함이 없이 벌렁 누울 수 있는 그런 분위기……

소위 그러한 경우가 있다. 보통 우리들은 이러한 불가사의한 이상한 경우를 모두 기(氣)의 세(勢)로 돌린다. 절대로 깊이 생각지 않는다.

그런데 그것은 정말 기의 세일까? 그렇다면 '기의 세'란 것은 도대체 무엇인가?

우리들은 조금 머리가 이상하게 되어진 것이나 아닐까? 물론 그런 일은 없다. 기의 세 같은 것이 아닌 그것보다도 우리들의 일상생활 가운데 자주 신변에 체험하는 전세(前世), 즉 전생인 것이다.

우리들의 마음의 심층에 깊이 묻혀 있다 나온 전생의 기억인 것이다. 초대면인 데도 어디선가 만난 것 같은 감(感)이 드는 사람은 실제로 어디선가 만났던 일이 있었던 사람이다.

처음 찾아간 곳이지만 전에 한번 와 본 것 같은 그러한 감이 드는 것은 실제로 그곳에 갔던 일이 있었던 것이다. 단 그것은 금세의 당신이 아니라 전생의 당신이 경험했던 일이다.

전생의 기억은 사람이 태어나는 순간 한번 깨끗이 소제된다고 할 수 있다. 그렇지 않다면 전생과 금생의 경계가 없어져 질서가 없어지기 때문이다. 그러나 혼(魂)에 깊게 새겨진 기억은 그렇게 간단히 지워지지 않는다. 의식에 타고 있지만 않을 뿐이지 무의식의 심층과 심리 가운데 살고 있는 것이다.

무언가 뜻하지 않게 그 어떤 벽을 무너뜨린 것 같은 이상한 감에 젖어 있을 때가 있다. 그때 우리들은 거기에 휩싸여 기묘한 자기 마음의 움직임을 경험하는 것이다. 어디에선가 만난 것 같은 감이 드는 사람은 전생에는 당신의 연인이나 처 또는

남편이었는지도 모른다. 또는 전생에 증오하던 사이거나 죽였던 상태였는지도 모른다. 처음 간 곳인 데도 몇 번 가본 것 같은 그런 착각을 일으키는 그곳은 실은 전생에 당신이 그곳에서 지낸 사실이 있는 장소인지도 모른다.

또는 비운(悲運)의 죽음에 이른 한 맺힌 그런 장소인지도 모른다. 이러한 일을 미루어 보아 전생은 존재하지 않는다고 말할 수 없다. 증거가 없는 것이 문제가 아니다. 그것은 명백한 사실이다.

우리들의 일상생활 가운데 전생은 슬쩍 얼굴을 내밀고 있을 뿐이다. 의식감각이 빠르게 뛰어난 사람은 특히 한 달에도 몇 번은 많은 사람 중에서도 무의식중에 시선이 합쳐지고 무언중에 무언가 마음이 통하는 것 같은, 또는 사랑스러운 것 같은 느낌에 자신이 얼굴을 붉히는 경우를 체험했을 것이다. 그러다 어찌하여 서로 말이 통하면 급속도로 빨라져서 몇 년 전부터 알고 지낸 사람같이 가까워지고 스스럼없이 갑자기 친구가 되는 경우가 많다. 그러한 경우는 대개 전생에 처이거나 연인이었음은 두 말할 나위도 없다. 그러나 그 반대로 버스나 전차에 탔다가도 옆에 앉은 또는 앞에 서있는 사람과 하찮은 문제로 시비가 붙어 금방 죽일 것 같은 기세로 달려드는 경우도 있다.

심지어는 멱살을 잡고 밀고 당기는 경우 이러한 경우의 만남은 전생에 어김없이 깊은 증오에 싸였거나 원수지간인 것이다. 이러한 느낌은 곧 의식의 변화작용에서 오는 것인 바, 의식이란 것은 물질에 둘러 쌓인 우주 에네르기인 것이다.

물질적인 요소로부터 이루어진 우리들의 육체는 영원히 변화하는 하위 에네르기의 부분인 것이다.

현세의 인간의 조건

이 현세의 인간이 갖고 있는 조건은 두가지로 분류할 수 있다. 즉, 내적 조건과 외적 조건이다.

인간의 운명이나 인생이라고 하는 것은 인간을 중심으로 해서 내적 조건과 외적 조건의 종합 결과라 말해도 좋을 것이다.

사람이 성공하기 위하여 근면하게 노력가가 되지 않으면 안되는데 이것은 내적 조건이다. 그것으로써 성공할 수 있을까 하고 생각한다면 여기에 외적 조건의 무엇인가가 문제를 제기해 온다.

근면 노력해서 살아가는 중에 성공이라는 결과를 가져 오는 외적 조건도 있으며, 근면 노력이 건강을 해쳐서 병을 얻어 낙오되는 경우의 외적 조건도 있다.

그렇다면 내적 조건과 외적 조건은 상대적으로 대립하고 있는가 하면 그렇지도 않다. 표리일체(表裏一體)가 되어 내적 조건이 외적 조건을 만들어 내 놓는 결과 같은 경우도 볼 수 있고, 외적 조건이 내적 조건을 만들어 내 놓는 것을 볼 수도 있다. 그래서 표리일체이다.

이 내적 조건을 '인(因)'이라 부르고 외적 조건을 '연(緣)'이라 말한다. 내외의 조건은 표리일체되고 있기 때문에 '인연'이라 말하는 경우가 많다.

인연의 종합결과가 과(果)이다. 이것을 인과라고 말한다. 인과라고 하면 태고적 옛일을 느끼게 되고, 내적 조건과 외적 조건 또는 종합결과라고 말하는 것은 아득하게 멈추어 서 있는 표현이다.

그런 까닭에 우리들은 '인연'이라는 표현을 쓰고 있는 것이다. 따라서 우리들은 먼저 자기가 갖고 있는 조건이 어떠한 것을 갖고 있는가 구명(究明)하지 않을 수 없게 된다.

제 *1* 부
전세에 결정되는 행운과 불운

영장인연이란 무엇인가?

　인연에는 영적으로 맺어지는 좋은 인연과 나쁜 인연, 즉 악인연이 있다. 좋은 인연이 나타날 경우에는 대개 행복하지만 소위 세간에서 말하는 인연, 즉 좋지 않은 나쁜 악인연이란 영(靈)의 장해가 만들어 내는 영장으로써 인간세상에 많은 장해를 가져 오고 미혹된 삶을 살게 유도한다.
　여기에서는 인간들이 받는 고통, 그 고통의 원천인 영장의 악인연에 대해 주로 생각해 보겠다.
　헝가리의 운명심리학자 리포트숀테이 박사는 이렇게 말했다.
　"선조의 억압된 욕망이 자손이 살아나가는데 나타난다. 그것은 결혼(연애)·우정·직업·건강·사망 등이라는 형식에 따라 영향이 주어진다."
　라고 말하고 있다. 이 말은 곧 사람의 인생은 선조에 의해 어김없이 강한 영향을 받는다는 말이다. 그러면 왜 선조가 그러한 영향을 끼치는가? 그리고 그 에네르기는 무엇인가?
　숀테이 박사는 무의식이 의식층에 대한 억압의식이라고 말

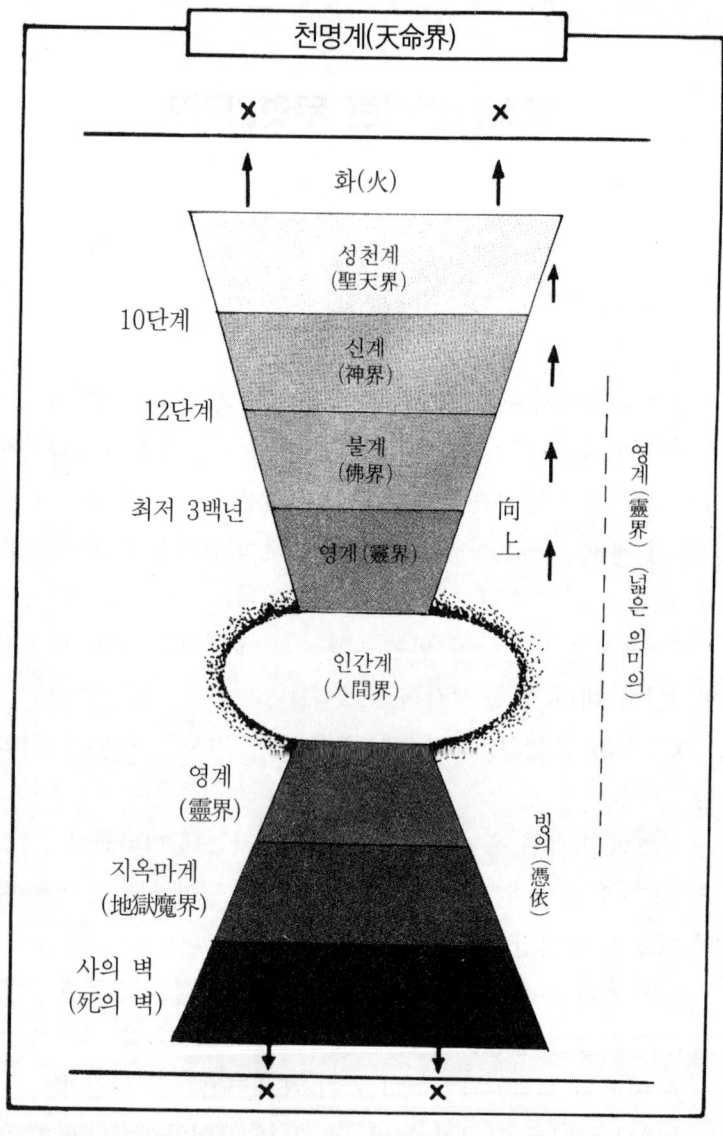

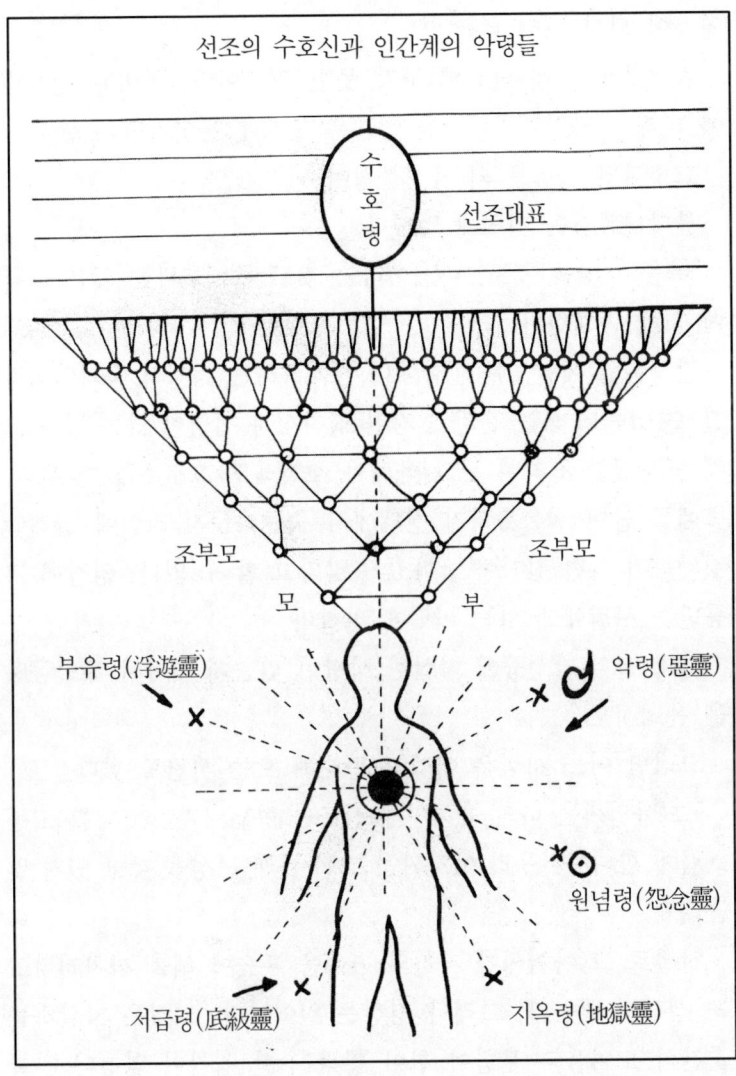

한다. 억압된 의식은 불성불령(不成不靈)이 되고, 그 집착이 영장이 되어 나타난다.

불성불령은 성불(成佛)하지 못한 영혼이다. 준비된 성불법에 의해 공양하지 않는 한 영혼은 불계에 들어가지 못한다.

그렇다면 사람은 왜 불성불령이 되는가?

불타(佛陀)는 이렇게 말했다.

"마음이 있는 것도, 마음이라는 것도 존재한다는 것은 집착에 의해 존재한다."

집착은 갈애갈구를 말함이니 존재하려는 의지의 움직임이라 할 수 있는데 죽는 순간에 강한 집착심과 집념이 있는 경우 그것은 강열한 집착이 되고 육체가 소멸해도 그것은 남게 된다.

예를 들어 반(反)의지 상태에서 죽는다든지 타인에 살해당했다든지 하면 집착이 남아있지 않다고 할 수 없다. 영장에 고통받는 사람에게 나는 이렇게 말한다.

"3대 전의 남성중에 자살한 사람이 있는데 찾아서 해탈공양을 올리시오."

그러면 어느 사람은 어기고 반대해 오는 사람도 있다.

"그 아저씨는 나의 육친인데 선조는 아닙니다. 왜 나를 고통스럽게 합니까? 우리 아저씨는 그런 나쁜 근성을 갖고 있지 않는데요."

진실로 그 아저씨가 자기의 귀여운 후손에 해를 끼치리라고는 생각지 않는다. 그러나 영장은 일어난다. 그것은 자살하는 순간의 노여움과 분함이 한이 맺혀 강한 집착이 엄청나게 클 경우 자식이라든가 손자라든가 하는 인식이 없게 된다.

제1부 전세에 결정되는 행운과 불운 33

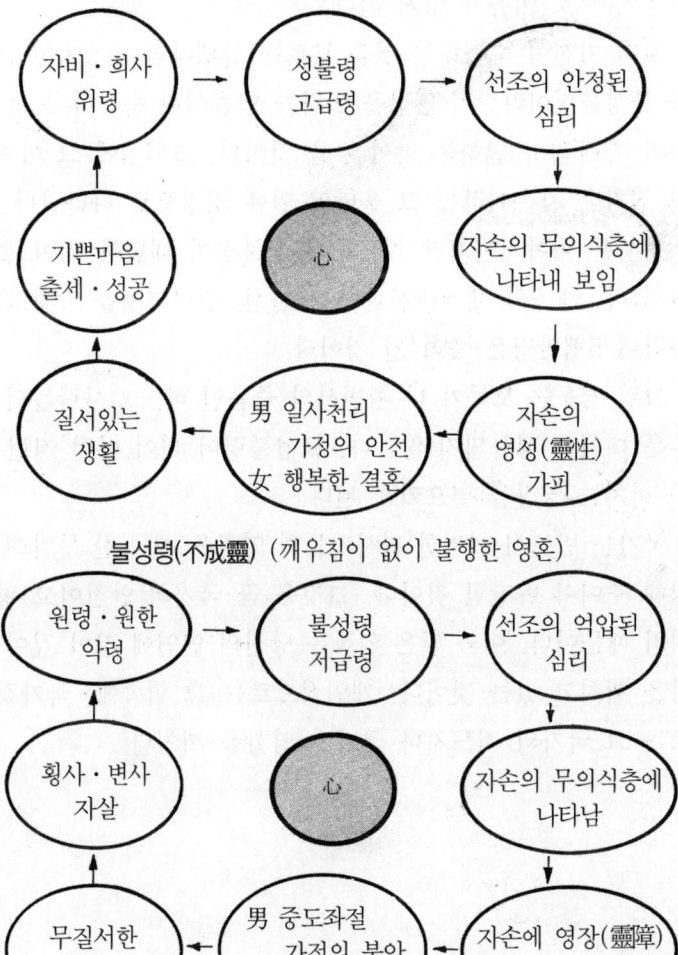

죽는 순간의 정신상태는 자기는 아직도 삶이 남아있는데 죽지 않으면 안된다는 후회와 잔념, 무념과 생리적인 단말마의 고통 등으로 여유가 없게 된다.

자기 자신이 죽는다는 것을 모르는 상태라면 좋겠지만 그러나 불성불령이라든가 영장을 발하는 영혼이란 순수히 '고통 그것의 존재'라고 말하는 것이 좋을 것이다. 그렇기에 그 아저씨의 집착은 자손이라는 그 울타리 안에 영장으로 나타난다.

무서운 이야기이지만 지금은 불성불령이 대단히 많이 불어나 있다. 제 2차 세계대전과 6.25전쟁, 월남전쟁을 거쳐 죽은 사람이 5백만명은 족히 될 것이다.

그런 경우는 모두가 다 횡변사의 죽음인 바, 그 사람들의 영혼은 대개가 성불되지 않는다. 불성불령이 되어 이런 저런 해를 끼치는 영장을 일으키게 된다.

국가는 반드시 이러한 전사자들의 영혼을 매년 한 두차례 위령해 주어야 마땅할 것이다. 그것은 곧 국가의 안전이고 평화이기 때문이다. 이와 같은 영장은 당신의 인연에 깊이 깊이 영향을 끼치고 있는 것이다. 개인적으로는 그 혈족에, 국가적으로는 그 국가의 지도자나 국가에 영향을 끼친다.

사람은 어떤 인연을 갖고 있는가?

지금부터 사람이 갖고 있는 인연에 대하여 설명하겠다. 그러면 그런 인연이라는 것이 왜 인간에 있을까?

그 원인론(原因論)은 앞에 기술하였기에 여기에서는 설명을 생략한다.

인간은 여러 형태의 인연을 갖고 태어난다. 그 인연을 갖고 살아나가는 과정에서 다시 외적 형태의 인연을 보태게 되어 복잡성을 띠게 된다. 그러한 복잡한 인연이라고 하는 현상을 분석, 해석해 보기로 하자.

이해하려 노력하며 한번 읽어 본다면 틀림없이 생각하는바 맞아 떨어지는 일이 있을 것이다.

계란이 먼저냐, 닭이 먼저냐 잘 알지 못해도 계란을 먹고 닭고기를 항상 맛보는 그런 어리석음도 있는 것이다.

사람은 대개 20종류 이상의 인연을 갖게 되는데 악인연과 선인연으로 구분된다. 특히 인간세상에는 악인연이 더욱 작용하는 폭이 크기 때문에 그 작용하는 폭만큼 많은 인간들이 고통을 받고 그 고통에서 헤어나지 못한다.

악인연은 주로 크게 세가지로 나눈다. 첫째는 횡변사(橫變死)의 인연.

둘째는 형옥(刑獄)의 인연.

셋째는 육친혈연상극(肉親血緣相剋)의 인연을 수반한 가운 쇠퇴의 인연 등으로 나눌 수 있다.

불성불령(不成不靈)의 영장은 이 세 가지의 무서운 악인연을 만들어 낸다. 이 3대 악인연이 하나만이라도 태어난 집에는 집안의 운기가 점점 쇠퇴해지고 그 가족의 개인이 점점 재능이 떨어지고 노력을 해도 비운으로 바뀌고, 일생이 불행·불운에 빠지게 되는 일이 일어난다.

1. 가운 쇠퇴몰락의 인연:
집안의 운기가 갑자기 바뀌면서 기울어지는 집안에 태어나서 재능을 발휘하는 곳을 갖게 되지 못한다.
2. 중도 좌절의 인연:
무슨 일을 해도 뒤에 조금 남은 일이 문제를 일으켜 반드시 중지되고, 결코 결실을 보지 못한다.
3. 불안정 부침변동(不安定浮沈變動)의 인연:
운기에 뿌리가 생기지 않아 주거나 직업이 안정되지 못하고, 부침변동이 멈추지 않는다.
4. 혈족(血族)·친척 상극의 인연:
육친이나 혈연이 같은 사람끼리 높이 있는 생명력을 해하고 싸움이 그치지 않고 분산되어 나간다.
5. 자기 자식을 극하는 인연:

부모가 어린아이의 생명력을 해하여 어린이는 년중 병에 시달리고 소년시절에 집을 뛰쳐 나간다.

6. 은혜 배반의 인연:

은혜를 거역하고 배반하지 않는 성격을 가졌다 해도 결과적으로 그렇게 된다.

7. 남편을 해치는 인연:

남편의 운기를 눈에 보이는 것 같은 힘으로 해치기 때문에 남편은 대단히 운이 나빠진다.

8. 부부 애정 장해의 인연:

결혼생활에 장해가 일어난다. 애정의 유무에 관계없이 변한다. 결과적으로 부부 사이가 순조롭지 못하게 된다.

9. 결혼 파괴의 인연:

생이별이 될까, 사이별이 될까는 상대의 생명력에 달려 있다.

10. 형벌의 인연:

흉운의 때는 반드시 형사사건이 일어나고, 교도소에 갈 일이 일어난다.

11. 신체장해의 인연:

눈이 실명된다든지 수족을 절단하는 일이 일어난다.

12. 횡변사의 인연:

자살·타살·사고의 위험성이 언제나 따라 일어난다. 반드시 횡사·변사한다.

13. 뇌장해의 인연:

정신병의 경우나 두부(頭部)·발병(뇌일혈 등)·부상 등이 일어난다.

14. 이중인격의 인연:
술을 마시면 잠재의식이나 심층의식이 떠올라서 별다른 인격이 들어가 겉으로 나타난다.

15. 암(癌)의 인연:
위암이나 자궁암 등 기타 그 인연을 갖으면 반드시 암이 나타난다.

16. 색정(色情)의 인연:
남녀가 이성문제에 있어 고민하고 상처받는 인연이다.

17. 편업(偏業)의 인연:
종교가・예술가・예능인・재판관 등에 맞는, 그 직업이 아니면 다른 직업은 절대로 키워나가지 못한다.

18. 재운유수(財運流水)의 인연:
재운이 있어 돈이 들어온다 해도 물과 같이 흘러나가 몸에 붙어 있지 않는다.

19. 두령운(頭領運)의 인연:
반드시 크고 작은 사람 위에 군림하여 두령이 된다.

20. 무자식의 인연:
자식이 태어나지 않고 출생한다 해도 5,6세에 이르기 전에 죽는다.

21. 출산의 인연:
출산시 난산이 되며 생명력이 약한 때는 죽는 경우의 인연.

22. 주벽・도벽의 인연:
술을 많이 찾게 되고, 취하여 행패가 심해 술로 인하여 가정이 파괴된다. 도벽 인연 역시 도박에 빠져 손을 떼지 못해 가산탕진은 물론 자살까지 몰고 가는 현상을 가져 온다.

23. 폭력의 인연:

자신도 모르는 사이에 광폭한 언행이 나오게 되고 심지어 부모형제까지도 폭행하는 행동이 나온다.

현세에 나타나는 전세의 인연

　전생을 알기에는 원칙적으로 오랜 불도(佛道)의 수행이나 영(靈)적인 연구 내지 천성적인 영매기질을 갖는 것이 필요하다. 그러나 그곳까지 가지 않는다 하더라도 어느 정도 까지는 누구든지 알 수 있다.
　먼저 여기서 말하려는 것은 전생과 현세와의 인과 관계의 실례를 배우고 연구하는 것이다.
　당신 자신의 케이스에 있어서도 이러한 일은 한 두 가지가 아닌 것이 없다.
　거듭해서 구체적으로 전생을 알기에는 뒤에 자세히 언급하겠지만 선조를 물어보고 인상이나 체형, 수상 점, 성명 등 사람이 태어나면서부터 갖고 있는 특징을 재료로 추리해 움직여 나간다.
　당신의 전세(前世)는 당신 자신이 헤아려 해명할 수 있다.
　이렇게 전생을 알아보는 것은 지금의 인생에 닥쳐 온 불행의 원인을 알아내고 행운을 부르는데 필요하기 때문이다.
　업(業)이란 지속되어 내려오는 마음의 습관이라 할 수 있다.

그것을 죄장이라 말할 수도 있다.

마음적으로 깨름찍한 일, 증오하는 마음, 이와 같은 악감정을 그대로 갖고 있으면 그것은 마음의 습관이 되어 새겨지게 되고, 금생의 당신의 개성 가운데 받게 되며, 불행의 원인이 된다.

그러한 일에는 온 마음을 다하여 애당초부터 의식적으로 나쁜 마음의 습관을 끊어 버리면 전생의 인연도 끊어진다.

다시 말하면 전생을 아는 것이 업을 끊고 인연을 잘 만들어 가게 되며 불행을 행운으로 이끌어 나가는 지름길인 것이다.

전생의 인연은 종(從)으로 짜이고 횡(橫)으로 짜여져 복잡한 구성을 하게 되는데 그것은 자신의 전세(前世)의 영향인 것이다.

영장인연은 꼭 이 세상에 태어나기 전의 자기의 전생에서 만이 맺어지는 것이 아니라 먼저 저 세상으로 간 모든 씨족 관계의 영혼에서도 그 인연은 현세에 종횡으로 짜여진다. 따라서 이러한 경우는 전부 자기 자신에 책임이 있다.

또한 우리들은 인연을 끊을 때 종으로만 끊어서도 안되고 횡적인 인연도 끊지 않으면 안된다고 나는 생각한다.

무조건 선조의 잘못된 인연으로만 돌리려 하지 말고 자신의 잘못된 죄장을 현재에 받는다는 것도 알아야 한다.

잘못된 인연으로 불행을 얻고, 그 불행은 다시 불행을 부른다.

좋은 인연이 맺어지면 행복이 오고, 그 행복은 또 다시 행복을 가져 오게 된다. 하나의 불행한 짐을 지고 고통받는 인간에게는 다음 또 그 다음에도 그 불행이 무거워진다.
　행복한 인생을 걸어가는 사람은 가볍게 걸어가고 행복하게 춤을 추며 나아간다.
　본인 스스로 용기를 갖고 불행의 원인을 제거하여 자신의 근본을 바르게 하면 행복은 서서히 찾아오게 된다.
　지금부터 내가 누구든 자기 자신의 힘으로 커다란 행복을 만들 수 있다. 실제로 그렇게 된 사람이 나의 주변에 많이 있다.
　그러한 예는 뒤에 많이 나올 것이다. 당신도 틀림없이 행복해질 것이다.
　현대에 사는 당신들은 자칫 이러한 영적인 파워를 짐짓 미신이라 부를지도 모른다. 그러한 세계를 감지하지 못하는 사람은 당연하다 하겠다. 그러나 절대세계에서 일어나는 보이지 않는 거대한 힘은 도저히 보통 인간들(감지하지 못하는)의 힘으로는 상대적인 힘의 한계에 부딪쳐 불가사의한 힘에 놀랠 것이다.
　예를 들면 의사가 자기 아들에게 알 수 없는 질병에 걸려 아무리 진단해도 알 수 없고 치료도 되지 않아 당황해 하다 영적 파워에 의해 간단히 치료되는 현상이 그것이다.
　질병의 경우는 눈에 보이는 경우이다. 눈에 보이지 않는 인간의 운기의 변동은 영적으로 자못 엄청난 힘으로 인간에게 엄습해 옴으로 그 힘에 대항할 힘이 없어 속수무책인 것이다.
　과학이 발달된 현대의 문명시대에 사는 사람들은 그러한 것쯤은 하고 까마득한 그 옛날 문화가 존재치 않던 시절의 이야기라고 웃을지 모른다.

그 말도 옳다. 사실 그 오랜 예부터 영은 존재해 왔고 신은 존재해 왔기에 그 오랜 옛날은 오히려 인간들이 순박하고 인간으로서의 선(線)이 없는 때문지 않은 순수성을 간직하고 있었기에 영장은 그렇게 많이 나타나지 않고 따라서 신의 조화도 그렇게 변화 많게 작용되어질 수 없었다.

소위 과학이라는 문명의 척도가 발전, 개발되어 나오면서 인간들은 인간에 가장 근접되어 혜택을 주고 감싸 주던 그 영과 신의 존재를 경멸 내지 무시하고 멀리하기 시작했다.

그 결과 인간의 사고와 행동은 더욱 순수하지 못하게 변화했고, 영혼과 신은 그 순수하지 못한 인간들의 생각과 행동에 불안 내지 회의를 느끼기 시작했다.

결국 인간은 인간대로 자기들이 만들어 나가는 숫자놀이에 정신이 팔려 순수자연의 대법칙을 무시하게 됐고, 신(神)은 신대로 갖가지 인간들의 제도나 방법에 인간들이 깨우칠 수 있는 방법으로 인간체계에 전달했다. 그러나 무지한 인간들은 차원 높은 영이나 신의 계시 내지 깨우침이나 가르침은 알아채지 못했다. 매우 서글픈 현상이라 하겠다.

무지한 사람이 자기가 최고라고 떠벌리고 자화자찬하는 것과 꼭 같다.

사실상 첨단과학이나 우주과학도 모두가 영적인 힘, 즉 신의 가르침을 받아 한 두사람의 영적인 파워가 뛰어난 사람, 즉 초인간의 경지에 있는 그런 사람이 만들어 낸 것에 불과하기 때문이다.

영적인 파워가 뛰어났다 함은 신과 인간이 서로 통하여 감지할 수 있는 교감이 잘 이루어진 상태를 말한다.

과학은 한계가 있는 것이다. 유한계(有限界)이다. 그러나 영이나 신의 세계는 한계가 없는 무한계이다.

앞으로는 보다 더 현명한 자는 이 무한계 신의 영의 세계를 이해하고 알려고 노력하지 않으면 결코 훌륭하게 성공된 자기 길을 개척해 나가기 어려울 것이다.

현실적으로 첨단과학이 가장 발달된 미국을 비롯한 서구 일부나 일본에서는 자연발생적으로 영적 파워에 눈을 돌리게 되어 지금은 미국이나 일본에서는 상당히 깊은 단계에 까지 영적인 파워에 대해 연구하는 초현상 연구 단체가 많이 나오고, 또 실제적으로 매우 활발히 그 세계에 대해 직접적으로 깊이 연관되어 생활에 현실화 해 나가고 있다.

아이러니컬하게도 과학과 문명이 중간 정도에 와 있다고 생각하는 계층에 이 영적인 파워와 신의 힘에 대해 부정하려는 경향이 많다.

이것은 곧 태양은 인정하나 그 태양의 보이지 않는 힘은 인정하지 않는 것과 같다.

현대에 사는 인간들은 하루속히 영의 세계, 신의 세계에 대해 한 차원 높여 연구하고 그 문을 두드려야 할 것이다. 그래야만 신인합일(神人合一)의 상태에서 많은 해결키 어려운 문제들이 나타나지 않고 또 나타난다 하더라도 쉽사리 해결될 것이다.

◼ 나쁜 인연이 없으면 덕(德)이 나온다

 사람은 나쁜 인연과 좋은 인연을 가지고 있는데 아무리 업(業)이 깊은 사람이라도 한 개 정도의 좋은 업을 갖고 있다.
 내가 인연을 보고 가르쳐 줄 때에도 어느 사람은 '좋은 인연을 가르쳐 주십시오, 그것을 위해 노력하고 싶습니다.' 라고 말하는 사람도 있다.
 그래도 나는 '지금은 이것으로 좋습니다. 그 가운데…….' 하고 가르쳐 주지 않는다. 왜냐하면 그것은 나 자신의 체험에서 왔기 때문이다.
 나는 자신을 운명학에 비추어 보고 대단히 좋은 운성을 갖고 있다는 것을 알고 있다. 그러나 나쁜 운성도 갖고 있다. 많은 사람으로부터 존경도 받고 경외의 대상이 되기도 했으며, 많은 재보도 가져 봤다. 반면에 친족과 형제간에 반복되는 상황도 있었다.
 나는 좋은 인연을 덕이라 말하고 싶다. 그래서 보통 '인연'이라 말하면 나쁜 인연이라 생각해 주기 바란다.
 인연은 갑자기 쉽게 때에 따라 나타나기 때문에 그 때마다 사람들은 당혹하게 되고 곤혹스럽게 생각한다. 그러나 어느날 갑자기 좋은 인연, 즉 덕(德)이 나타나서 상황은 돌변하게 된다.
 물론 누구든 그 자신들이 첫째 만들고 주위의 사람들로부터 도움을 받는다 하지만 그렇게 되어지는 그 자체가 예기치 않게 일어나는 경우가 많기 때문에 사람들은 그러한 경우 대개 우연이라 생각하고 또 그렇게 말한다.

그것은 인연의 흐름의 작용을 모르기 때문에 단지 그렇게 말하는 것 뿐이다.

여기서 생각할 수 있는 것은 경제학에서 소위 말하는 '악화는 양화를 구축한다'이다. 많은 좋은 인연을 갖고 있다 해도 하나의 나쁜 인연이 있다면 그것으로 인해 점차 좋지 않게 되는 것이다.

절대적으로 갖고 있는 재능과 능력, 복운도 하나의 악(惡)인연에 의해 싹을 밟히고 마는 것이다. 덕은 본인이 모른다 하더라도 점점 나오게 된다. 방해하지 않는 인연이 아니라면 틀림없이 나온다.

이러한 점은 당신에게 있어서 가장 중요한 것이니 악인연을 끊는 일이 무엇보다 쉬운 일이라는 것을 알리는 바이다.

현대에 사는 사람들은 인연이란 말을 많이 쓰면서 인연의 실체는 모른다. 걸핏하면 인연이 그래서, 인연이 나빠서, 인연이 다 되어서, 말로는 많이 알고 있다.

그것은 바로 말이라는 것은 영적 파워 그대로이기에 그 엄청난 힘이 존재한다는 표현이 인연이라 전해져 왔다.

너무 큰 존재에 실로 인간들은 감지조차 못하고 말로만 떠들어 대는 것이다.

인연을 모른다 함은 곧 자기 혈육을 모르는 것과 같은 우매함이다. 자기가 입은 옷에 대해 고마움을 모르고, 혈육에 대해 정을 모르고, 고마움을 모르는 것과 똑같은 이치이다.

◼ 행운을 위해 뛰지만

"전세(前世)라는 것이 있다면 그것을 알아서 어떻게 할 것인가? 지나간 일들이 다시 돌아오지 않으니 전세의 일을 안다 해도 어떻게 할 수가 없지 않는가?"
 이렇게 생각하는 사람도 있을지 모른다. 그래서 당신은 어느 날 이러한 의문을 느낀 적이 없는가?
 왜 이 세상에는 성공하는 사람이 있고, 성공하지 못하는 사람이 있는가?
 왜 돈 많은 집에 태어나는 사람도 있는데, 그렇게 많은 노력을 해도 가난에서 헤어나지 못하는 사람이 또 있을까?
 왜 질병으로 시달리는 사람이 있는가 하면 전연 병이라는 것을 모르고 지내는 사람이 있는가?
 왜 일생을 행복한 결혼생활로 보내는 사람이 있는데 불행한 결혼이나 연애에 울고 있는 사람이 있는가……등등.
 이러한 인생의 모든 '왜'를 푸는 열쇠는 전세에 있다.
 우리들의 무의식 안에 깊이 심어 새겨진 전세의 속에 그러한 의문에 대한 답이 숨어 있다.
 어떻게 그의 전생을 알아냈나?
 어느 저명인사의 아들이 태어나면서부터 원인불명의 두통에 시달려 고민해 오던 청년이 있었다. 그 사람의 전세는 군 장교였다.
 적진에서 쏟아붓는 포탄에 머리를 맞고 중상을 입고 끝내는 죽어 갔다. 그 충격이 지금도 잠재의식 속에 남아 있는 것이다.

왜 머리에 부상을 입었는가 하면 그것도 한 전생(前生) 전의 전세(前世)에 그 청년은 무술을 익히는 사람이었는데 하루는 지장보살의 석상을 무술봉으로 내리쳐 지장보살의 머리를 깨뜨린 일이 있었다.

그것이 되새겨져 다음에 태어났을 때에는 작열하는 폭탄의 파편에 머리를 맞았고, 그 고통이 새로이 태어난 지금도 계속되고 있는 것이다.

경기도 P시의 어느 운수회사의 사장은 자기 회사의 차가 인사 사고가 일어날 때마다 고민해 왔다.

그는 4·19사건 때 경찰관이었는데 명령에 의해 총을 쏴 사람이 죽어간다는 것을 알았지만 부득이 한 경우라서 죄라고는 생각지 않았다.

그러나 그 사람은 자기가 죽인 사람들의 영혼이 자기가 경영하는 회사에 찾아와 사고가 일어나지 않는가, 의심이 가게 되었다고 한다.

그것은 꿈에 죽은 자들이 나타나 아우성을 치고 그 다음날은 여지없이 사고가 있었기에 그 자신도 결국 그 때의 원혼들의 한이 지금 자신의 사업에 장애를 일으키고 있다고 믿게 되었다.

그 사장은 결국 다발적인 인사 사고로 회사가 문을 닫았다고 하는데 이러한 경우는 횡적인 영장의 인연에 의해 장애를 받아 불운에 이른 예이다.

결혼이나 연애에 휘감긴 남녀의 관계에도 전세의 영향은 끝

제1부 전세에 결정되는 행운과 불운 49

까지 크다고 할 수 있다.
 어느 여성은 몇 번이나 연애를 해도 이상하게 결혼 단계에 들어가면 무언가 돌발 사건이 일어나 결혼을 할 수 없게 되는 운명에 고민한다.
 용모로 보나 그 가정으로 보나 그녀에게는 결점은 찾아볼 수 없는데 모두가 상대의 남자측으로부터 이런 저런 이유로 혼담이 깨진다고 한다. 원인은 바로 알 수 있었다.
 실은 그녀에게는 젊었을 때 6·25때 죽은 오빠가 있었다. 청춘의 기쁨도 모르고 죽음에 따라 간 오빠의 무념의 생각이 이 세상에의 집착으로 그녀에 따라들어 결혼을 방해하고 있는 것이다.
 그녀 오빠의 영이 왜 동생에게 집착하고 있는가 하면 전세 그 두 사람은 형제가 아니고 깊이 사랑하는 사이의 부부였기 때문이다. 그것이 새로이 태어나면서 오누이가 되고, 오빠는 혼자서 전쟁에 죽었다. 그 한이 그녀에게 집착이 되어 씌워들게 된 것이다.
 어느 인간성이 좋아 보이는 좋은 직장을 가진 남성은 전처가 임신중에 죽어 후처를 맞았는데 그 후처도 임신 중에 갑자기 위독하게 되었다고 파랗게 질린 얼굴로 나를 찾아온 일이 있었다.
 후처의 임신 중 위독상태는 음식중독었지만 확실히 전처의 영장이었다. 그것은 전처가 9개월만에 죽었고, 후처도 9개월만에 똑같은 상태가 일어난 것이다. 후처의 뱃속에 있는 태아가 실은 전처가 생을 바꾸어 태어난 것이다.

그 원념이 후처를 중독증에 걸리게 한 것인데 그 전처의 원념이 왜 그렇게 심한가 하면 그 원인은 전세에 있었다.

전세에는 그 전처와 후처는 그 남성을 사이에 두고 전처와 애인의 관계였었다. 이렇게 해서 두 사람의 혼은 새로이 태어날 때 증오의 원념을 깊이 새기고 왔던 것이다.

이러한 가정 내의 불화, 자식과의 문제 등 모든 우리들의 인생에 일어나게 되는 불행의 원인이라 하는 것이 모두 전세에 있는 것이다.

어째서 나는 이렇게 불행한가?

그 원인을 찾아내서 근본에서 그것을 바르게 알려면 그 전세를 알지 않으면 안된다. 그렇게 되면 불행을 걷어 내는 방법도 스스로 밝혀질 것이다.

■ 뛰어난 인연을 가진 사람들

전세에 있는 것은 불행의 원인만이 있는 것은 아니다. 행운과 강운에 지배되는 기이한 운명의 원인도 전세에 얼마든지 있다.

이 세상에는 보통 사람과 이 세상에 태어난 과정이 다르지나 않나싶게 비범한 재능을 발휘하는 사람이 있다.

정치·경제·예술분야라도 좋다. 이런 저런 분야에 걸출한 뛰어난 인간이라 말하는 것은 도대체 어떠한 전세가 있었을까? 전세의 그 무엇이 그에게 들어와 강한 운을 부여해 주어 걸출한 사람이 되게 했을까?

예를 들면 일본의 '다나까'(田中) 같은 사람이다. 가난한 가정에 태어나 대단한 강운과 인심수습술(人心收拾術)에 총리의 지위에 까지 올라 갔다.

그후 록히드 사건에 관련되어 투옥되었다가 불사조 같이 되살아나 자민당내 최대의 다나까파 군단을 만들었다.

병세의 악화로 그후 죽음의 직전까지 갔던 그가 지금은 원기를 회복하고 있다. 이러한 그 사람을 걸인(傑人)이라 부르면 반대할 사람은 없을 것이다.

이렇게 큰 힘을 발휘할 수 있는 것은 역시 보통 사람과는 다르다. 아니 실제로 다나까의 전세(前世)는 일본에서 내가 아는 영능자가 말하기를 인간이라 말하지 않고 '용신(龍神)'이라고 말했다.

태고시절부터 동해(東海)에 살고 있는 해신(海神)이 곧 그의 전세라고 말했다.

이렇게 지금까지 몇 번의 위기를 넘겨 온 강한 생명력, 원념(怨念)이라 생각할 정도의 신념이란 것은 뱀족의 장인 용신에 비교가 된다.

작고한 현대그룹 정주영 회장도 전생이 강원도 어느 바닷가의 대용신이었다.

그도 가난한 농가에서 태어나 맨손으로 엄청난 부를 쥐게 되었으며, 그의 업체는 모두가 다 X바다에 면해 있으며, 서해의 천수만을 막아 큰 인공호수를 만들고, 그것에 주석할 것이라 하니 그의 바르게 가진 식견은 뛰어났다 할 것이다.

더욱이 금강산을 댐으로 막아 세계적인 수중공원을 이루려

한다는 그의 움직임은 세상을 놀라게 했고, 유일하게 북한 출신 민간인 신분으로 처음 자기 고향을 찾아 철의 장벽 넘어에서 최대의 대우을 받으며 금의환향했으니 그야말로 자기의 옛 고향 부근 바닷가 동해의 해금강 대용신답게 그는 뛰어난 인간으로서의 변신된 힘을 발휘했다.

어쨌든 걸출한 인간들의 전세는 신(神)인 경우가 많다. 만약 당신의 전세도 이와 같은 신이라면 정치나 예술 분야의 많은 사람의 갈채를 받는 직업을 선택하는 것도 좋을 것이다. 크게 성공할지도 모른다.

뛰어난 예능계의 배우나 가수 중에도 몇 사람 용신·용녀가 있음을 알지만 여기에서는 그 이름을 생략한다. 다만 걸출한 여인 김지미씨만은 이 자리에서 분명히 그의 전세는 용녀라고 밝히는 바이다.

제2부
인연에 얽힌 돈과 성공의 비밀

가운쇠퇴와 몰락의 인연

제 2부에서 부터는 실질적으로 나의 주위에 있었던 일들로써 상담차 찾아오는 여러 계층의 사람들로부터 일어난 일들을 기록하고자 한다.

어떤 특이한 상황이나 정황이 아닌 보편성을 띤 흔히 있을 수 있는 제반사로써 누구나 쉽게 자기 주위에서 이러한 일들이 전개되고 있다는 것을 알 수 있는 사실들이다. 그러나 보편성을 띤 개의치 않는 일들에서 대개 엄청난 결과를 가져 온다는 것을 잊어서는 안된다.

왜 이러한 일이 일어났으며, 어떻게 대처할 것인가를 현대 과학적인 측면에서만 볼 것이 아니라 이제부터는 새로운 시각, 즉 자신의 현대 감각속에 영이라는 존재, 또 인연이라는 존재가 어떻게 인간의 주위에서 형성되고 예측치 못한 일들이 전개되는가를 깊이 생각하고 연결시켜 심층 분석하는 것이 절대절명의 긴요한 사항이라는 것을 분명히 해둔다.

이 인연은 가운(家運), 곧 집안의 운기가 지금까지 내려 온 그 집안사람이 가지고 있는 인연이다. 이러한 사람들은 증조 또는 조부의 대까지는 잘 지내 왔지만 부친의 대에 와서 가운이 기울기 시작할 때에 태어나 자신의 대에 와서는 비색한 운이 더 한층 악화된다.

상당한 역량과 재능, 수완이 있지만 그것을 발휘할 곳이 없게 되고, 또 그런 기회를 갖게 되지 못한다.

그래서 점점 자기보다 못한 자가 자신을 추월해 가고 이를 갈고 따라 가려 해도 마음대로 되지 않는다.

어쩌다 기회가 찾아왔다 해도 사람의 방해나 복잡한 일을 만나게 되고, 혹은 자신의 실수나 병에 의해 어렵게 찾아 온 기회를 놓치고 만다. 그렇기에 한마디로 운이 나쁜 것이다.

실력이 있어서 묘하게 돌아나간다 해도 합이 잘 이루어지지 않고 만남이 나쁘게 되며 결과가 예상 외로 빗나간다.

■ 어느 전자회사 사장의 위기

1982년 어느 무덥던 여름이다. 나의 법계원은 일본에서도 고지대로 알려진 오까야마껭 북부지방에 있다. 내려다 보이는 요시가와(吉川)의 수양버들 밑 맑은 물에서 시원하게 발을 담그고 차가움이 베어드는 삼매에 젖어 있는데 손이 찾아왔다는 연락이 왔다.

좀 아쉬웠지만 툭툭 털고 물기가 있는 그대로 상담실에 들어가 보니 어느 37~8세쯤 되어 보이는 준수하게 생긴 신사 한 분이 기다리고 있었다.

그는 돗도리겡의 해안에서 조그만 전자제품 공장을 경영하는 모리모도라고 자기 소개를 했다.

M씨는 "선생님, 이런 일도 있습니까! 좀 들어보십시오."

그는 성급히 입을 적시고 다음과 같은 말을 들려 주었다.

그가 경영하는 공장이 5년 사이에 두 번이나 홍수를 만나 물에 휩쓸렸다는 것이다.

처음은 산재보험에 들어 새로이 신축하여 회복했지만 두 번째는 다시 그런 일이 있으리라 생각도 되지 않아서 보험에도 들지 않았다고 한다.

사업이 그래도 순조로이 진행되는가 싶었는데 갑자기 두 번이나 그런 급변을 당하고 난 뒤라 지금은 도산 직전의 상태에 이르렀다고 한다.

"우리 집에 도대체 어떤 인연이 있어서일까요. 있다면 부디 올바로 알려 주십시오."

그가 말하는 것으로 보아 깊은 신앙심이 있는 것 같았다.

이것은 무언가 종교와 관계가 있는 인연이 있다는 것을 알 수 있었다.

그는 집 앞에 조그만 신사(神社)가 있다고 했다. 야나기시마 헨덴이라고 하는 용신(龍神)을 제사지내는 곳이란다.

"그곳에 참배는 합니까?"

"예예, 물론입니다. 몇 년간 사업번창을 기원해 왔습니다."

"아아 그런데 무언가……."

그는 자신이 무언가 점점 생각해 내기 시작했다. 그는 6년전 사업이 잘 되어 번창하면 보다 더 큰 새로운 신전 건물을 세워

기증하겠다고 약속한 일이 있었다.

　그 후 사업은 순조로히 잘되었지만 약속은 까마득히 잊어버렸다.

　첫번째 벼락과 홍수의 피해는 기원 후 3년째 사업에 쫓겨 여기저기 지방에 나가고 공장에서 일도 하고 눈코 뜰새없이 매우 분주하게 지내던 그 무렵이었다.

　그래서 참배도 못했다.

　보험금으로 겨우 세워놓은 공장이 예기치 않게 두번째의 벼락과 홍수에 파손되어 도산 직전에 놓이게 되자 그는 그제서야 그 원인을 생각해 낸 것이다.

　"무리지만 지금이라도 신사 건물을 지어 기증하고 싶은데 어떻겠습니까?"

　그의 말하는 것을 듣고 있자니 무엇인가 이상한 이질감이 강하게 일어났다.

　용신(龍神)은 바다를 다스리는 주신(主神)으로 토지신(土地神)이며 모든 인간들을 도와주는 신인데 약속을 어겼다고 그렇게 까지야 할 수 있겠는가?

　나는 그에게 물었다.

　"선조(先祖)로부터 대대로 그곳에 참배 했습니까?"

　"아닙니다. 부친은 집 앞의 신사가 아니고 좀 떨어진 다른 곳에 있는 신사에 참배 했습니다. 그러나 나는 집에서 가까운 곳에 참배하기 위해 집 앞의 신사에 참배하기 시작했습니다."

　이야기를 다음 날 자세히 들어본즉 나의 예상 그대로였다.

　조부(祖父)와 부친은 조상신인 용신사(龍神社)에 참배해 왔었다. 그러나 지금의 그가 참배하는 신사(神社)의 용신(龍神)은 다른 가계(家系)파의 씨신(氏神)으로써 그의 조상신과는 아주 다른 예부터 상대적으로 서로 죽이고 뺏는 큰 싸움이 있었던 신사라고 했다.

그는 현대 감각에 젖어 전혀 그런 것에는 관계없이 용신 참배만 하면 되는 것으로 알았다고 했다.

결국 양파의 조상신의 싸움에 용신이 노했고, 그 결과 피해가 그에게 주어져 도산 직전의 재난을 입게 된 것이다.

그는 곧 나의 도장(道場)에서 '양씨신 조령해원도법(祖靈解怨道法)'을 지도받고 기도공양을 정성껏 올렸다.

그뒤 M씨의 사업은 순조로이 풀려 나갔다. 다른 가문의 선조 계파의 싸움이라 말한다면 그것은 확실히 우리들의 전세인 것이다.

그러한 전세의 인연이 이런 형태로 현세에 크게 영향을 끼치는 일도 있다.

■ 자살 직전의 엘리트 청년
— 일류대학 출신의 K씨 —

그가 맨처음 나를 찾아왔을 때는 27세의 혈기 왕성한 아주 씩씩한 청년이었다. 산 밑에 있는 나의 도장을 그는 몇 번이나 망설이다 찾아왔다며 해가 진뒤 어둑할 무렵 문을 열고 들어섰다.

K씨는,

"선생님의 하교를 받고 싶어 찾아뵈었습니다."
하고 정중히 머리를 숙였다.

늦은 시간이지만 정중한 청년의 태도에 공감이 가는 바 있어 상담에 응하기로 했다. 가만히 그를 투시한즉 집안이 파산되고 직업이 고르지 못했다. 그러나 혈기 왕성한 인류대 출신에게 그런 말을 할 수가 없어,

"당신은 1년 후에 다시 나와 이야기 합시다."
하고 일어나자 그는 매우 언짢은 표정으로 앉아 있더니 인사도 없이 나가 버렸다.

그후 1년 반쯤 뒤 똑같은 시각인 저녁 무렵에 그가 다시 찾아 왔다.

"선생님, 아시는 바대로 저에게 그대로 말씀해 주시고 도와 주십시오."

1년여의 세월이 지난 뒤라 그에게 커다란 변화가 있었기에 나는 입을 열었다.

"당신은 지금 정신차린 지경에 와 있소. 선소의 유산은 모두 탕진됐고, 결혼도 못했으며 일정한 직업도 없이 겉으로만 신사요. 속은 거지나 다름없소. 이유는 당신 3대 전 조상의 인연이요."

이 말에 그는 헉 하고 고개를 숙였다. 갑자기 얼굴이 창백해지고 몸이 기우뚱했다.

고개를 들고 나를 쳐다보는데 두 눈에서 눈물이 뚝뚝 떨어진다. 무언가 말하고 싶지만 입이 열리지 않는 모양이다.

나는 그 순간을 놓치지 않고 그의 동태를 살폈다. 그의 주위

에는 엄청난 악귀의 형상이 난무하고 있었다.
 한참 후에 그가 진정하고 나서 나에게 하는 말은 대강 이러했다.
 "저는 서울 중앙청 뒤 P동 출생인데 저의 집안은 대대로 큰 부자였으며 대단한 세도도 있었다고 합니다. 저는 아무 부러울 것 없이 양부모 밑에서 자라 일류대학을 마쳤습니다. 그러나 제가 대학졸업을 하던 해 갑자기 교통사고로 부친이 세상을 떠나시고 6개월 뒤 모친도 병으로 세상을 하직했습니다.
 형제뿐인 형과 나는 가까운 친척에게 집을 넘겨주게 되었고 그 집에서 생활했습니다. 그후 2년 뒤 그 집을 나오게 되었고, 형은 부산에 갔다 온다고 나간 후 지금까지 소식이 없습니다. 저는 여기저기 다니며 이것저것 안 해 본 것 없이 다해 봤습니다.
 그러나 하는 일마다 잘되지 않았고, 심지어는 식당 종업원 노릇도 마음대로 되지 않았습니다. 공사장의 벽돌 지는 일을 하다가 팔을 다쳐 한쪽 팔이 불편합니다. 지금은 친구와 만난다는 것조차 두렵습니다."
 그는 잠시 말을 멈추었다.
 나는 그의 말을 중단시키고 다음과 같은 말을 했다.
 "당신은 지금까지 많은 고생을 했소. 그러나 그것은 당신이 고생한 것이 아니요, 당신 조상들의 영혼이 고생한 것이요. 당신은 당신의 증조부의 업장으로 부친을 갑자기 잃게 됐고, 그후 당신은 증조부의 영장 인연이 당신에게 깊이 새겨져 도저히 헤어날 길 없는 참담한 길을 걸어오게 된 것입니다."

그의 영장 인연은 이러했다.

K씨의 증조부는 이조때 지방부사였는데 자신의 입신출세를 위해 많은 재물을 노략했고, 상대의 라이벌을 노비를 시켜 두 사람이나 살해했다. 그 후 살해된 일족(一族)으로부터 K씨의 증조부는 다시 살해되었다.

K씨의 부친은 증조부의 살인 업장으로 불의에 사고를 당했으며, K씨는 증조부의 영장 인연이 그에게 빙의되어 일류대학을 마친 엘리트이지만 모든 일이 제대로 되지 않고 그야말로 자살 직전에 까지 다다르게 된 것이다.

그는 한참을 넋나간 사람처럼 앉아 있다가,

"선생님! 어떻게 하면 제가 살아나갈 수 있겠습니까?"

나는 그에게 자세히 영장인연 해탈의 법을 가르쳐 주고 본인의 힘으로 그 영장인 연에서 벗어나도록 '호마성불영법(護摩成佛靈法)'을 지도했다.

그런 일이 있은 후 K씨는 2개월 후에 하숙집 주인의 소개로 결혼하여 봉천동에서 살다가 시듬은 처가의 도움으로 미국에서 훌륭한 사업가로 변신해 있다.

■ 돈에 허덕이는 어느 공장 주인

M씨는 T시의 외진 곳에서 프라스틱 공장을 경영하고 있는 53세의 경영자 겸 공장 주인이다.

17세부터 동네의 쌀가게에서 일하기 시작하여 철공소 공원, 공사장의 잡부 등을 전전하다 41세부터 간신히 자립하여 지금의 프라스틱 공장을 운영하고 있다.

겉으로는 회사 사장이지만 실제로는 빚에 허덕이는 공장 주인이다.

제품은 대회사에 납품하고 있지만 월부로 들여 놓은 기계 대금을 불입하는 날이 오면(월말이 되면)돈에 허덕이고 헤맨다.

최근엔 더욱 불황으로 10여명의 사원을 5명으로 줄이고 중학생인 장남부터 딸과 부인까지 온 식구가 달라붙어 밥 먹는 것도 잊고 일에 매달리고 있다.

그러한 M씨에게 가혹하게도 사건이 터졌다.

한 해가 다 저물어 가는 12월 중순, 자기의 중요한 거래처가 도산되어 물품대로 받은 수표가 부도가 난 것이다.

아침부터 밤 늦게까지 몸이 녹초가 되게 일했지만 그 해는 불황이어서 사업이 잘 안되어 조금밖에 이익이 없는 데다 부도가 나게 되어 M씨는 아연실색 했다. 그러나 기계의 월부회사는 지불연기를 해주지 않았고 조금 있는 예금마저 압류당하고 물건 구입은 안되고 팔리지도 않아 어렵게 만든 공장이 도산 직전에 놓이게 되었다.

도저히 방법이 없는데 근처에 사는 의회 의원의 소개로 시에서 저리로 융자를 받아 가까스로 위기를 넘겼다.

그 후로도 부인과 M씨는 밤을 세워 가며 일했지만 아이들의 학비조차 부족한 상태였다.

"선생님, 도대체 어떤 인연으로 나는 이렇게 돈에 인연이 없을까요. 열심히 하면 할수록 돈에 어렵게 되니 걱정이 태산 같습니다."

M씨는 나의 처소에 찾아 와 쓴 웃음을 지으며 하소연을 했다.

이런 경우 별로 뾰족한 대책이 없으나 돈에 관계된 일이라면 한가지 명확한 진리가 있다.

곧 전세에 많은 보시나 선행을 쌓은 사람은 새로 생을 받아 태어나도 부자집에 태어난다는 사실이다.

이것은 전세 뿐만이 아니고 지금 현세에도 그런 사람이 있다.

많은 보시나 자선사업, 선행 등을 한 사람은 이상하게도 조용히 있어도 돈이 들어온다. 그렇기 때문에 그런지는 몰라도 세상에 돈이 많은 사람은 곧잘 보시나 자선사업이나 기부 등을 좋아한다. 물론 그렇치 않은 사람도 많다.

일본의 마쯔시다 같은 사람을 보면 좋은 예가 될 것이다.

전국의 유명한 신사나 사찰 등에는 마쯔시다의 보시에 의해 이루어진 것들이 수 없이 많다.

내가 잘 아는 고베의 한국인 교포 P씨도 방글라데시 아프리카 구제사업에 수억엔을 내놓았다. 그는 호화로운 저택을 짓고, 승용차도 링컨과 벤츠 두 대를 갖고 있다.

그의 너그러운 성격이 천성적으로 남을 도와 주지 않으면 안 된다고 그는 말하고 있다.

나가면 들어오는가? 바닷물 같이…….

지면 떠오르는가? 해와 달 같이 …….

돈에도 철저하게 윤회가 적용되는지 아무튼 그런 결과를 많이 본다.

돈이 손에 쥐이면 바로 주머니 속으로 들어가 나오지 않는 사람은 보시 선행을 하는데 대단히 인색하다.

결국은 금고 속의 돈 때문에 죽는 사람을 많이 볼 수 있다.

보시 선행에는 금액의 크고 작음이 없다. 그 마음이고, 업(業)이다.

"아! 과연 생각해 보니 나는 지금까지 신사나 절에 참배를 하러 가도 한번도 봉투에 돈을 넣어 보시함에 넣은 일이 없는 것 같습니다. 10원 짜리 동전 몇 개 밖에.

보시라든가 하는 것은 별다른 세계의 사람들이나 하는 것으로 생각했습니다. 그것이 안되게 된 원인일까요. 별로 그렇게 어려운 일이 아니었는데."

M씨는 이렇게 말했다.

그렇기에 보시 선행을 쌓는 습관이 없다는 것은 자연히 전세에도 그랬을 것은 틀림없다. M씨가 선량하고 진실하고 부지런하다는 것은 인정한다. 그렇게 해도 언제든지 저금된 돈은 없다.

그날 M씨는 나의 이야기를 듣고 집에 돌아가는 길에 가두에서 원호성금 모집하는 사람들에게 1만엔 짜리 한 장을 성큼 꺼내어 기부했다.

년말이라서 여기저기 신사나 절 가두모금 등에 기부할 기회가 많은 때인지라 M씨는 여러 번 진심으로 기부할 기회를 가졌다.

얼마후 신년 시의 도시계획 발표에 자기 공장이 있는 부근에 새로운 신주택 단지가 들어서게 된다는 발표가 나왔다. 가까스로 자신의 공장이 계획선 안에 들게 되었다. 결과는 나타났다.

시일이 짧고 얼마 안되는 기부금이었지만 마음속 깊이 진심으로 자신이 원했기 때문에 그 뜻은 받아들여진 것이다.

그후 M씨는 땅을 팔아 몇 억엔을 손에 쥔후 변두리 싼 곳에 집을 짓고 나머지 돈을 갖고 조그만 식당을 차려 운영하고 있으며 부인과 함께 열심히 신사나 절, 자선단체 등에 성의껏 돈이나 물건을 기부하며 지금은 여유있는 생활을 하고 있다.

중도좌절의 인연

가운 쇠퇴의 운에서 나오는 이 인연을 갖고 있는 사람은 무엇을 해도 70~80% 까지는 순조롭게 나아가지만 남은 20~30%는 반드시 이루어지지 않는다. 결코 열매를 맺지 못한다.

그 인연을 일명 '虛化의 命'이라고 말하는 것은 겉으로 성대해 보이나 속으로 실속이 없어 수확을 얻지 못하기 때문이다.

이 인연을 갖고 있는 사람은 지속되는 운기(生命力)가 약한 사람이 많다. 중도에 좌절하면 또 다시 시작해야 되고, 또 70~80%에서 좌절해서 그나마 그대로 괜찮을까 생각하면 또 좌절한다.

이렇게 7전 8기의 인생을 보내는 사람도 많다. 그래서 결국은 좌절한 그대로 인생이 끝나게 된다.

사람에게 가장 고통스런 고민을 안겨주는 아주 무서운 인연이다.

대체로 이런 인연이 나타나는 사람은 두 길이 있는데 그 인연이 그대로 그 사람의 성격에 나타나는 경우와 성격에 나타나지 않는 경우가 있다.

이 중도 좌절의 인연의 경우도 이 인연이 그대로 성격에 나타날 경우에는 대단히 기(氣)가 약한 의지박약형과, 반대로 대단히 기가 강한 의지강고(强固)의 형이 있다.

의지박약의 타입은 무엇을 해도 박력이 없이 속시원하게 못하고 오래 계속하지도 못한다.

학업의 졸업이나 직업 등 모든 분야에서 전전한다. 문자 그대로 중도좌절 의지박약형이다.

다른 한가지는 이것과는 정반대로 성격 의지가 강하고 노력형이다.

이렇게 너무 강하기 때문에 서로 융화가 되기 어렵고 윗사람에 극복치 않고, 동료와도 원만히 협조가 되지 않고 실패하거나 좌절한다.

여기에 가장 중요한 것은 놀랄 정도의 커다란 실수를 범하여 사람들로부터 오해를 사고 방해를 받기도 한다. 또한 질병이나 괴질에 손이 맞지 않는 일이 생기기도 한다.

이토록 어김없이 장해가 발생하게 되고, 기회를 지나쳐 버린다.

10여일 전에 온 사람 중에 이런 사람이 있었다. 47세의 회사원인데 잘 생긴 인물이었다. 그 사람에게도 그 같은 인연이 있었다.

지금까지 8번이나 회사를 옮겼다고 한다. 의지가 강한 형이라 생각하고 들어보니 그 사람은 일류 재벌회사에 근무하는데 계열사에 전근을 가게 되면 그 회사는 갑자기 타회사에 합병되거나 아니면 업적 불량으로 폐쇄되곤 했다 한다.

본사에 그대로 있을라치면 같이 입사한 사람들은 상당히 높은 자리에 올라 있어 처신에 곤란한 점이 너무나 많아 방계 회사에 간부로 나갈라치면 또 이상한 일이 일어나 지금까지 몇 번이나 그런 일에 시달려 왔다고 한다.

이번에 옮긴 회사도 이상한 일이 있어서 찾아왔다고 한다.

이런 경우는 전형적인 중도 좌절의 인연이 나타난 것이다.

아무리 의지가 강하고 사고력이 뛰어나고 심성이 강하다 해도 그것과는 관계없이 결국 결과는 마찬가지인 것이다. 그것이 인연이라고 하는 무서운 현상인 것이다.

정신일도하사불성이라 하여 똑바로 정신차린대도 이 인연을 갖고 있으면 그 외적인 조건이 허락치 않는 것이다.

옛부터 이르는 말에 '인간은 누구나 일생에 세 번은 기회가 있다'고 말하는데 운이 없는 자라도 3번은 기회가 돌아오고 운이 있는 자에게도 3번 이상 몇 번의 기회가 있는 것은 아니다.

인생의 챤스를 2번, 3번 그 인연에 의해 놓친다면 그 인간은 일생 싹이 나오지 않을 것이라고 말해도 과언이 아닐 것이다.

이렇게 무서운 인연은 틀림없이 그 자손에 유전되고 그 경우 부모보다 더욱 자손대대에 인연의 도(度)가 깊어지게 된다.

◾ 이역만리 통한(痛恨)의 외기러기

이 글은 내가 아는 사람은 아니지만 카나다의 한 관광잡지에 커다란 사진과 함께 글이 실려 있어 여기에 소개한다.

코리안이라고 크게 씌여진 타이틀 밑에 많이 울어서 부은 것

같은 눈으로 시멘트 바닥에 두 다리를 쭉 뻗고 넋없이 앉아 있는 사진이었다.

48세의 최씨는 10년 전 그가 한국을 떠날 때는 한국의 모든 사람들이 모두 다 부자인데 자기만 돈이 없다고 생각되었다.

최씨가 일하던 식당 주인이 남미로 이민을 떠나자 그와 연락하여 식당 쿡으로 에콰도르에 취업 이민이 되었다.

처음엔 브라질에 이민신청을 했으나 두 차례나 비자가 거부되었다.

얼마 후 에콰도르에 취업 이민을 신청하여 그곳으로부터 가까스로 비자를 받았다. 낯선 이국땅 동양인이라고는 볼 수도 없고 말도 통하지 않는 불모지에 도착한 그는 막막하기만 했다. 아는 사람은 고사하고 어디에서 어떻게 잠을 자야 되는지조차 몰랐다.

생전 처음 나가 본 외국은 그에게 고국에서 생각했던 곳과는 너무나 거리가 먼 무섭기만한 곳이었다.

가족은 부인과 아들과 딸, 식당 주방일 밖에 모르는 그에게는 벅찬 긴 여정이 시작되었다.

갖고 간 돈도 없이 오직 돈 벌기 위한 욕심과 천국일 것만 같은 그런 환상 속에서의 이민 길이었기에 그에게는 보다 더한 고통이 주어지고 있었다.

처음엔 함석 가공 공장에 나가 중노동을 하며 그 사회를 배우기 시작했고, 몇 달 뒤 식당에 들어가 주방에서 뒷일을 하며 돈을 벌수가 있었다.

온 가족이 다 뛰었다. 동양인이라고는 찾아 볼 수조차 없는 그곳은 그들 가족을 이해해 주려고는 하지 않고 비웃음과 얕잡아 보기만 했다.

고달픈 하루 하루의 생활을 견디기 어려운 이민생활이었다.

최씨 일가는 고국이 그리워졌다. 돈을 모아 한국에 돌아가 살고 싶었다.

4년 후에 돌아가기로 계획을 세웠다. 4년동안 온가족이 열심히 뛴 결과 그런대로 돈을 모았다.

들뜬 마음으로 귀국할 채비를 끝내고 기다리던 이틀전 갑자기 4명의 강도가 들이닥쳐 소중히 간직했던 돈과 물건을 다 빼앗겼다. 노모에게 드릴 귀중한 은시계도 빼앗겼다.

땅이 꺼지는 것 같은 괴로움 속에 식음을 전폐하고 몸부림쳤지만 하는 수 없었다. 7전 8기의 각오로 그의 가족은 새로이 계획을 세우고 또 뛰기 시작했다.

그로부터 4년 후, 또 다시 전과 같이 돈을 모을 수 있었다. 그러나 이게 웬일인가? 귀국 준비를 마치고 조촐한 파티를 벌이는 즐거운 시간에 두 사람의 복면강도가 들이닥쳐 돈과 물건을 또 다시 강탈해 갔다.

세상에 이럴 수가, 이런 일이 두 번이나 있으랴 했던 최씨는 재차 똑같은 일을 당하고 나자 하늘이 미웁고 천지가 아득했다.

죽을까 하고 생각했지만 가족들이 그대로 있으니 죽을 수도 없고, 여기 저기 하소연했지만 속수무책, 기력을 잃고 쓰러졌다.

억울하고 분함을 어디에 하소연 할까. 최씨는 오늘도 이 거리 저 거리를 헤매면서 자기 돈 빼앗아 간 사람들을 찾아나섰다. 그러나 헛수고였다.

현지 기자가 땅 바닥에 주저앉은 그를 발견했을 땐 그는 정신이 나간 사람이었다.

이젠 구름 떠가는 먼 하늘을 바라보며 그리운 고국의 하늘을 향해 하염없이 아픈 마음만을 보내고 있었다.

그는 말했다.

"또다시 그런 일이 있을까요. 그러나 또 합니다. 6개월 후 고국에 갑니다. 돈을 모으겠습니다."

그의 아들 딸들은 말을 잊었다. 조국을 어릴 때 떠나 와 10여년 현지에서 보내다 보니 아이들은 말을 잊어버린 것이다.

최씨가 잃은 것은 돈만이 아니었다. 너무나 어처구니 없는 중도좌절의 인연을 가졌기에 여기에 소개하는 바이다.

당신께서는 이런 경우 어떻게 하겠습니까?

인간으로서 삶의 욕망과 기대, 한치 앞도 내다볼 수 없는 캄캄한 중도좌절이라는 인연.

너무나 무참히 그를 끌고 갔다.

■ 어느 조미료 회사의 만년과장

H씨는 45세 중견의 조미료 회사에 근무하는 지방 영업부의 과장이다. 일류대학의 경제학부를 졸업하고 입사한 후 영업부에 배속되어 근무했다.

여러 부서를 전전한 후 다시 영업부에 들어와 과장자리를 얻은 지가 10여년이 되었다.
 타인보다 3, 4배의 실적을 올리고 년말에는 본사 사장의 표창장을 받은 것도 몇 번이나 된다. 그런데 40이 지나도록 본사 총무과에 6개월 정도 근무해 보고는 계속 지사(支社) 지방영업소로만 돌아다닌다.
 지금도 가방을 들고 여기저기 고객을 찾아 머리를 숙이는 세일즈맨에 변함이 없다.
 동기의 입사 친구들은 거의 모두 본사 영업계장, 과장, 부장으로 순조로히 승진되는데 자신은 1, 2년 후에나 부장 정도가 될까 하고 생각하고 있다고 한다.
 고도 성장시대로 접어든 현 경제 체제에서 웬만한 노력과 실력을 갖추면 월등히 실적을 올릴 수 있고, 또 그만한 대우를 받는 것이 상례이다. 그러나 얼마 후 기대와는 달리 어느 시골 영업소의 소장으로 가라는 명을 받았다.
 H씨는 동료에 부탁하여 중역에 직접 하소연 할 수 있는 기회를 얻는데 성공했다. 그것이 5년 전이었다.
 "음 자네의 말은 잘 알겠네. 하지만 지방에 근무한다 해서 무시하고 차별하는 것은 없는데 좀 기분 문제일 뿐 아닌가? 지금은 컴퓨터에 입력하여 인사관리를 하기 때문에 자네 같은 숨은 공로자를 모르게 되는 경우가 있다네. 다음 인사과정에서는 참작하겠으니 그때까지 열심히 노력해 주게나."
 중역의 이야기를 들을 때는 하늘에 올라가는 것 같은 기분이었다. 이제야 장년의 노력이 결실을 보나 보다 하고 회사에 더욱 열심히 일하리라 H씨는 결심했다.

그런데 어찌된 일인가. 잘 참고 열심히 일하며 학수고대 하던 그 다음 해 인사 이동 직전에 하늘같이 믿고 있던 중역이 갑자기 심장마비로 사망했다.

곤란하게 된 H씨는 바로 다른 중역을 찾아 가 부탁했는데 소개한 사람의 이야기를 들으니 그 중역은 죽은 중역과 같은 파로써 보스가 죽었기 때문에 회사에 영향력을 행사할 수 없다고 했다.

H씨는 이런 상태에서 나를 찾아왔던 것이다.

"나는 도대체 왜 이렇게 일이 도중에서 막힙니까? 도대체 알 수 없는 일입니다."

직업상의 성공이라 하는 것은 역시 전세에 있다. 전세에 많은 선행을 쌓은 사람은 결국 다시 태어나도 성공하게 되고, 곧바로 행복한 인생을 보낼 수 있다.

반대로 전세에 아무것도 선행을 쌓지 않고 자신의 성공만을 위해 살아 온 사람은 금세에도 성공을 기대할 수 없고 곧바로 어려운 인생을 보낸다.

선행이란 간단히 말해서 자신을 죽이고 남을 위해 헌신하는 것이다. 자기 본위, 자신의 승리만을 위해서는 좀체로 일을 할 수가 없다.

타인을 위해서 무엇을 해야 되고 무언가 손해 보는 것 같은 일을 해야 되는 것이다. 이러한 마음은 혼의 깊은 곳에 새겨져 새로 태어나도 모르는 사이에 습성이 된다. 이것이 업(業)이다.

그렇기 때문에 언제든지 기다리는 성공은 어려운 것이다. 바로 이 H씨의 전세(前世)도 그렇다고 해도 틀림이 없을 것이다.

이것을 깊이 반성하지 않으면 결코 악인연에서 해방되기는 어려운 것이다.

"잘 알아들었습니다. 틀림없이 선생님이 말한 그대로입니다."

들어보니 H씨의 선조(先祖)는 고리대금업으로 살았고 구두쇠로 유명했다고 한다. 도와준다는 것은 말뿐이었다고 한다. 돈 받을 곳은 병자의 이불까지도 다 뺏어가는 그런 지독한 사람이었다고 근처의 사람들이 말한다고 했다.

그 최후는 원인 불명의 큰 불로 모든 재산을 날리고 화사(火死)했다고 한다.

H씨의 불과 반생도 이 영장이 원인이었다. H씨는 깊이 반성하고 자신의 이익을 위해서는 욕심을 내지 않고 선조의 공양과 선조의 잘못을 자신이 사죄하는 기도를 많이 했다.

그후 H씨는 대망의 본사 과장 근무로 들어갔다.

운기불안정 부침의 인연

중도 좌절의 인연이 위와 같이 일단 강하게 되었을 경우 나타나는 인연이 운기불안정 부침의 인연이다. 이것은 운기에 그 뿌리가 없어 부침, 변전하여 멈추지 않는 것이다.

다시 말하면 뿌리없는 풀의 인생과 같다. 주거나 직업이 정해지지 않고 전전하며 움직이게 된다.

직장도 주거도 정해짐이 없이 이곳 저곳 방황하게 되며, 1년에도 몇 차례 옮기는 꽃을 찾는 벌과 같은 인연이다.

또한 일시적으로 행운을 얻는 일이 있다 하더라도 오래 지속되지 않고 일생 히피와 같은 방랑생활을 한다.

여성의 경우 잘 준비한 결혼 생활을 계속할 수 없게 되고 재혼, 3혼 또는 첩이 된다. 심한 경우는 창부나 호스테스, 땐서 같은 자신을 내던지는 그러한 불운의 인연이다.

◼ 리어카 행상으로 떠도는 고향 친구

나의 고향 친구 중에 성격이 호방하고 담대한 K라는 사람이 있다.
 그는 충청도 사람답지 않게 강한 기질인 데다 술도 말술을 마다 않는 시쳇말로 확 트인 사람이다.
 어릴적 그의 부모들은 광산업을 했기 때문에 비교적 부유했고, 형제들도 다 성공하여 지역사회에서 인정을 받고 있었다. 그런데 그 친구 K는 고등학교도 뒷문으로 들어가더니 도중하차하고 여기저기 다니며 행상을 한다는 소식을 들었었다.
 15년 전의 어느날 계룡산에 가기 위해 공주 시외버스 터미널에 서 있는데 그곳 주차장 옆에서 밀짚모자를 쓰고 있는 그를 보았다.
 반가워 달려가니 반가워해야 할 그가 어색한 표정을 지으며 어쩔줄 몰라 했다. 살펴보니 앞의 장난감 리어카는 그의 것이었고 그는 리어카 행상을 하고 있었다.
 오랜만이라 반가워 시원한 음료수라도 한잔 할까 했는데 그의 불안해 하는 표정에 차 시간 핑계로 버스에 올랐다.
 서울로 돌아와 소식통인 친구에게 물어보니 그는 집에서 돈 가지고 나와 영등포에서 옷가게를 크게 했었는데 1년만에 실패하고 행방을 감추었다가 그 후 행상을 한다는 소식을 들었었노라고 했다.
 얼마 후 잊어버릴 정도의 세월이 지나서 어느 날 용산에 볼일이 있어 다방에 들러 자리에 잠시 앉아 신문을 보는데 갑자기 덩치 큰 사람이 앞에 와서 손을 내밀었다.
 신문을 내려놓고 쳐다보니 바로 친구 K였다.
 말끔한 신사복에 무더위인 데도 정장차림의 멋쟁이 신사다.

손을 내미는데 손가락에 다이아가 번쩍였다. 악수하는데도 덥썩 잡는 것이 아니라 손끝만 살짝 쥐고 거드름을 피웠다.
그의 청소년 시절 버릇이 또 나온 것이다. 반가웠지만 한편 미운 생각이 들었다. 사람이란 이런 것인가?
그렇지, 그럴 것이다. 빨리 자문자답 하고 같이 앉았다. 이야기인즉 리어카 행상을 할때 어느 불탄집 고물정리를 하다 횡재를 해서 지금은 다른 사람과 손잡고 이 건물 위에서 금융업을 하고 있다고 했다.
그날 그의 호기로 오랜만에 좋은 음식을 맛보았다.
언제든지 돈이 필요하면 연락하라는 말을 뒤로 하고 헤어졌다.
그뒤 2년쯤 후 상의할 일이 있어 그를 찾아가 보니 사무실 자리는 다른 회사가 들어 있었고 친구 K는 보이지 않았다. 완전히 실패하여 자취를 감추었다고 한다.
10여년 후 오대산 월정사에 참배차 갔다 오는 길에 진부에 내려 식당에 가는 길에 그를 만났다. 또 리어카 앞에서……
그날 그는 뜨거운 눈물을 흘렸다.
이날까지 그렇게 담대하고 호방한 사람이 초췌한 얼굴로 기가 죽어 말도 크게 하지 못하는 것을 보니 몹시 마음이 언짢았다.
덧없는 인생의 회오리를 탓할 수 없는 나그네 인생, 나는 그의 손을 잡고 언짢은 마음을 달래 주는 수 밖에 없었다.
그가 실패하게 되자 새로 만난 처는 배신하여 이혼하게 되었고, 도와 준 사람들도 먼산 불구경 하듯 하더라다.

그래 이곳 강원도 깊은 산골에 와서 다시 리어카로 살아가고 있는데 자기에겐 리어카와 큰 인연이 있나보다고…….

도중하차를 잘하니 이제부턴 아예 리어카차를 타야겠다고 껄껄껄 웃어 댔다.

나와 자주 만나는 인연도 기이했지만 어쩌면 그는 리어카와 더 인연이 있는 것 같아 빙긋이 미소로 잘 되기만을 기원했다.

그날 친구에게 자네에겐 이러 이러해서 그런 인연이 있다는 그 말은 차마 하지 못했다. 안타깝지만 할 수 없었다.

그의 인연은 그의 전세가 약탈과 노략질과 방탕을 일삼던 모계(母系)의 선조였다.

K씨는 생김새나 성격, 행동이 그의 외조부를 닮았고, 그의 외가는 옛부터 유명한 한량 집안이었다.

특히 그 외조부는 8도를 다니며 많은 사람을 괴롭히고 재물을 뺏고 심지어는 양가규수까지 하인을 시켜 데려다 성의 노리개로 삼는 무법자였다고 한다.

업장 인연은 친부계에만 연결되는 것이 아니고 모계에서도 나타난다.

빼어날 정도로 외모와 성격이 닮은 형일 경우는 90%가 모계의 영장 인연을 받는다. 대신 외가에서는 그런 영장을 받지 않고 반대로 후손들이 입신출세하는 경우가 많다.

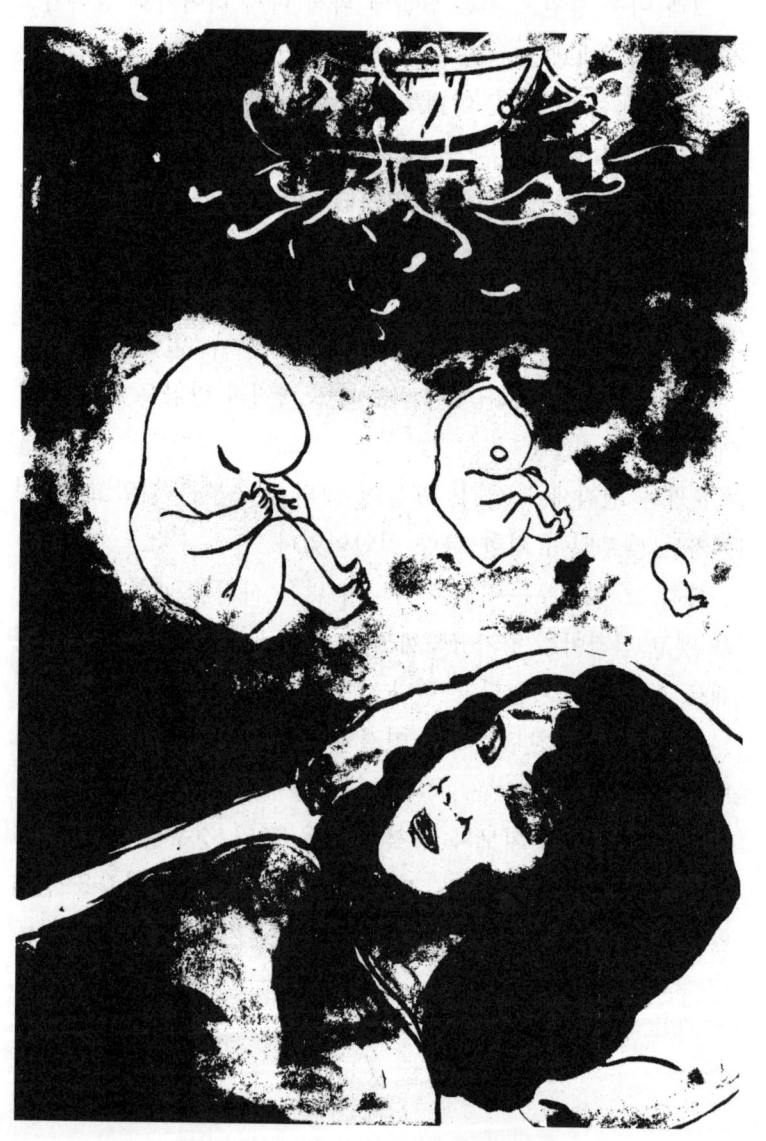

제3부

유리상자에 갇힌 불가사의

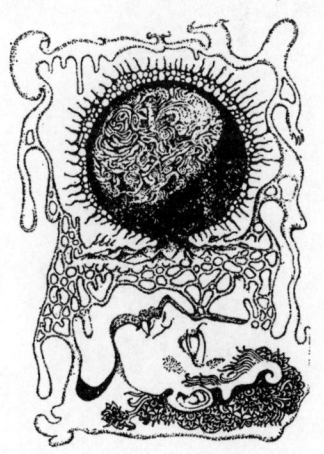

혈족 · 친족의 상극인연

 이 인연도 근본은 가운 쇠퇴의 인연에서 비롯된다. 이 인연은 육친의 같은 혈육이나 혈연관계가 높이 있는 운기 생명력을 해(害)하고 상(傷)하게 하며 분산시켜 나간다.
 3개의 화살의 교훈에 역행하는바, 서로가 합심협력, 도와 나가는 것이 아니고 육친 혈연관계의 사람들이 서로 흩어지고 고립되고 자꾸만 몰락해져 간다.
 이러한 가운쇠퇴의 현상이 나타나기 시작하면서 부터는 직계 자손이나 형제 등 혈연관계의 사람들이 같이 살면서도 일년내내 불화가 그치지 않는다.
 이것은 혈연관계 사람들이 서로 운기(生命力)를 해하고 상하게 하기 때문에 무의식중에 반발하며 또 싸우게 된다.
 또한 벽을 사이에 두고 산다 해도 상대의 운기를 상하게 한다.
 서로가 보이지 않는 이상한 악 감정을 품게 되고 시기나 질투, 모략을 제3자에게 서슴치 않고 하게 된다.
 그것은 아마도 무엇인가 눈에 보이지 않는 광선과 같은 것을 방사(放射)하여 서로 상대의 생명력을 상하게 하는 것으로 생각된다.

인간의 생명력이란 것은 자신을 지키는 자위본능을 갖고 있기 때문에 그 본능이 움직여 무의식 가운데 생명력을 결정하여 상대에게 반발한다.

그 결과 상대의 아무것도 아닌 동작이나 말 한마디에 비상한 신경을 쓰게 되는 것이다. 그곳에서부터 싸움이 시작된다.

오히려 타인이 그런 악 감정을 갖고 말한다 하면 참아 주는 데가 있는 사람이, 혈육간의 경우에는 살기를 품고 달려드는 경우이다.

여기에 더해서, 재산 관계가 얽혀 있다면 더 더욱 심각한 싸움으로 진전되어 나간다.

이런 인연이 있는 가정에 만약 한 집안에 불화가 없다 하면 가족 중 어느 누구 한 사람이 1년 내내 병에 고통받는 자가 나와 극단으로 불운에 치닫게 되는 문을 열어 놓는 자가 나오게 된다.

상당한 재능과 수완이 있다 하더라도 항상 그 기회를 놓치게 된다. 좋은 기회에 포착되지 않는 불우한 사람, 또는 오랜기간 병에 시달리는 사람은 전기(前記)의 '중도 좌절의 인연'이 또 그 '육친 혈연 상극의 인연'에 의해 운기(生命力)를 극해(極害) 당하지 않나 의심해 보게도 한다.

어디서부터 그런 인연이 작용하더라도 또한 그것을 끊고 열심히 노력해도 그런 인연을 갖고 있는 한 일생동안 공전하게 된다.

■ 형제간에 반목이 계속되는 어느 기자의 호소

내가 오오사카 이꼬마(生驅山)에 있을 때의 일이다.
히가시 오오사카(東大防)에 사는 L씨는 어느 날 아주 곤란한 얼굴로 나를 찾아 왔다.
그는 가끔 나에게 찾아와 정신세계에 대한 이야기도 하며 두어시간 차를 마시며 토론하는 아주 좋은 상대자인데 그 날은 심각한 얼굴을 하고 찾아 왔다.
그는 오오사카에서 발행되는 어느 잡지사 기자였다.
"가족이 모두 제각각입니다. 그렇게 되니 모두가 서로 미워하고 증오하며 적과 같이 되어 버렸습니다. 이러다가 무슨 사고가 날 것 같은 분위기입니다."
L씨의 집은 오오사카에서 큰 제과점을 경영하고 있는데 시내에 지점이 몇 군데 있고, 백화점에도 두 군데 매장을 갖고 있는 큰 제과회사의 본점이다.
그래서 L씨의 부인은 물론 두 사람의 형제와 부인, 가까운 친척들이 모두 다 힘을 합쳐 일하고 있었다.
실권을 잡고 있는 것은 그 부친인데 나이가 80을 넘었다. 가끔 유산상속 문제로 암암리에 형제간에 암투가 생겼다. 특히 두 아우의 부인들은 일찍부터 부친과 같이 일을 해서 서로가 본포를 차지하려고 싸움이 노골화 되곤 했다.
실제로 두 형제간엔 어렸을 때부터 싸움을 잘했다. 하찮은 문제를 놓고도 그들은 물과 기름같이 매사에 대립하였다.
결혼 후 두 사람의 대립은 더욱 커졌다. 한쪽이 차를 사면 다른 쪽도 사고 한쪽이 아들을 사립학교에 보내면 또 다른 한쪽은 유치원에서부터 영어를 가르치고 피아노 레슨을 시키고, 꼭 무엇에 홀린 사람들 같이 서로가 대립하는 살벌한 분위기였다.
꼭 재산 관계만이 아닌 살기를 띤 형제간의 반목이었다.
두 형제와는 직업이 다른 L씨도 자기 부인을 통하여 형제들의 싸움에 말려들게 되었다.
어느날 바로 밑에 아우의 처가 질책하는 말을 해대서 두 사람은 심한 싸움이 있고 난 뒤 서로 쳐다보지 않는 그런 상황이 되었다.
"부끄러운 말입니다만……."
L씨는 창피하다는 듯 고개를 숙였다.
고령의 L씨의 부친은 자식들의 싸움에 괴로워했다. 본인이 머리를 숙이고 그러지 말라고 간곡히 말했으나 그들 형제는 막무가내였다.
근래에는 그 형제들의 영향을 받아 자식들까지 서로가 반목과 질투와 시기, 싸우는 일이 빈번하게 일어났다.
학교에서도 고학년의 학생을 시켜 서로가 치고받고 싸우게 되는 곤란한 지경이 되었다.
이대로 고령의 부친이 세상을 하직하면 어떤 싸움이 벌어질 것인가. 재산 욕심과 각기 품고 있던 악감정이 폭발되어 큰 싸움으로 번질 것은 강건너 불을 보듯 뻔한 일이었다.
생각하기 조차 무서운 일이라고 L씨는 말했다.
이런 가족의 선조를 찾아 살펴보면 예전에 대단히 격한 싸움을 벌였던 적대감으로 모여진 경우가 많았다.

서로가 적으로써 피가 섞여 형제 자식으로 태어나고, 또 다시 서로 싸우게 되는 것이다. L씨의 경우도 그러했다.
그들 선조의 지나친 원념(怨念)이 다시 형제로 태어나게 된 것이다.
L씨의 부친은 히로시마에서 출생하여 중학을 졸업 후 오오사카에서 제과점을 시작한 모친의 집에서 낮에는 일하고 밤에는 야학을 다녔다. 양자로 간 것이다.
양자로 간 모친의 가계의 선조와 L씨의 부친의 선조는 내란 당시 서로가 지역 싸움에 휘말려 원수지간이었는데 그 양가 선조의 전세가 그들 후손에 전해져 내려 온 것이다.
나는 L씨에게 선조 공양을 게을리 했기 때문에 당신 대에 와서 그런 현상이 나타나기 시작했다고 알려 주었다.
친형제나 숙질간에 나타나는 이러한 불화의 싸움은 종종 선조의 대립 원념이 꼬리를 물고 있는 경우가 많다.
씨족 간의 싸움, 전세에 몇 대 전 조상들 간의 싸움은 특히 한국같은 씨족사회에서는 많았던 것으로 알고 있다. 또한 종교 단체도 마찬가지다.
불교와 기독교, 조계종과 태고종의 대립.
결국은 그 전세의 사람들이 갖고 있던 대립 양상이 그대로 전해져 지금도 나타나는 것이다.
이러한 씨족간의 전세의 대립이 후세에 나타남을 막기 위해서는 결혼 전에 서로 상대의 가계를 다시 한번 거슬러 올라가 그 내력을 알아보는 것도 주의하는 한 방법일 것이다.
이렇게 L씨의 경우와 같이 적동끼리 피가 섞여 합쳐진 그런 혈연 간에는 선조 공양을 보다 더 열심히 해서 그 선조의 원념을 서로가 화해할 수 있도록 불식시키는데 노력해야만 한다.

■ 자살자가 많은 집안

그 날은 영하 12°까지 내려 간 추운 겨울날이었다.
나의 도장은 조그만 스토브 하나에 의지하고 있어 아주 썰렁한 그런 날이었다.
새벽 기도 후 따끈한 차 한잔 마시며 추위를 달래는데 현관에서 노크 소리가 났다. 이렇게 추운 이른 아침에 누구일까? 의아해 하며 문을 열자 어느 예쁜 아가씨 한 사람이 서 있었다. 무슨 일일까 이렇게 추운날 이른 아침에.
나는 방안으로 들어 온 그녀를 위해 스토브의 열을 올렸다. 아마도 그리 멀지 않은 곳에서 온 듯 했다. 한 동안 두 무릎을 꿇고 고개를 숙이고 앉아 있는 그녀의 얼굴을 바라보니 두 눈이 부어 있는 것 같았다.
의아해진 나는 그녀에게 말했다.
"무슨 변이라도 있기에······."
말이 채 끝나기도 전에,
"도대체 저의 집안은 왜 이럴까요. 이럴 수가 있습니까······."
그녀는 말을 잇지 못했다. 서러움에 복받치는지 가냘픈 두 어깨가 들먹였다. 한참만에야 그녀는 자초지종을 이야기 했다.
금년에 대학을 졸업한 자기의 오빠가 직장에 다니다가 갑자기 이틀 전에 자살했다는 것이다. 모든 식구가 얼이 나가 있어 자기가 찾아 왔다는 것이었다.
 자살한 그녀의 오빠는 아무런 병도 없이 아주 착실하고 부지런 했는데 아무런 유서도 없이 자살했다는 것이다.
 전날까지도 그녀와 재미있게 이야기하고 앞으로의 계획도, 결혼 문제에 대해서도 이야기 했다는 것이다. 그런 오빠가 왜 돌연 자살을 했을까……
 그녀는 도저히 의문이 풀리지 않아 그 무슨 이유가 있길래 집안에서 자살자가 있는가 하고 알아보기 위해 찾아왔다는 것이다.
 "오빠는 왜 자살했을까요. 무슨 일입니까? 가르쳐 주십시오. 선생님……"
 나는 조용히 물었다.
 "잘 생각해 보세요. 당신의 가까운 조상 중에 자살한 사람은 없었나요?"
 "저는 잘 모르겠는데요."
 그녀는 금년 21세의 젊은 아가씨였다. 선조의 그런 일을 알고 있을 리가 없었다.
 "그러나 잘 조사해 보세요. 틀림없이 자살하신 선조가 몇 분 있을 것입니다. 다시 말하면 댁의 오빠는 이런 조상의 원령들의 영장에 씌어서 갑자기 발작적으로 자살한 것입니다. 사람들이 이렇게 저렇게 말하는 것은 사실을 모르기 때문에 일어나는 억측입니다. 돈 문제가 있다든가, 여자 문제라든가, 직장에서 무엇이 잘못 되었다든가 등등 여러 가지로 말하지만 인간이라고 하는 뛰어난 존재가 그런 문제로 쉽사리 자기 생명을 포기합니까?

이런 저런 문제에 얽히고 휩싸이고 고민하는 사람은 이 세상에 수 없이 많습니다.

인간사회는 바로 그런 것들의 제 모습입니다. 그러한 비비상(非非相) 사회에 반복되어 움직여져 나가게 되는 것입니다.

누구나 받게 되는 그런 반복에 쉽사리 자기 생을 죽음으로 해결하려 합니까? 그렇다면 이 세상 거의 모든 사람들이 자기 생을 포기해야 옳을 것이 아닙니까? 그러나 많은 사람들은 거의 모두가 그러한 어려운 고통이 반복되는 그 과정을 뚫고 또 이겨 나가는 것이지요. 그것이 사회요, 또 인간의 우월성이 아니겠어요. 그렇게 쉽사리 그것도 갑자기 아무런 이유도 없이 자살한다는 것은 그 어떤 충동이나 발작에 의해서입니다. 그것은 분명히 말하지만 당신의 선조 가운데 어느 누군가의 원령이 그를 충동 내지는 그들의 상태로 이끌어 발작상태로 변화시켜 스스로 자살하게 한 영장의 인연관계입니다."

나는 이렇게 말하고 그것을 잘 조사해 보고 오라고 일러 보냈다.

그녀가 나를 재차 찾아온 것은 일주일쯤 뒤였다.

"선생님께서 말씀하신대로입니다. 어머니께 듣고 보니 외가 쪽 어머니의 숙부가 역시 자살했다고 합니다. 그것만이 아니고 외증조부도 명치시대에 칼로 자살했다고 합니다. 이유는 잘 모릅니다만……"

내가 말한 그대로였다.

한 번 자살한 혼은 다시 태어나도 전세의 업에 의해서 얼마 뒤 자살하는 경우가 대단히 많다. 생을 끊어 버리는 그 인연이 또 끊는 인연으로 얽어 매여져 있기 때문이다.
 그 업에 의해서 자살하는 것이다. 또 그렇게 자살하며 무리로 수명을 단축시키는 죄에 해당되어 지옥이나 아귀·축생의 고해에 빠지고, 좀처럼 인간으로 태어나기가 어렵게 된다.
 이러한 영의 경우 자신의 자손이 없어 공양을 받지 못하는 경우는 살아 나가는 그 집의 후손에 다시 씌우게 된다.
 자살한 그 영이 덮어씌우게 되면 또 그 사람이 자살하게 된다.
 자살의 명소로 알려진 곳을 보면 그 장소에서 또 다른 사람이 죽어 간다. 그것은 그런 인연이 있는 사람을 그곳으로 부르기 때문이다.
 또 한 경우는 부를 자손이 없는 영이 그곳을 지나는 사람에게 덮어씌우게 되어 그렇게 되는 경우도 있다.
 아무튼 자신의 선조나 자기 주위 친척이나 외가에 이런 경우가 있는 사람들은 다른 평이한 사람들 보다 몇 배 조상에 대한 공경과 공양의 마음을 더해서 마음 깊은 곳으로부터 정성을 보여 그들의 원령을 해원시켜 성불해 드려야 한다.
 더욱 더 깊은 신앙생활과 영의 세계에 대해 인식을 깊이 해 나가는 것만이 다음의 자살자를 막고 갑자기 닥치는 흉사를 면할 수 있다.
 아무것도 모르던 그러한 영의 세계에 그 아가씨는 두 손을 합해 간절히 조상께 기도하고 공양해 올리기로 맹세했다.
 위에 열거한 육친 혈연 상극의 인연은 이루 헤아릴 수 없이 많은 예가 있지만 대부분이 비교육적인 일면(一面)들이기에 여기에서는 더 이상 예를 들지 않으려 한다.

이 육친 혈연 상극의 인연과 자식과 부모를 서로 극하는 인연은 근래에는 더욱 더 과보가 크고 무섭게 나타나고 있으며 있어서는 안될 크나 큰 사회문제로 제기되고 있다.

먼 일가친척 간은 고사하고 부모나 형제간에 서로 남 보듯 아니면 원수 대하듯 하는 경우가 있고, 심지어는 서로가 서로를 죽이는 몸서리 쳐지는 일이 많이 일어나고 있는 것이 오늘날의 실태이다.

자주 신문의 사회면이나 잡지 등에 오르내리는 비참한 살육의 현장은 인간의 탈을 쓰고라면 그런 처참을 극한 일이 일어날 수 있을까 무서워지기도 한다. 인간의 순수한 심상이 짐승의 마음으로 변하는 것일까.

종교에서는 그런 현상을 말법 또는 말세의 시대가 되어 그렇다고 한다.

손버릇 나쁜 자식을 그 아버지가 죽임으로써 고치려 하는 이해 못할 부자의 인연.

아들이 용돈을 주지 않는 어머니를 몽둥이로 때려죽인 짐승만도 못한 아들이 있는가 하면 손자가 할아버지를 죽이고 또 할아버지가 손자를 죽인다. 서로가 주고받은 피로써 처참을 극한 생지옥을 연출한다.

그래서 여지없이 그 가계(家系)는 어쩔 수 없는 악인연을 만들어 또 다시 후손들이 그런 일이 일어날 수 있는 인연을 심어주게 된다.

어디 이것이 현세에 살고 있는 사람들만의 문제인가. 아니다. 인간의 영혼이 존재하는 영원의 세계에 까지 이어져 올라 간다.

　인과응보(因果應報)— 아무리 자기를 낳아준 부모라 해도 그 과보는 받게 되어 있다.

　대만에서 실제로 이러한 일이 있었다.

　한 사람의 젊은 주정뱅이의 계속되는 폭행이 자기 부모를 자살하게 만들었고, 다른 형제에 의해 그 주정뱅이는 바다에 던져져 죽었다.

　그 주정뱅이의 아들은 또 다시 자기 숙부의 아이들 즉, 4촌 형제를 칼로 찔러 죽인 엄청난 사고가 일어난 일이 있었다.

　이와같이 현실적으로 느끼고 알고 있는 상황에서도 혈육간의 도륙상쟁은 일어나고 있다.

　타인보다도 더한 극을 달리는 과보의 연속이다.

　한국의 A시에서 있었던 일이다.

　형제간에 형이 아우를 구타하여 그 아우가 죽었다. 그 아우의 아들이 숙부를 죽이겠다고 칼을 갈아 주머니에 넣어 가지고 다니는 아들을 본 그 어머니가 심한 꾸지람을 했다.

　그날 아들은 술에 취해 들어와 또 다른 칼 하나를 갖고 뛰어 나가는 것을 어머니가 매달려 가지 못하게 했다.

　술에 취한 아들은 미친 듯이 칼을 빼어 휘둘렀고 말리던 이웃 한 사람과 자기 어머니가 칼을 맞았다.

　청년은 경찰에 잡혀 갔으나 칼에 찔린 이웃사람은 몇 시간 후 병원에서 사망하고 어머니는 중태에 빠졌다.

혈육간의 싸움이 제 3자를 죽인 엄청난 일로 번진 것이다. 얼마 뒤 중태였던 어머니는 간신히 생명을 건졌으나 아무런 일도 할수 없는 불구가 되었다.

매일 밤 꿈에 나타나는 영혼들의 구해 달라는 하소연에 그 어머니는 얼마 후 자기 남편의 혼이 빙의되어 무당이 되었다. 무당이 된 후 그는 매일같이 죽어간 영혼들을 달래 주고 영의 세계에서 강림하는 영언을 듣고 큰 무당이 되었다.

무당은 나에게 이만하면 영혼들이 편안해 질 수 있지 않겠느냐고 서글피 질문을 한 적이 있었다.

이런 현상을 운명이라 돌리기엔 너무나 가혹한 인간사들이다. 한 사람의 거친 돌발적인 반사작용이 신성한 인간 세계의 질서를 깨뜨리고 그런 상황이 자주 일어남으로써 신비한 우주의 질서도 깨지는 것이다. 어느 한쪽의 질서가 깨질 때 전체적인 질서는 흐트러지게 되어 있다.

인간이라고 하는 하나의 거대한 질서는 대도(大道)이기에 큰 길에 놓여 있는 장애물을 걷어치우는데 서로가 앞장서야 할 것이다.

눈에 보이지 않는 장애물은 과연 어느 누가 이렇게 제거해야 할 것인가? 오직 뭇 인간들의 심성이 맑아지고 밝아질 때만이 그러한 장애물이 놓이지 않게 되고, 그것을 제거하는 힘이 나오게 된다.

온 인류 인간세계가 맑은 심성으로 청정한 공기 그대로가 될 때 우주의 질서는 순리 곧 천리(天理)가 회복되는 것이다.

자기 자식을 해치는 인연

 이것은 육친·혈연·상극(相剋)의 변형인데 부모가 어린 생명력을 해하는 인연이다. 그렇기 때문에 어린이는 년중 병약하게 되고 혹은 불구자가 되어 태어나고, 또 불구자가 되기도 한다.
 대개 10세 전후에 사망하는 일이 많다. 만약 그 어린이가 비상하게 생명력이 강하다면 소행이 난폭해지고 어려서 집을 나간다.
 이것은 부모 가까이 있으면 자신의 생명력이 삭감되거나 감소된다는 위험을 그 혼이 알기 때문에 도망쳐 나가는 것이다 (물론 본인은 그런 일을 모른다).
 최근 소년 소녀의 비행(非行) 문제에 있어서 이런 저런 대책이 세워지고 있지만 이 세상의 부모들은 이런 인연이 있다는 것에 신경을 써 보았으면 한다.
 인연 같은 것은 미신(迷信)이 아닌가 하고 바보같은 말을 하지 말고 자기 자신에 이런 것이 없지 않은가 잘 생각해 보기 바란다.

부친에 있어서도 모친에 있어서도 이 인연이 있다면 어린이가 틀림없이 이상하게 반항한다.

물론 어린이의 성장 기간 중에 일시 반항 기간이 있는 것은 사실이지만 이 인연에 의한 반항은 좀 이상한 것이다. 예상외로 나이에 비해 거센 경우도 있고, 아주 어릴 때에 생각지도 못하는 그런 나이에 반항해 오는 경우도 있다.

아주 어렸을 때부터 같이 다니는 부모 손을 떠나 길을 잃고 방황하거나 집을 떠나 멀리서 헤매는 어린이, 그 부모가 놀래서 몇 번이고 찾아다니는 그런 어린이는 일찍이 이 인연이 나타났기 때문이다.

이것은 앞에 말한 육친 혈연 상극의 인연의 경우와 같이 자신이 생명력의 침해에 대하여 자위본능이 움직여 자신의 생명력을 결집해서 반격해 오는 것이므로 말 한마디에도 즉각 반항해 온다. 불쌍한 모습인 것이다.

성공한 사람 집에 소행이 불량한 청소년이 많은 것도 다른 원인이 있겠지만 운기가 강한 부모가 그 강한 운기를 자신이 사용함과 동시에 어린이를 극하는 인연을 수반해 나가기 때문에 이런 결과를 가져 오는 것이다.

소행 불량의 자식을 갖고 있는 부모, 이상하게도 부모 말을 듣지 않는 어린이를 갖고 있는 부모는 근본적인 대책의 하나인 이 인연의 유무를 먼저 조사해 보기 바란다.

이 인연이 없으면 비교적 쉽게 바로 잡아지고, 이 인연이 있다면 제대로 바르게 되지 않는다.

◉ 아들의 폭력에 떠는 어느 고급 공무원

P씨는 서울 강남에 사는 고급 공무원이다. 지금까지 그는 관운도 있어 승승장구, 순조롭게 상승세를 탔고 가정 내에서도 아주 행복한 생활을 영위해 온 은자와 같은 덕인(德人)이다.

주위에서도 좋은 평판을 얻어 언제나 그의 집에선 화기애애한 웃음소리가 그치지 않았다. 대소가내(大小家內) 친척들도 자주 그의 집에 모여 집안일들을 상의하고 P씨 종문회(宗門會)에서도 인정하는 덕망있는 고급 공무원이었다.

그런데 차남인 아들이 중학교에 입학하면서부터 생활은 일변하여 지옥에라도 떨어진 것 같은 암울한 상황으로 돌변했다.

처음에는 등교 거부를 했다. 아침에 학교에 갈 시간이면 머리가 아프다 하고 학교를 쉬었다. 배가 아프다 하고는 또 실제로 토하기도 했다. 열이 오른다 해서 보면 결국엔 심한 열이 나고 성적은 점점 떨어지고 중학 1학년 2학기에는 반에서 끝에서 몇째가는 성적이 나오고 정말 곤란할 지경에 이르게 되었다.

완전히 낙제감이다. 그 학교는 강남지역에서도 일류에 속하는 우수한 성적이 있는 학생들이 모인 곳이라서 더욱 격차는 심해져 갔다.

학급의 담임이 오히려 P씨 부부에게 더 미안해하는 그런 상태였다. 얼마 후 학교기념일의 축제가 있은 다음날부터 그 학생은 등교를 강하게 거부하고 나왔다.

오히려 학교에 가라는 어머니에게 폭력적으로 대항했다.

책상의 책꽂이를 부수고 현관의 거울도 깨뜨리고 가구도 파손시키기 시작했다.

　말리는 엄마의 머리채를 잡고 밀고 차는 일이 빈번했고 P씨가 집에 들어오면 좀 잠잠해졌다. 언제나 손에 부상을 입고 붕대를 매고 다니는 신경이 쓰이고 겁나는 그런 행동을 노골적으로 보이기 시작했다.

　신문에 가정내 폭력이 심한 아이들의 기사가 날 때마다 P씨도 언제 자기의 아들이 그런 일을 저지를지 몰라 전전긍긍하게 되었다.

　"대체 왜 이렇게 되었는지 그 이유를 알고 싶습니다. 선생님, 도대체 왜 그렇게 착한 아이가 돌변하게 됐을까요."

　P씨 부부는 기가 눌린 얼굴로 나에게 물어 왔다.

　"어떤 기이한 현상이 있는 것은 아닌지요."

　어린아이들은 거의 다 조상이 새로이 태어난 것이다. 어린아이가 가정에서 폭력을 휘두르는 것은 선조 가운데에 부모에 불효한 사람이 죽은 자가 있기 때문이다.

　그 업을 등에 업고 태어났기 때문이다. 말하자면 집에서 폭력을 휘두르는 어린아이는 전생에 그렇게 자식의 불효에 운 어버이가 새로 태어났는지도 모른다.

　지금 폭력에 우는 부모는 전생에 부모를 울렸던 자식이 새로 태어났는지도 모른다.

　P씨에게 이렇게 말하자, P씨는 무언가 느낌이 있는 것 같은 얼굴을 했다.

　"그럴지도 모릅니다."

　P씨는 잠시 침묵 후에 놀라운 사실을 고백했다.

P씨는 자신도 어릴적에 그렇게 집에서 폭력을 썼다는 것이었다. 물론 지금의 아이와 같이 무턱대고 폭력을 쓴 것은 아니지만.

어머니가 세상을 떠난 뒤 새로 들어온 계모에게 화가 나는 대로 화풀이를 했고, 심한 경우에는 폭행까지 했다고 한다.

그 계모는 지금 세상을 떠났다. 그렇게 본다면 P씨의 차남으로 태어난 인연을 충분히 알 수 있었다.

최근 많이 나타나고 있는 문제 가운데도 이와같은 일이 수두룩하다. 못살게 구는 행패에 피해를 입고 고통받는 부모나 또 행패부리는 아이나 모두가 다 그런 조상이 있었기에 이러한 업을 짊어지고 나와 전세와 똑 같은 일이 다시 반복되고 있는 것이다. 지금의 현세에는 타인을 해치는 자는 해침을 받는 측에, 해침을 받는 측은 해를 가한 측에 돌려받아 나가고 있다.

제2차 대동아전쟁은 물론 6·25도 벌써 60여년 전의 일이다. 생각해 보면 6·25이후 군대의 사회에는 지금의 젊은 소년들보다 몇 배 더 서로가 해치고 해침을 받는 그런 고통의 악순환이 얼마간 계속되어 왔다. 심지어는 견디다 못해 병들어 죽고 자살하는 경우도 있었다.

이러한 원령들이 금세에 다시 인간으로 태어나 사회적으로 악순환이 계속되는 것이다.

최근엔 여러 사정으로 그런 일을 별로 볼 수 없지만 그 옛날 우리 할머니, 어머니들은 한 달에 한 두 번은 꼭 금줄을 띠고 사람과 짐승을 경계하여 부정을 막는 고사를 정성껏 지냈다. 자신들의 주위에 있는 신령에 대한 기도였다. 토지신이나 산신·

조상신, 억울하게 죽어간 원혼들에게 정성껏 고사를 지냈다.

고사라 하면 미신으로 생각하는 사람들이 많지만 고사는 바로 자기 가족을 위한 간절한 기도인 것이다. 그랬기에 그 시절은 가정 내에서 폭력을 쓰는 아이들을 별로 볼 수 없었고, 사회적으로도 요즈음 같이 서로가 서로를 무시하고 경계하고 무서워하는 그런 세상이 아니었다.

요즈음 어린 아이들이 학교에서나 동네에서 남자 온다 하면 다 도망가 숨어 나오지도 않는다 하니 그런 일이 어디 인간사회, 특히 동족간의 정상적인 움직임이라 할 수 있는가?

학교에서도 물건을 뺏고 폭행하여 학교에 가지 않으려 하고 길가에서도 공공연히 서로가 서로를 학대하고 때리는 그런 모습을 많이 본다. 서로가 학대받고 해침을 받던 그 시대의 원혼들이 지금 새로 태어난 인간세상에서 사회적으로 종횡무진 복수하다시피 날뛰고 있는 것이다.

요즈음은 옛날같이 여러 신들에게 경배하고 좋지 않은 일이 없도록 해달라는 간구를 하지 않는 것 같다.

신앙생활도 인스턴트화 해서 그런지는 몰라도 너무 간단하다. 심지어 조상의 제사조차도 거부하는 그런 형태의 종교는 도저히 이해할 수 없다.

신앙과 영혼의 세계는 분명히 다르다. 신앙은 절대 유일신에 대한 경배와 함께 자신을 만들어 나가는 형태이다.

여러 영혼이 세상에 원하는 바와는 근본적으로 다르다.

윤회를 거듭하는 영의 세계에서는 오직 그 영혼들과 대화를 하고 안위를 우선으로 해야 한다.

신앙생활을 현대식으로 한다 해서 영혼과 대화가 통하는 것은 절대로 어려운 일이다. 그렇기에 현대식 신앙생활을 하는 성직자들이 악한 일을 저지르고 벌을 받는 경우가 종종 일어나고 있는 것을 볼 수 있다. 영혼은 영혼의 세계에서만이 존재하고, 또 그러한 필요가 있을 때 인간에 빙의되는 것이다.

무조건 미신시 하고 타부시 하고 경멸하는 것은 그 진의가 어디에 있는지 도저히 알 수가 없다.

엄청난 영의 파워를 재인식하기 위해선 순수한 신앙생활, 여러 형태의 신들에게 순응할 줄 아는 신앙생활이 중요하다.

물론 절대유일의 신도 신이지만 절대 유일의 신에게만 구원을 요청하고 편안함을 기원한다는 것은 영적인 세계에서 볼 때는 대단한 모순이라는 사실을 알아야 한다.

일국의 통치나 국정도 절대자라 할 수 있는 대통령 한 사람만의 힘으로 모든 것이 다 이루어지고 통제되고 제어될 수 있는 것은 아니다. 관계 부서의 책임자가 있고 지방의 책임자가 있어 그들의 힘이 모아져 조직적으로 행사되어지는 것이다.

영혼의 세계에서 오는 인간 세계의 이치는 그 세계의 힘도 이와 같이 분배되어 나타나는 것이다.

계통별로 조직적으로 그 파워가 나타난다. 인간으로써 도저히 알 수 없는 그런 불가사의한 일이 영의 세계로부터 만들어져 나오고 있는 것이다.

예를들어 전년에 사망한 조부모와 반달 정도로 닮은 아기가 태어났다든지 또 당신의 아이가 젊어서 죽은 당신의 형제와 외모가 똑 같이 닮고 성격, 행동까지 같은 경우를 많이 보게 될 것이다.

저놈은 제 삼촌을 꼭 빼어 닮은 놈이야 이런 말을 하는 경우가 많다. 너무 닮아 놀래는 사람도 있다. 왜 그럴까? 그 부모가 일찍 죽은 자기 형이나 아우를 닮기를 바라는 부모가 과연 있을까. 절대 그렇지 않을 것이다.

이런 예가 영혼과 인간의 불가사의 바로 그것인 것이다.

타 집안의 사람이 다른 집안의 사람으로 새로 태어나는 경우는 드물다. 다만 외가의 경우라든가 그 집안사람과 연인 관계였다든지 부정 출생아가 있다든지 하는 경우는 있다.

금세에는 전세에서 인연이 없는 사람이 태어나서 만나는 경우는 거의 없는 일이기에 오늘 자기와 인연이 있는 사람이 죽는다 하더라도 그렇게 슬퍼할 일은 아니다. 몇년 후 또는 몇십년 후에 틀림없이 다시 만나게 되기 때문이다.

깨끗한 일생을 살다 깨끗하게 죽어가서 새로 귀여운 아기로 태어나 축복을 받는 것이 최대의 행복이다.

불타의 가르침에 의하면 인간세계는 언제든지 오욕(五欲)을 즐기는 인간으로써 행복을 추구하는 것보다 오직 인격이 완성되어지고 지순한 지혜 반야바라밀, 즉 성불하기 위한 심심미묘의 깨달음을 완성하는 그런 수행의 장이 필요하다고 했다. 이렇게 누구나 다 수행을 완성해서 영원히 윤회전생하는 죽고 태어나고 죽고 하는 그 길을 밝게 바로 잡아 나가야 한다.

폭력으로 나오는 어린이를 선도하는 길은 곧 부모 자신의 지나온 전세를 회억해 보고 그것을 거울삼아 조심해서 인도해 나가고 전세의 인연 업(業)을 깨끗이 하는데 있다.

은혜 배반의 인연

 이것은 은혜를 저버리고 거역하는 인연이다. 이것도 가운쇠퇴의 인연에 뿌리를 두고 있는데 말하자면 은혜를 받은 사람〔주인·스승·상사·돈을 대준 자·선배 등〕을 모략이나 중상하여 아무튼 상대의 무엇인가를 손해 보게 한다.
 심한 경우는 형옥(刑獄)을 받게 하는 경우도 있으며, 죽이고 금품을 뺏기도 한다. 거기 까지는 가지 않는다 하더라도 반드시 은혜를 원수로 갚는 경우이다. 인연이라는 것은 반드시 성격적인 것과는 한계가 있다.
 '은혜를 어기고 거역하는 인연'을 갖고 있는 자가 반드시 그 거역하는 성격을, 중도좌절의 인연을 갖고 있는 자가 의지박약형의 성격을 갖지 않았다 하더라도 틀림없이 그렇게 되는 것과 같다.(물론 갖고 있는 인연 그대로 그 사람의 성격이 나게 되는 사람도 수없이 많지만)
 이 은혜 배반 인연의 경우도 성격과는 정반대의 결과가 나오기 때문에 본인도 스스로 놀라게 된다.
 예를 들어 주인(會社)에 충실하게 일심(一心)으로 밤낮없이 노력, 회사를 위해 뛰어서 득의만만하게 거래처를 잡았지만 그 거래처에서 몇십만, 몇백만원의 부도가 발생하고 도산해 버린다든가 해서 회사에 커다란 손해를 입히는 일도 있게 된다.

　대체로 자신의 은혜가 있는 사람이란 자신에게 호의를 갖고 또 신용으로 자신을 끌어 세우는데 힘이 되어 온 사람이다.

　이런 상대방에게 무의식이라 할 정도에서 손해를 입히게 되고 거역하게 되고 마는 일이 일어난다는 것은 자기 자신의 손발을 묶어 매는 결과인 것이다.

　자신의 유력한 후원자를 잃게 되는 것이다. 고립무원(孤立無援)이 되어 인생의 실패자가 되고 만다.

　사람을 쓰는 사람, 사용되어지는 사람, 모두 다 이 인연에 주의할 필요가 있다.

◼ 믿었던 전무에게 발등 찍힌 사장

　T씨는 일본의 오오사카에 있는 의류회사의 사장이다.

　어느날 T씨로부터 다급한 목소리의 전화가 걸려 왔다. 전화를 받으니 10분 후에 다시 하겠단다. 무슨 급한 일이 있기에 이토록 서두르는 분이 아닌데 아마도 회사에 무슨 변이 있나 보다고 생각에 잠겨 있는데 벨이 울렸다. 이야기인 즉, 자기는 이제야 알았다며 회사가 넘어 갈 위기에 놓였다고 숨이 차서 말했다.

　일단 진정시킨 다음 천천히 내용을 들어보니 기가 찰 일이었다. 운(運)도 괜찮은 분이 그런 일을 당하다니 인간세계의 비정함을 다시한번 보는 것 같아 마음이 아팠다.

　T씨의 회사에 45세의 유능한 전무가 있는데 그는 T씨로부터 거의 모든 업무를 대행할 정도의 두터운 신임을 받고 있는 초창기의 정 멤버였다.

　그 전무는 원래 T씨가 전 소유주로부터 회사를 인수할 당시 업무과장이었다.

　T씨가 회사를 인수할 때 전 회사의 사장은 C씨를 대동하고 나와서 특별히 소개하며 아주 유능한 사람이니 같이 회사를 운영해 보는 것이 좋을 것이라 해서 선뜻 그 자리에서 승낙하고 그대로 업무 일을 맡겨 왔다고 한다.

　나는 언젠가도 한번 T씨가 전무의 이야기를 하는 것을 들은 적이 있었다. 그 후 자기의 수족같이 회사의 모든 일을 잘 처리하기 때문에 부장, 전무의 자리에 앉혀 놓고 결혼도 좋은 신부감을 찾아 성사시켜 주고 조그만 집도 사 주었노라고 말한 적이 있다.

　그런데 오늘 갑자기 라이벌의 다른 회사로부터 회사 인수 통지서가 날아왔다는 것이다. 내용인즉 T씨의 회사로부터 발행한 거액의 수표가 부도가 나고 라이벌 회사로부터 거액의 현금 차용, 물품반입 등 엄청난 부채를 안고 채무 이행을 하지 않아 부득이 회사 인수에 따른 법적 절차를 밟게 됐다는 것이다.

　T사장은 다음 날 일찍 부장들을 불러 자초지종 내용을 물은 즉 부장들은 한결같이 C전무의 명령대로 움직였을 뿐이라고 했다.

　부장들은 왜 회사가 넘어가게 됐느냐고, 사장님은 회사 운영

사항을 모르고 있었느냐고 오히려 반문했다.

　T사장은 창피하고 분했다. 회사는 완전히 C전무의 명령 한 마디에 움직였고, T사장은 허위보고만 받는 로봇 사장 꼴이 된 셈이다.

　나는 T사장의 운명의 변화 주기를 투시했다. 그는 천명살의 주기에 와 있었다. 또 뒤에 여자가 있었다. 그 여자와 같이 행동한 것이다.

　나는 T사장에게 C전무의 뒤에 여자가 있는지 알아보라고 하고 전화를 끊었다.

　다음날 늦게 찾아 온 T사장은 다음과 같은 말을 했다.

　C전무는 2년 전부터 사귀어 오던 경리부장과 오오사카 교외에 별장을 지어 그 곳에서 비밀리에 동거해 왔다는 것이다.

　사건은 여기서부터 시작된다. 경리부장은 C전무와의 달콤한 미래를 꿈꾸며 매일같이 계획된 각본대로 거액의 회사 공금을 착복하기 시작했다.

　또 다른 회사를 설립해 자기의 숙부를 사장으로 앉히고 똑같은 의류의 원자재 기술, 모든 분야의 정보를 있는 그대로 다 빼돌렸다.

　결국 허위 장부와 허위 보고에 의해 T사장 회사는 운영되고 있었다.

　회사 내에서는 불경기를 이유로 사원 감축이 자주 있었고, 회사 운영비는 은행대출로 메꾸어 나갔다.

　아무도 T사장에게 직접 말할 만한 그런 입장이 못되었다. 은행 거래도, 수표 발행도 전적으로 C전무의 손 안에서 이루어졌다.

통보가 오던 날부터 C전무는 회사에 나타나지 않고 여경리 부장은 몸이 불편하다는 이유로 회사에 나오지 않는다는 것이었다. 날벼락이 떨어진 것이다. 믿는 도끼에 발등을 찍힌 것이다.

"선생님 어떻게 해야 좋겠습니까?"

사장은 얼굴이 사색이 되어 물었다.

T사장과 C전무의 인연을 투시한 즉 그들은 5대조부터 이어져 내려오는 두 집안이 사업상 대단한 라이벌의 후손들이었다. 그러나 T사장과 C전무는 그 내력을 모르고 있었으며 결국은 선조의 시기·질투·모략의 두터운 업(業)장에 사장과 전무 두 사람은 현세에 큰 회사 하나를 놓고 또 다시 대립하게 되었던 것이다.

사장은 나의 이야기를 듣고 자기의 조상과 상대의 조상들이 품고 있는 원념을 풀어 주는 '해원상생(解怨相生) 원결진해법(怨結鎭解法)'에 의해 몇 번 도인(導引)하고 깊이 머리를 숙였다.

그후 C전무는 T사장에게 찾아와 자기의 잘못을 사죄하고 사취한 액수의 금액을 내 놓아 회사가 넘어가는 것을 막아 주었다.

지금은 T사장이 전무겸 사장이 되어 잘 번창해 가고 있다.

난산과 무자식의 인연

먼저 난산이라 하면 해산 직전의 산모가 출산하는데 겪는 어려움을 말하는데 산부인과의 산파술이 발달 보급되기 전의 한국 사회에서는 많은 산모(産母)들이 출산의 어려움을 이기지 못해 죽는 경우가 있었고, 태아(胎兒)가 세상 빛을 보기도 전에 사생아로 나오는 경우도 가끔 있었다.

또 아기가 이 세상에 태어나서 2, 3년을 넘기지 못하고 저세상으로 가는 일이 있어 부모의 마음을 아프게 하기도 했다.

의학이 발달된 오늘날은 난산의 위험과 유아의 죽음이 많이 해결되었지만 그래도 불가사의한 난산과 태아의 죽음은 간혹 나타나게 된다.

무자식(無子息)의 인연이라는 것도 많은 사람들에게 걱정과 슬픔을 안겨 주는 하나의 인연이다.

일점 혈육이 없어 괴로워하는 부부와 걱정에 쌓인 집안의 어른들, 몇대째 계속되는 독신 집안에 자식이 없어 고민하는 가정을 가끔 보게 된다.

자식이 없어 이혼하는 부부, 자식을 두기 위해 부정을 저지르는 경우, 심지어는 괴로워하다 목숨을 끊는 경우의 사람도 있다.

자식을 두지 못해 한평생을 한에 맺혀 살아가는 사람도 있고, 또 그런 여인을 세상에선 석녀(石女)라고 한다.

인간으로 태어나서 잉태, 출산으로 한 인간을 빛을 보게 하는 것은 지극한 인간의 도리중의 도리라 생각한다.

그러나 이토록 숭엄(崇嚴)한 해산에서 어려움을 겪게 되거나 또는 해산이 무위로 끝날 때의 그 아픔의 원인은 과연 어디에 있으며 거기에 아픈 마음을 더해 주는 무자식의 연(緣)은 과연 어디에 그 인(因)을 두고 있는지 살펴보아야 할 것이다.

■ 계속되는 유산에 고민하는 40대의 귀부인

가을 단풍이 만산홍엽이 된 계절의 화창한 어느 날이었다. 그날은 만추(晚秋)가 다 가기 전에 오진산(奧津山) 계곡에 들어가 넓직한 병풍바위를 방석으로 하여 맑은 계곡물에 한껏 도취하여 보리라 작정하고 일주일 전부터 벼러 오던 날이었다.

아침 일찍부터 의장을 차리고 산행을 재촉하는데 잠깐만 나를 만나게 해 달라는 사람이 있다고 했다. 누구냐고 물으니 40대의 여자라고 했다. 나는 산행 출발 시간을 좀 늦추기로 하고 들어오라고 했다.

이야기인즉 일주일 전에 12번째의 유산을 했다는 것이다. 도무지 임신이 안되고 어떤 이유에선지 산부인과 의사도 이제는 손을 들고 말았다는 것이었다.

본인이 생각해도 여유있는 살림에 남편이 잘 보살펴 주어 임신중엔 최대한의 몸 살핌에 주의했지만 4개월에서 6개월 사이에 꼭 유산이 된다는 것이었다.

"선생님, 저는 이대로 아이 한 번 낳아 보지 못하고 마는 인생이 될까요. 석녀란 말은 죽어도 듣기 싫은데 제가 무슨 전생에 죄가 많길래 이런 벌을 받게 되나요. 이제는 무서워집니다. 다른 어떤 일이 일어나지 않을까요?"

두려움에 가득 찬 그 여인의 말에 나도 동감이었다.

그 여인은 전생에 아주 어려운 가정의 부인이었다. 남편은 먼 길을 떠나고 혼자서 외롭고 힘들게 살면서 만삭의 몸으로 출산했다. 여자 아이였다.

그 여인은 한참 울다 생각 끝에 갓난 핏덩어리 아기를 목 졸라 죽인 다음 지겨운 고생살이 오두막집을 뒤로 하고, 도회지로 떠났다.

전세의 내용은 간단했다. 이제는 여러분도 이러한 인연쯤은 아하 그래서 그랬구나 하고 쉽사리 긍정할 수가 있게 될 것이다.

"당신은 전세에 태어난 생명을 그 자리에서 죽였소. 물론 깊은 사정이 있어서지만 이대로는 절대로 어린아기의 출생을 바라기는 힘든 일이요. 이 인연을 해결하는 방법은 다른 어린이나 생명에 많은 신경을 써 보살펴 주고 공덕을 많이 쌓는 일입니다.

예를 들어 부모 없는 어린이, 불구의 어린이, 돈 없이 고생하는 어린이들에게 당신의 헌신적인 노력이 필요합니다. 다시 말하면 살아있는 생명체에는 가엾은 마음을 내야 하고 인간말고도 모든 생명체를 잘 키우겠다는 마음을 갖고 그것을 구체적으로 실천하는 것입니다. 그리고 불법(佛法)의 '구생경(救生經)'이나 '여래무량수품(如來無量壽品)'을 많이 사경(寫經)하여 배포하고 보시(布施)하는 것입니다."

실제로 이 세상에는 어린이를 무척 귀여워 하면서도 임신이 되지 않는 사람, 또 임신이 된다 해도 유산이 되어 출산을 못하는 사람이 많다.

그 반대로 부정한 임신으로 출생된 갓난아기를 무참히 죽이는 사람도 있고, 또 인연을 끊으려 남의 집 앞에 놓고 가는 사람도 있다.

이렇게 숭고한 인간 생명의 탄생에도 부조화 된 비정과 애정, 인간의 마음이 엇갈리고 있다.

이런 사람들은 모두가 다 전세에 인간이나 동물을 죽인 인연을 갖고 있는 주인공들이다. 마음속으로부터 온 힘을 다 하여 깨끗이 씻어 내는 자기 마음의 청소부터 해야 한다.

이렇게 하는 길만이 인연해탈의 방법이며, 내세에 기대할 수 있는 최대의 방법이다.

예를 들어 지금까지 결과를 보지 못했다 하더라도 내세에는 기대가 될 수 있는 것이다.

인간은 인간으로 태어나서 인간 번식의 의무와 임무가 제일 중요한 덕목이다.

출산이란 큰 임무의 덕목을 쌓지 못하면 내세에는 결코 인간으로 태어나기도 어렵다는 사실을 기억해야 한다.

다른 사람의 어린이도 무상으로 성심성의껏 보살펴 키워 주는 그런 공덕을 쌓아나가면 자연히 그 열매를 딸 수 있을 것이다.

들판의 죽어가는 나무를 잘 보살펴 가꾸면 자연히 열매가 맺히는 것과 같은 이치이다. 그리고 두 부부가 충분히 그 전생의 자신과 선조의 공양을 게을리 하지 말고 새로이 임신되어 태어날 새로운 인연과 결연이 잘될 수 있도록 하는 것도 실은 안전임신의 한 방법이다. 따라서 자신의 수호령에 한껏 멸죄하는 기도를 잊지 말아야 한다.

두려움에 가득찼던 유산에 고민해 오던 40대의 그 여인이 상기의 여러 보시행(布施行)과 '멸죄죄장업근행(滅罪罪障業勤行)'을 지성으로 봉공하여 3년 후 기다리던 귀여운 남아를 보게 되었다.

신(神)의 가피력은 그토록 정확히 인간의 세계를 알고 그 선후에 맞춰 인간에게 기쁨과 절망을 안겨다 준다.

◼ 집터에 얽힌 비밀

누런 금테안경 넘어로 번쩍이는 눈매가 대단한 70대의 할머니 한 분이 말하는 집안의 내력에 나는 놀라지 않을 수 없었다.

오카야마시(岡山市)에 사는 일본인 할머니는 잘 아는 사람으로부터 소개를 받고 찾아왔노라 한다.

K라는 노파는 조상으로부터 대대로 물려받은 부자로 살고

있는데 큰 아들이 자식의 출산에 어려움을 겪고 무서운 꼴을 당한 후로는 그대로 있을 수 없어 그 원인을 알아보려고 여기저기 유명인을 찾아 다녔다고 한다.
 금전 문제로는 걱정이 없지만 왠지 큰 아들의 무자식 팔자가 걱정이 되어 잠을 못 이룬다고 했다.
 첫번째 큰 며느리는 두번째 난산을 이기지 못해 세상을 떠났고, 두번째 맞아들인 며느리도 두 번 유산에 한 번 죽을 고비의 난산을 치른 후 태아는 죽고 겨우 목숨을 건졌다고 했다. 그래서 큰 아들은 자식이 없다. 두려움에 임신중절 수술을 받고 지금은 아예 출산을 포기했다고 했다.
 자기는 아들에게 다른 여자를 봐서라도 자식을 봐야 한다고 말했지만 왠지 두려움이 앞서서 권하지 못하고 있다고 했다.
 "도대체 어디에 무슨 잘못이 있기에 이토록 출산이 어려울까요."
 나는 지그시 눈을 감고 그의 이야기를 듣고만 있었다. 눈을 감고 있으니 그 노파의 집이라 여겨지는 곳에 수많은 허연 물체가 집 안팎으로 떠돌아 다녔다.
 사람 주먹만한 허연 물체들이 집안에서 밖으로, 밖에서 집안으로 수 없이 들락거리고 있었다.
 "언제부터 그 집에서 살고 있습니까?"
 "예, 큰 애가 결혼하기 전 그 전에 살던 집이 너무 오래되고 낡아서 그 집은 다른 사람에게 관리를 시키고 큰 아들이 정원을 좋아해서 집에서 좀 떨어진 곳에 있는 정원 있는 집을 수리하여 살고 있습니다."

"미안한 말이지만 댁은 지금 살고 있는 집터가 잘못 되었습니다. 지금 살고 있는 집이 그 전에 무엇을 했던 집인가 알아가지고 다시 한번 오십시오. 아마도 가정집은 아니고 해괴한 일이 있었던 그런 집일 겁니다."

그 노파는 겁먹은 얼굴로 내일 다시 오겠다고 하고 돌아갔다.

다음날 다시 찾아 온 그 노파는 큰 아들을 데리고 왔다. 50세쯤 되어 보이는 할머니의 아드님은 핼쓱한 얼굴에 깡마른 체구의 신사였다. 노파는 자리를 고쳐 앉은 다음,

"선생님 지금 살고 있는 집이 옛날에는 조산원을 하던 집이었다고 합니다."

하고 말했다.

옳거니 틀림없구나, 바로 그 곳은 병원이었을 것이고, 그 곳에서 엄청난 일이 일어났을 것이다.

"내 말 잘 들으세요. 사실인지는 잘 모르지만 필연코 그 집의 지하에 무언가 이상한 물체가 많이 있을 겁니다. 한번 확인해 보십시오. 두려워 할 일은 아니니 아드님과 함께 잘 상의해서 뒷뜰이나 화장실 밑을 파 보십시오."

어리둥절한 두 모자는 황망히 인사를 하고 돌아갔다.

몇일 후 K노파에게서 전화가 왔다.

언제 집을 파 보면 좋겠느냐는 것이다. 그래서 날짜를 알려주고 그 결과를 기다렸다.

그 날로 비밀은 드러났다.

그 집의 화장실 뒤쪽 뒷마당 밑에서 콘크리트로 만들어진 크

고 네모난 물체가 나와 깨뜨려 보니 그 안에서 지독한 냄새와 함께 주먹만한 허연 물체가 수 없이 나왔다는 것이다. 아하, 역시 그랬었구나.

나는 그 노파의 아드님과 상의하여 무연고(無緣故) 태아의 유골(遺骨)을 잘 모셔 지장묘를 만들어 주고 태아들의 넋을 위령해 주도록 권했다.

그런 엄청난 일에 놀란 노파와 아드님은 부랴부랴 무연분만 태아의 지장묘를 만들고 일주일간 위령천도제를 정성껏 지내 이 세상의 빛을 보지 못하고 억울하게 생명을 빼앗긴 많은 어린 넋을 지장보살의 원력으로 천상극락천도(天上極樂遷道)해 주었다.

이렇게 우리 인간들은 대수롭지 않게 자신들의 이해관계에 얽혀 무서운 일을 저지르고 있는 것이다.

하나의 어린생명인 태아의 존재를 가볍게 여기는 큰 죄를 범하고 있는 것이다.

직업상 전문의 직업인이나 또 자신의 어쩔 수 없는 상황에 어린 생명을 버리는 그들 산모는 다시한번 인간 영혼의 존엄성을 깨달아야 할 것이다.

그 집 지하에 묻힌 태아의 원혼들이 그 곳에 사는 부인의 출산에 해를 입히고 생명까지 앗아가는 무서운 장해를 보인 것이다.

사람은 죽어서 중유(中有)에 머물면서 다시 사람으로 태어나지 못하게 된다 하더라도 사람으로 태어나려는 집념으로 고통을 참아내며 안간힘을 다 한다.

현세에서는 그 후손들이 영혼의 극락영생천도(極樂永生遷
道)를 위해 기도를 바친다.
 그러한 노력들과 그 집념이 종횡으로 짜여져 결국은 다시 인
간으로 태어나는 과정으로 들어가게 된다.
 결국 전생, 전생, 수십전생 전의 인간이 아닌 다른 생물체가
사람으로 태어나서 다시 또 어쩔 수 없는 무거운 죄를 짓고 인
간의 길로 들어서지 못하고 전전생(前前生)의 자기의 원래 생
으로 돌아가는 경우가 있다.
 그런 경우가 대개 사람이 사망한 후 49일간 부유천지(浮遊
天地)하면서 그때 결정되며 나머지 20% 정도가 사람으로 태
어나지 못하고 본래의 자기 생으로 돌아간다. 나는 그것을 본
유성환생(本有性環生)이라고 한다. 그렇기에 여기에서는 거의
다 인간이 인간으로 태어나 많은 업장(業障)의 악인연을 받아
가지고 나온 인간의 세계만을 예를 들어서 밝혀나가는 것이다.
 물론 다른 생물체의 영장이 나타나는 경우도 많다. 큰 나무
나 뱀·조류·가축 등등이 인간으로 환생하는 경우가 많다.
 그런 사실들을 예로 들면 현생에 살고 있는 많은 사람들에게
공포심을 심어 주게 되고 여러 가지 의문나는 고뇌를 안겨 주게
된다. 그래서 확률이 아주 낮은 그러한 예는 되도록 삼가려 한다.
 인간의 문제는 어디까지나 인간의 문제로써의 그 원인을 제기
하고 그 원인을 분석하여 해답을 찾아내는 데 있고, 다시 또 인
간으로써의 영광된 명예를 얻고 불명예를 불식시키는 데 있다.
 그런 연유로 본 책자에서는 주로 전생이 인간이었던 사람의 이
야기만을 선택하여 예로 들고 있다는 것을 유의해 주기 바란다.

제 **4** 부
인연전생과 남과 녀의 관계

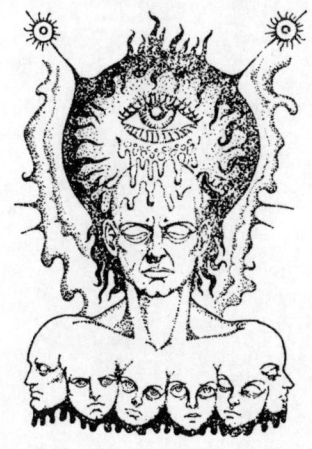

남편을 해치는 인연

 여성이 갖고 있는 인연으로서 남편의 운기(生命力)를 눈에 보이는 것같이 해치고 못살게 하는 인연이다.
 일상생활에 있어서 남편을 구렁텅이에 빠뜨리고 학대하는 것을 말하는 것은 아니다. 물론 그런 경우가 없는 것은 아니다.
 앞에서도 말했다시피 인연이라는 것은 성격에 나타나는 경우와 나타나지 않는 경우가 있다.
 이 인연도 그 도리인데 이 인연을 갖고 있는 여성은 아무리 현모양처라도 결국엔 곤란한 일이 일어난다.
 이런 인연을 갖고 있는 여성을 처로 맞이하면 그 남편은 년중 병약해지고 또 직업이 순조롭게 되지 못하여 실패가 많고 침체되는 운을 갖게 된다. 생명력을 긁어내리기 때문에 운이 대단히 악화된다.
 어느 정도 재능과 수완이 있더라도 반드시 무엇인가 하나의 불운에 쌓이게 되고 부인이 일심으로 열심히 노력해도 하면 할수록 남편의 운기가 나쁘게 되어진다.

자주 세상에 있는 일로 멋 있는 처를 거느린 남편이 다른 여자를 넘보는데, 그러나 그 여자보다도 처의 용모나 두뇌가 훨씬 뛰어난 경우를 많이 본다.

이런 경우는 부인이 남편을 극하는 인연이 있기 때문에 남편이 생명력과 자위본능에서 무의식적으로 처에 반발하여 그 인연이 없는 다른 여성을 구하기 위해 도피하는 것이다.

중년에 접어들면서 그런 일이 많이 일어나는데 물론 중년대에는 경제적으로도 여유가 있고 부인의 용모가 쇠퇴해진 이유도 있지만 근본적으로는 젊은 쪽에는 남편 쪽보다 생명력이 강하기 때문에 처의 운기 극해에도 아무렇지 않게 견디어 낸다 할 수 있겠다.

색정(色情)의 인연이 있는 남편은 다른 여성을 일컬어 과부운(寡婦運)이라 말하는데 아무리 건강하고 담대수려한 남편이라도 어느날 갑자기 질병에 눕게 되고, 심지어는 그대로 세상을 떠나게 되고 후처로 재가하게 된다.

여성으로서 행복한 가정을 갖겠다고 생각한다면 먼저 끊어야 할 인연인 것이다.

■ 남편을 두 번 잃은 30대의 여인

서울의 북쪽 P동에 사는 K여인의 애달픈 스토리이다.

처음 K여인이 나를 찾아왔을 때는 이른 봄 개나리꽃이 나의 도장에 화사하게 피어 창가에 까지 그 노란 얼굴을 들이미는 따뜻한 오전이었다.

초봄, 화창한 날씨이기에 현관문과 방문을 활짝 열어 놓고 우주의 힘찬 에너지를 한껏 끌어들이고 있었다.

나는 언제나처럼 10년이상 키워 오는 관음죽의 세차고는 윤기가 나는 파아란 잎 아래 머리를 두고 누워 있는 버릇이 있어서 그날도 그것과의 대화를 나누며 기분 좋은 시간을 보내고 있었다.

3일 전엔 멀지 않은 곳에서 청년 한 사람이 자살 소동이 일어나 동네가 떠들썩했고, 어제는 동네의 터주대감격인 노인 양반의 회갑잔치가 있어 또 한번 떠들썩했다.

인간세상의 다변화한 희비 양상을 그리며 세간의 만사가 떠들썩하지 않고 조용히 평화와 즐거움이 계속되었으면 하는 생각 속에 묻혀 있다가 잠깐 잠이 들었던 것 같다. 누군가 말하는 소리가 들려 눈을 떠보니 3, 4명의 아주 귀티가 나는 여인들이 문 앞에 와 서있었다.

화사한 봄날의 노오란 개나리, 아릿다운 젊은 여인들.

내 마음도 한껏 화사해 옴을 느끼면서 몸을 바로 하여 찾아온 용건을 물었다.

세 사람의 이야기가 진행되는 동안 웃음에 넘친 그야말로 활짝 핀 개나리와 같은 그런 밝은 분위기였다. 그런데 분위기는 일변했다.

맨 나중의 가장 잘 생기고 더 젊어 보이는 여인이 내 앞에 나왔고, 나는 그 여인을 쳐다보는 순간 놀라지 않을 수 없었다. 곱고 예쁜 얼굴의 이면에는 엄청난 살기가 감돌고 있었다.

내가 당황하여 놀랜 표정으로 말을 하지 않고 있으니 다른 사람들이 왜 그러느냐고 말을 해달란다.
"그래 결혼은 하셨나요."
"예, 5개월 되었습니다."
다소곳이 대답하는 음성 또한 맑고 예뻤다.
"그러면 신혼인데 낭군님은 건강하게 직장에 충실하십니까?"
"예."
다른 사람이 옆에서 불쑥 거든다.
"아주 체격도 좋고 키도 크고 배우같이 잘 생긴 멋진 신랑이예요. 남의 신랑이지만 탐이 날 정도예요. 직장도 대기업의 과장이고요."
그 여인은 신이 나서 큰 소리로 말했다. 말을 들어보니 과연 신혼인 그들을 부러워할만 하다고 생각되었다.
그런데 어쩐다, 신혼인 신부에게 두터운 살기가 감싸고 있으니 난감했다. 내가 한참동안 말하지 않고 곤란한 표정을 짓고 있으니 옆에 사람들이 더 재촉이다.
에라, 할 수 없다. 모든 것을 알려 주어 화를 방지하는 것이 낫겠지 싶은 마음에 나는 조심 조심 말을 꺼냈다.
"신혼인 분에게 미안한 말이지만 신랑되시는 분 건강에 주의하셔야겠군요."
방안에 있는 사람들이 다 놀라는 표정이다.
잠시 침묵이 흘렀다.
"사람은 서로가 좋아하고 사랑하며 행복하게 되는 것이 정도(正道)인 것입니다. 그러나 개중엔 신혼 초인 데도 그렇지 못한 사람들이 있습니다. 누구나가 다 잘 만났다고 생각되어 즐겁게 살지만 갑자기 큰 변이 일어나는 경우가 있습니다. 사람들은 그런 경우를 제일 무서워 하지만 무서운 일이 일어나는 경우를 사람들은 의식하지 못합니다. 가까이 다가오고 있는 어떤 아주 극한 상태의 악한 기운이 코 앞에 다가와도 모르는 것입니다. 그 극한의 외부의 기(氣)가 코를 통해 심장으로, 심장에서 내부의 기로 바뀌어 뇌 속에 전달되고, 뇌에 전달된 악한 기는 신체의 내외로 강한 파장을 일으키게 됩니다. 그 악한 기운은 외부의 작용에 의해 생성되기도 하고 같이 먹고 잠자며 생활하는 상대로부터 상대적으로 생성되어 주고받게 되기도 합니다. 그러나 반드시 악한 기운만을 주고받는 것이 아니라 좋은 상생(相生)의 기운을 주고받는 경우의 사람들이 훨씬 더 많다고 할 수 있습니다. 그 악한 기운이 쉬지 않고 계속 상대방에게 전해져 들어갈 때 아무리 황소 같은 사람이라도 쓰러지게 되고, 또 급변을 당하게 됩니다. 사람들은 그 때에 가서야 놀라고 당황합니다. 그런 악한 기가 상대에게 전달되지 않도록 노력해야 합니다."

조금 전까지 웃음속에 화사했던 방안의 공기는 일순 변하고 어느 부인은 나에게 항의해 왔다.

"그러면 죽는단 말입니까?"

"더 이상 묻지 마십시오."

부인들은 말없이 방을 나섰다.

"나무아미타불……."

그 신혼부부에게 위험한 급변은 없어야겠기에, 그 한달뒤 나는 태국 방콕의 왓보원 사찰 주지의 초청을 받고 태국에 갔다. 태국은 불교국가이다.

국왕도 1주일에 한번쯤은 자기의 은사 스님을 찾아뵙고 같이 공양을 나누고 국정도 이야기 한다.

열대의 무더위, 한낮에도 두어 차례 찬물을 끼얹지 않으면 견디기 어려운 그런 무더위 속에서 나의 수행은 계속되었다.

3개월 후 서울로 돌아왔다. 일주일쯤 후 아침나절 50대의 부인들이 찾아왔다.

맨 나중에 젊은 사람 한 사람 대는데 머리가 쭈뼛해 옴을 느꼈다.

"이상하다. 이 사람은 죽었거나 그렇지 않으면 죽을 사람이다. 이 사람 죽었나요."

아무도 말이 없다. 얼굴이 핼쓱한 60세쯤 되어 보이는 여인의 눈에서 눈물이 뚝뚝 떨어졌다.

"내 사위였지요. 죽었습니다. 바로 몇 달 전에 선생님이 죽는다고 하셨다면서요."

아뿔사 일은 터졌구나. 그때 그 신부의 아름답고 화사하던 얼굴이 떠올랐다.

지금은 그 신부의 친정 어머니가 다시 자기 사위를 대본 것이다.

"어쩔 수 없는 인연인가 봅니다. 아까운 사람 갔지요. 내 딸이 죄인입니다."

이런 저런 인연의 도리에 얽힌 인간사를 그 초로의 부인들께 이야기를 해 주니 그 당시 젊은 부인들이 나의 말을 무시했기 때문에 변을 당했다고 초로(初老)들은 말했다.
 자기들이 알았다면 찾아와 자초지종을 이야기 했을 것을 못내 아쉬워했다.
 그로부터 몇개월 후 당사자 미망인 여인으로부터 지금 찾아 뵈어도 좋으냐는 연락이 왔다.
 여인은 혼자서 찾아 왔다. 남편을 여의고 난 후 좋은 사람이 나타났는데 결혼해도 좋으냐는 것이었다.
 "물론 결혼은 하셔야겠지요. 그러나 이대로는 곤란합니다. 부인에게 얽힌 전세의 업장을 소멸하여 악한기(惡氣)를 제거한 다음 결혼을 생각하는 것이 좋을 것입니다."
 다소곳이 듣고 있던 여인은 가타부타의 말도 없이 다시 또 찾아뵙겠다고 나갔다. 5개월쯤 후 또 다시 전화가 왔다.
 문제의 그 여인은 울면서 말했다.
 "두번째 실패한 여자입니다. 선생님 저는 어떻게 해야 하나요."
 여인은 거의 허탈한 상태인듯 횡설수설 했다.
 두 번은 그런 일이 없으려니, 전 남편과 못다한 사랑을 채우려 비슷한 사람이 나타났기에 자신을 갖고 재혼했는데 그도 갑자기 머리가 어지럽다며 이틀만에 세상을 떠났다는 것이다. 그 야말로 급변급사인 것이다.
 나는 그녀에게 말했다.
 "당신은 뱀과 같습니다. 독한 기의 운기를 갖고 있기 때문입니다. 당신 집안에서는 전에 뱀을 많이 죽였습니다. 한 두 마리 죽인 것이 아니라 엄청나게 죽였소. 당신이 어릴 때 당신

집에 뱀이 많이 나왔을 것입니다."

"예 그렇습니다. 저의 집은 산 밑에 있었는데 뱀이 너무 많이 나와서 여름밤엔 방안에까지 들어와 놀래곤 했습니다. 돌아가신 부친이 많은 뱀을 죽였습니다."

"맞습니다. 바로 당신은 전세에 많은 뱀을 죽였고, 그 인연으로 당신의 집에 뱀이 많이 나오게 됐고, 또 당신의 부친이 수없이 나타나는 뱀을 다 죽였습니다. 바로 그 뱀들의 원령이 어린 당신과 형제들에게 빙의되어 독한 살기를 갖게 되었습니다. 그 살기가 두 사람의 청년을 빼앗아 간 것입니다."

여인은 흐느꼈다.

그 무슨 뱀의 원한이 이렇게 나타날 수 있을까. 자기 언니도 두 번이나 잘못되어 외롭게 지내고 있다고 했다.

그 여인은 그 후 내가 지정해 준 도장에서 두 사람의 영혼을 달래는 위령제를 올리고 또 '사령해원방부(蛇靈解怨防符)'로 사족(蛇族)에도 위령했다.

그후 몇년 뒤 후서도 늘어가 살고 있으면서 몇 번인가 아무 일 없겠느냐고 걱정을 해왔지만 6,7년이 지난 지금은 아무 탈 없이 좋은 가정을 이루고 있다.

◩ 남편은 집안 일, 부인은 사장실에

20여년 전부터 알고 지내는 K씨는 지금도 나를 만나면 언제 자기는 부엌에서 해방되느냐고 농섞인 말을 건네 온다.

그것도 무리가 아닌 것이 K씨는 10여년째 자신이 키워 오던 회사를 부인에게 인계하고 아예 사장자리도 부인에게 넘겼다. 그는 집으로 들어앉아 아이들 관리와 정원관리, 그 밖의 모든 집안 일을 도맡아 하고 있다.

10여년 전부터는 부인은 집에는 잠깐 들렀다만 나가는 무척 바쁜 중견회사의 사장으로 변신해 완전히 자리가 바뀐 부부의 생활이 계속되고 있었다.

처음 K씨가 결혼할 때 나는 그에게 말했다.

"당신은 이 신부를 맞으면 사장자리를 내줘야 될 것이오. 왜냐하면 신부는 당신과 너무 차이가 많은 차원 높은 영적인 파워를 갖고 있기 때문이오."

이유는 부인이 갖고 있는 우주 에너지가 엄청나기 때문에 K씨는 상대적으로 밀려 나게 되는 것이다.

우주 에네르기, 즉 생명력인 운기력은 사람마다 다 다르지만 간혹 여자가 남자의 몇 배의 운기력을 갖고 나타나는 경우가 있다.

그 경우 대개 고급영(靈)의 소유자로써 정신적으로 차원 높은 강한 에네르기를 발생하게 된다.

상대인 남편은 그 강한 에네르기에 상대적으로 약화되어 자신의 실력을 발휘치 못하게 되고 따라서 침체일로, 퇴보하게 된다. 따라서 건강 면에서도 약화되어 건강이 약해지고 외부세계에 대한 적응력도 동시에 약화된다.

이러한 경우 대개의 사람들은 남녀가 뒤바뀌는 직업전선을 형성케 되는데 그것은 자연의 이치이며 순리이다.

한국적인 남존여비의 사상에서 뭔가 잘못된 것 같은 크나 큰 오류도 알고 있지만 어디 그것이 잘못된 현상인가.

음양은 반드시 뒤바뀌어 교차되면서 생성력(生成力)을 발산하고 있기 때문이다.

K씨는 결혼하기 전까지는 일류기업에서 일하던 솜씨를 발휘하여 멋지게 사업을 키워 나갔다.

장래가 유망하다 하여 분에 넘치는 집안의 아가씨를 신부로 맞이하게 되었다고 한다.

결혼식 날도 신부의 강한 에너지 발산이 나의 눈에 나타났고, 시종 혈기 넘치는 젊음을 과시하고 있었다.

결혼 후 K씨는 어느날 나에게 찾아와 신부가 대단한 기력가이며 정신력이 보통 강한 사람이 아니라고 자랑했다.

처의 덕택에 다시 또 큰 거래처를 잡게 되었고, 처의 친구들이 모두 괜찮은 부류 속에 있어 여러 혜택을 받고 있다고 자랑삼아 이야기 한 적이 있었다.

그런데 약 6개월쯤 후, 어느날 전화가 왔다. 이상하게 몸이 약해진 것 같아 병원에 가 진찰해 보니 이상이 없다고 하는데도 기력이 빠지고 머리가 어지럽다는 것이다.

집안 어른들은 신혼이라서 그렇다고 몸조심 하라 하지만 뭔가 느낌이 이상해서 전화했다는 것이다.

그래서 할 수 없이 집에서 쉬기로 하고 대신 부인이 사업장에 나가 관리 업무를 대행키로 했다는 것이다.

반대로 부인은 집에 들어와 있으면 몸이 아프고 머리가 어지러워 친구들을 집으로 불러들여 놀거나 밖에 나가 활동하면 오히려 아무렇치도 않은 이해하기 어려운 상황이 생겨났다.

부인이 사업에 손대기 시작하면서 거래처가 배로 늘고 자금 거래도 활발해졌으며 사업 규모가 눈에 보이듯 확장되기 시작했다.

K씨가 손대지 못하던 일까지도 부인은 거뜬히 해결하고 사업 수완이 뛰어났기 때문에 부하 직원들도 사기가 올라 더욱 열심히 뛰게 되었다. 그럭저럭 K씨는 몸은 좀 나아졌지만 왕성한 의욕은 점차 사그라지고 부인의 활기넘친 사업욕에 압도당하고 말았다.

부인이 피곤해서 휴가라도 내어 쉬게 될 때 사업을 체크하면 이상하게 일이 틀어지고 순조롭게 진행되는 일이 없었다.

불가항력의 불운에 놀래 손을 떼고 집에 들어와 있으면 사업은 다시 순조롭게 진행되었다.

부인이 사업에 손댄 후로 심지어 조그만 일까지도 K씨는 실수를 범하는 일이 비일비재 했다. 심사숙고 끝에 부부가 합의하여 부인이 사업을 맡아 하기로 결정하고 사원들에게 정식으로 통보했다.

그로부터 10여년이 지난 지금 K씨의 사업은 중소기업의 큰 회사로 발전했고, 그 부인은 여전히 혈기 왕성하게 사업을 번창시켜 나가고 있다.

1년이면 외국에도 수십 번 사업차 출국하고 국내에서도 대기업과 손잡고 하루가 다르게 발전해 나가고 있다.

그러면 도대체 K씨의 부인은 어째서 남자보다 더 강한 생명력, 즉 운기력을 갖고 있는 것일까?

그 해답은 간단했다.

K씨의 부인은 용녀였다.

용신의 딸 용녀는 인간으로 태어나서 대단한 힘과 능력을 발휘하며 많은 사람을 압도한다.

지금 이 현세에는 인간으로 태어난 많은 동물이 있다.

뱀·독수리·사자·악어·쥐·고양이·개·닭·소·기러기 등 수많은 동물이 생을 바꿔 존재하고 있다. 그 가운데 용신이나 귀신같은 신의 경우도 많이 있다.

전세에 일어난 일에 의해 축생이 되기도 하고, 인간이 되기도 한다.

귀신, 용신이라 하는 신의 세계에 나는 경우도 있다. 용신이나 귀신에 대해서는 뒤에 자세히 설명할 기회가 있을 것이지만 이런 경우는 어느 때고 그 생명력의 운세는 대단히 강열한 것이다.

전세가 이렇게 신인 경우의 사람이 그렇지 않은 사람과 결합되거나 인연이 닿는 상대를 구하고 자기가 올라서는 경향이 현실로 나타난다.

상대의 생명력을 뺏고 운세를 수탈(收奪)하는 것이다. 그렇기 때문에 상대는 생명력을 잃어 간다.

사람들은 누구나 현실적으로 남자가 사업 일선에서 뛰는 것을 원하고 있다. 그러나 이와같이 불가항력적인 상황이 있다는 것을 알아야 하고, 그러한 불가항력적인 힘을 거역하면 그 결과는 어렵지 않게 생각할 수 있는 대로일 것이다.

이와 같이 자신의 전세가 용신인 사람들끼리 만난 부부는 대단한 파워를 발휘하게 되고, 자연히 만인의 위에 군림하는 지도자로서의 위치를 갖게 된다.

반대로 K씨의 경우는 속히 그러한 사실을 감지하여 자신이 자숙하고 부인이 할 수 있는 일을 자기가 대신 맡아서 했기 때문에 자신의 생명력에는 큰 장애를 받지 않고 있는 것이다.

이런 경우 남자는 쓸데없이 자존심이나 고집을 부려선 절대로 안된다. 그것은 스스로 자신을 죽이는 결과 밖에는 안된다.

K씨의 부인은 말했다.

"그러고 보니 나는 어릴 때부터 무언가 좀 다르다고 생각했어요. 어른들께서도 그렇게 말씀한 적이 있어요. 너는 보이지 않는 커다란 힘을 가지고 있다고. 네가 시집가면 우리 집이 잘 안될 것 같다고. 그런데 그 말이 맞았어요. 제가 시집오고 친정이 기울기 시작했어요. 그리고 나는 전부터 비오는 날을 좋아했고 지금도 큰 일은 비오는 날 하게 됩니다.

나는 정말 전세가 용녀인가 봅니다."

전세가 용이기에 그 부인은 가끔 뛰어난 상상력과 아이디어를 창출해 낸다. 그것은 다름아닌 신통력(新通力)인 것이다.

전세가 신이기에 자신 속에 흐르는 강한 에너지, 즉 우주와 통하는 고급 에너지가 합류되어 신통력을 발휘하는 것이다. 사람들이 깜짝 놀랠 아이디어를 내 놓고 또 그것을 귀신같이 실천에 옮기는 것이다.

바로 귀신같은 사람, 귀신같이 일을 처리한다는 말은 이런 경우를 두고 하는 말인 것이다.

부부애정 결핍의 인연

　부부연(夫婦緣)이란 결혼생활에 장해가 일어나는 인연을 말하는 것이다. 아무것도 아닌 일에 서로 성격이 맞지 않아 년중 쉬지 않고 불만을 갖게 되어 다투게 되며 불화가 끊이지 않는 가정이 된다.
　또는 서로간에 애정은 좋다 하더라도 누구 한 사람이 병에 걸려 별거하게 되는 일이 일어나고, 또 직업 관계상 떨어져 살게 된다.
　의상 관계 등 외모의 치장에 부부가 서로 의견이 대립되어 순조롭지 못하게 된다. 이혼하지 않으면 안될 곳까지 가게 되고 아무튼 년중 몇 번이고 이혼 직전까지 가게 되는 다툼이 쉬지 않고 일어난다.

　◼ 시부모와 시누이에 시달리는 현모양처

　L씨는 당년 27세의 좋은 가정에서 자라나 시집 온 지 2년 반이나 되는 미모의 인텔리 여성이다.

T시에서 대학을 마치고 좋은 직장도 포기하고 가사를 배우다 출신 대학교수의 중매로 결혼했다.

가문이 좋고 부유하여 좋은 성격을 갖게 된 L여인은 여러 곳의 중매를 마다하고 현재의 C시의 시청에 근무하는 남편과 결혼했다.

마냥 행복했던 결혼 초가 지나고 가사에 전념하며 남편과 시댁 식구들 봉양에 온 힘을 쏟았다. 남편과의 애정은 만점. 거기에다 첫 아들을 낳아 행복이 넘치는 나날이 계속 되었다.

그러나 언제 부터인가 좋게 대하던 시어머니와 시누이가 L씨를 멀리 하기 시작했고, 무언가 남편에게 고자질 한다는 것을 알게 되었다.

그럴수록 L여인은 더욱 더 집안 분위기를 좋게 하려고 여러 방면으로 노력했지만 오히려 더 의심을 받고 지탄받는 상황으로 변해 갔다.

옛부터 고부간엔 약이 없다는 말이 있지만 L여인은 이런 일을 처음 당하게 되니 어찌 할 바를 모르게 되었고, 남편도 무언가 전과는 좀 다른 태도를 보이기 시작했다.

시누이의 학대는 질투로 변하다시피 되었고, 간혹 시비를 걸거나 말다툼을 하는 경우도 있게 되었다. 그러나 아기를 다루듯 열심히 시누이 비위를 맞추어 살아 나가야 했다.

어느 때는 이불 속에 얼굴을 파묻고 혼자서 울어야 했고 남편과도 이불 속에서 그날 집안에서 있었던 일을 이야기 해야만 했다.

그렇지 않으면 방문 앞에 와서 두 사람 중 어느 누가 듣고 있게 되고 조금이라도 좋지 않은 말이 들리면 그날 밤은 온 식구가 잠을 자지 못했다.

세탁·청소·시장보기·식사준비 등 이 모든 것을 혼자서 다 처리해야 했고, 따라서 하루하루가 중노동이었다.

아침부터 밤까지 그들은 무슨 말을 해도 한마디 대꾸도 없었다. 모녀간에만 이야기 하고 먹을 것도 자기들끼리만 먹었다.

L여인은 어린 아들과 둘이서 밥을 먹어야 했고, 저녁이면 남편이 돌아오기만 기다렸다. 그러나 기다리는 남편은 선거 때가 되어 밤늦게 들어오고 어느 때는 들어오지 않는 날이 많아졌다.

L여인은 남편이 집에 없을 때엔 더욱 심한 학대를 받았다.

견디다 못해 남편과 상의하여 몇일 친정 집에 다녀오기로 했다. 그런 그 다음날 자기의 옷가지와 몇가지 물건이 집으로 보내져 왔다.

점잖은 친정 부모도 어쩔 수 없는 노릇이었다. 할 수 없이 몇일 뒤 시집으로 왔으나 학대, 구박은 더욱 심해졌다.

아침에 일어나 이를 닦다가도 시어머니는 식사준비 하는 사람을 불러 새로운 칫솔을 가져 오라 하고 빨아 놓은 빨래에 조금 무엇이 묻어 있으면 다시 빨라고 집어 내던지고 심지어 개가 마당에 똥을 싸는 것도 며느리의 잘못으로 시비가 계속되었다.

"어려운 고부간이라 하지만 어떻게 이럴 수가 있습니까? 제가 무슨 잘못이라도 해야 억울하지가 않지요. 왜 증오하고 미워하고 질투하고 싸우지 않으면 안되나요. 선생님 가르쳐 주십시오. 도대체 자식까지 난 사람을 이렇게 할 수가 있습니까?
얼마 전부터 남편은 집에 들어오기 싫다고 하더니 지금은 다른
지방으로 전근이 되어 일주일에 한번 왔다 갑니다. 저는 어떻
게 해야 합니까. 이제는 친정 부모님께도 상의를 못합니다. 왜
이런 일이 있어야만 하나요. 제가 나빠서일까요. 죄가 많아서
일까요."

귀여운 아기를 안고 눈물을 흘리는 20대의 고운 여인. 그러
면 왜 그 착한 현모양처인 L여인은 그와 같은 예기치 못한 불
행에 울어야만 하는가.

이 자리에서 잠시 그 여인됨을 살펴보기로 한다.

L여인은 시부모와 시누이의 사진을 가지고 왔다. 그 시부모
와 시누이는 귀신이나 짐승 같은 특별한 인상은 주지 않았다.

그렇게 무서운 독한 기가 나오리라고는 생각할 수도 없는 순
진하고 덕스러운 얼굴이다.

L여인의 얼굴을 살펴보니 일순 아주 짙은 화장을 한 여인의
얼굴이 클로즈업 되었다. 자세히 살펴보니 그는 어느 화류계의
여인과 같았다.

아하! L여인은 전세가 화류계 여인이구나.

나는 판단했다. 아마도 지금 시누이의 전세는 현재 남편의
부인이었고, L여인은 지금 남편의 전세의 애인이었음이 틀림
이 없었다.

이와 같은 인연의 도리를 보게 된 나는 그대로 L여인에게
설명해 주었다.

"그런 일도 있습니까?"

L여인은 의아해 하면서 믿으려 하지 않았다. 그런 시누이와의 인연 관계를 바로 믿을 사람은 아마도 많지 않을 것이다. 그러나 그것이 사실인 것을 어쩌랴.

"자신의 그러한 전세를 인정하고 반성하여 시부모와 시누이에게 죄갚는 마음을 내어 매일매일 그들에게 보내면 아마도 틀림없이 그 어떤 믿지 못할 정반대의 현상이 일어날 것입니다."

나의 말을 L여인은 다소곳이 듣고 있었다.

L여인은 집에 돌아가 시부모와 시누이에게 내가 말한대로 그렇게 죄책의 념파를 그들에게 보냈다.

몇개월 후 그들은 밝은 표정으로 변하기 시작했고, 무엇이든지 상의하고 도와주는 상황으로 변했다.

그후 L여인이 심장병에 걸려 병원에 입원해 있는 몇 달 동안 시누이는 정성껏 L여인을 간호했다.

두 사람은 마음속 깊이 서로 정이 통하게 되었고, 지나간 일을 반성하고 좋은 올캐와 시누이 사이로 변해 밝은 햇살이 L여인의 가정을 비추게 되었다.

결혼 파괴의 인연

 이 인연을 갖고 있는 사람은 남과 녀 모두 틀림없이 생(生)이별이 아니면 사(死)이별을 하지 않으면 안된다.
 생이별이 될지 사(死)이별이 될지는 상대방의 운기와 생명력의 강약에 의하게 된다.

◨ 되풀이 되는 파경

 모년 모월 모일의 마지막 달력 한 장이 떨어지던 날. 항상 높고 넓은 자리를 탐해오다 오랜만에 뜻을 이루었다. 벼슬이 높고 넓은 집이 아니라 고지대 산간분지 아름드리 전나무가 빽빽한 산으로 둘러쌓인 높은 지대이다.
 이쪽에서 저쪽 끝까지 십리도 채 안되는 평퍼짐하게 잘 생긴 땅, 그곳에 제일 높은 7층짜리 건물을 중심으로 상가가 옹기종기 자리잡고 있었다.
 주위엔 오래된 사찰이 서너군데 어둡고 칙칙한 모습으로 무겁게 자리하고, 논밭 건너 산 밑엔 이층으로 된 자그마한 집들이 다닥다닥 붙어 두 줄로 정겹게 늘어서 있다.

　동네 한 복판으로 폭 30여미터쯤의 맑은 물이 급히 흐르는 강을 따라 오래된 철길이 쌍으로 달리고 있다.

　그 정겨운 산간분지 동네에 모년 모월 모일 마지막 남은 한 밤. 섣달 그믐날이다.

　일년이 다 지나고 새해로 바뀌는 그믐밤, 순박한 C시의 사람들은 제각기 인연 깊은 신사에 모여 모닥불을 피웠다. 모닥불은 처음에는 불씨로 장작 몇 개를 태우지만 밤이 깊어갈수록 불은 더욱 더 꼬리를 끌고 하늘높이 춤추게 된다.

　마을 사람들이 집에 잘 모셔 두었던 신목이나 신상, 수호부 등을 갖고 나와 모닥불에 던져 넣기 때문이다.

　1년 내내 여기 저기 사찰이나 신사 참배를 다니며 가정과 자신의 건강과 행복을 기원하고, 또 집에 안치해 매일매일 두손 모았던 온가족의 마음과 신이 깃든 그런 신표들을 해가 바뀌기 전에 태우는 것이다.

　그 해의 모든 액운을 불에 태워 불꽃으로 승화시켜 승천케 하는 것이다. 그리고 신사의 전각 앞에 매달린 종을 세 번 울리고 동전을 던져 넣으며 밝아오는 새해의 첫날을 맞이한다.

　모년 모월 모일. 그 해도 몹시 추워 진눈깨비와 바람이 몰아치는 사나운 날씨였으나 마을 사람들은 두터운 옷에 깊숙이 머리를 묻고 모두들 신사 마당에 모여 새해의 축복을 나누었다. 그리곤 신년주 한잔씩을 받아 마시고 수호부와 신표를 받아 소중히 간직하고 집으로 돌아갔다.

　불꽃에 타올라 가는 여러 형태의 움직임을 인간사에 비기며

뭇사람들의 내일에의 안녕을 비는 마음을 다시한번 되살펴 본다.

  한치 앞도 내다볼 수 없는 인간의 알음알이. 그렇기에 사람들은 타오르는 불꽃에 무사했던 1년을 감사하고 내일에의 안녕을 또다시 연결시키려 안간힘을 쓰는 것이다.

  아이들과 함께 한 부부, 노부모와 함께 한 부부, 엄마와 아이들, 아빠와 아이들이 같이 어울어진 가족. 그러나 어딘가 모르게 혼자 나온 아이들의 엄마나 아빠는 기운이 없어 보였다. 아이들도 역시 풀이 죽어 있었다.

  신에게 해마다 제사하고 행복을 기원했건만 어이된 일일까.

  모년 모월 모일의 그믐밤은 이런 저런 인간사에 따른 바람은 더욱 쌀쌀했고, 옷을 뚫고 스며드는 냉기를 더 더욱 마음과 몸을 얼게 했다.

  새해 인시초 까지 추위를 버티고 노송 밑에 앉아 이런 저런 사람들의 모습을 물끄럼이 바라본다.

  도장에 돌아와 향촉을 밝히고 반야심경 한축에 그래도 얼었던 몸이 느슨해짐을 느낀다.

  따끈한 차 한잔 마시고 상념에 잠겨 있는데 따르릉 전화벨이 울렸다. 받아 보니 어느 여인의 새해 인사다. 밝은 음성이 점차 어둡게 변하며 한숨섞인 말로 변했다.

  "선생님 죄송합니다. 오늘 찾아뵈어도 좋을까요. 초면에 너무 일찍 전화를 드려 죄송합니다. 오직 답답한 마음에……"

  그 여인은 말을 잇지 못했다. 고르지 못한 인간세상 모두가 즐겁게 맞아야 할 신년 초에 어느 사람은 잠 못자는 괴로움에 한숨지어야 하는가?
 신의 장난인가, 인간의 미혹인가, 인간들의 차별인가, 신의 버리심인가…
 진눈깨비 내리는 추운 섣달 그믐밤을 시름에 잠겨 지새울 그 여인의 얼굴이 떠오른다.
 앉은 자리에서 잠깐 눈을 붙이고 일어나니 창문이 훤하다. 새해의 밝고 힘찬 햇살이 창문에 비춰 든다.
 우주의 힘찬 힘살을 많이 받아 가지고 있는 자와 없는 자의 차이는 인간으로써의 대소의 경계를 이룬다.
 우주의 힘찬 힘살은 생명력이다. 생명력이 충만한 사람은 마음이 활발하고 신속히 움직이며 마음과 몸이 가볍다.
 시름에 잠긴 무거운 마음은 반복되는 무게에 짓눌려 그 생명력을 놓치는 것이다.
 자기 생명력을 놓치지 않기 위해 자연의 대기를 한껏 호흡해야 하며, 웃음을 배워야 하며, 자아를 본성으로 발현해야 하는데 노력해야 한다.
 인간은 굳굳하게 살아 있어야 하고 주의깊게 살아야 한다. 따라서 대우주의 갖가지 에너지와 능력의 수신국이 되어야 한다.
 강하게 열망하고 상상하면 달성된다. 그것은 대우주 에네르기의 법칙(法則)인 것이다.
 자신의 강한 의식을 외부에 투사할 수 있는 능력을 키우고, 또 갖고 있어야 한다.
 밝은 새해 아침 다시 한번 우주와 나를 밝혀 본다.

모년 모월 모일 신년 초하루.

그날은 줄곧 많은 사람 속에 묻혀 있으면서도 시름에 잠긴 간밤의 그 여인 생각이 가끔 떠올랐다.

그 여인은 다음 날 모습을 나타냈다. 전화를 드리고도 사정이 있어 어제는 오지 못했노라고 깎듯이 인사하고 조용히 앉았다.

나이는 38세 정도. 인생 항해에 많이 지친 듯한 화장기 없는 푸석한 얼굴이다. 눈가의 잔주름이 대여섯, 눈의 초점이 흐려 보였다. 그러나 자그마한 몸매에 점잖고 수수한 멋이 풍기는 아름다움이 함축된 미소가 감돌고 있었다.

"가정을 갖지 못하는 인연을 갖고 계시는군요. 낭군과의 이별은 수차례, 독신으로 다음이 걱정되는…… 그래서 신년에도 걱정이 앞서는 그런 상태로군요."

대답이 없다.

"사람은 부부의 인연이 가장 소중한 인연입니다. 사람들은 한번 맺어진 부부의 인연을 백년을 기약하며 해로하기를 바랍니다. 많은 사람들의 축복이 아닌 단 둘만의 약속된 부부의 인연이라고 해도 그 인연은 백년이 기약되는 법이지요. 그러나 기쁘게 기약했던 그 약속을 어느 누가 먼저 파기하나요. 짐짓 서로가 서로인 듯 아닌 듯 약속은 깨지고 또 다시 홀로서기. 남편은 부인을 잃으면 땅을 잃게 되어 설자리가 없어 방황케 되고, 부인은 남편을 잃으면 하늘을 잃어버려 의지할 데가 없어 한없이 외로워지고 생활력을 지탱하지 못합니다."

한참동안 내 이야기를 듣던 여인은 조금 여유를 찾은 듯이,

"선생님! 저는 너무 죄 많은 여자인가 봐요."
떨리는 음성으로 말을 꺼냈다. S여인의 사연은 대강 이러했다.

명문 여대를 졸업하고 한때는 은행에 근무하며 실력을 인정받기도 했었다고 한다.

여러 남성들의 호기심어린 눈길을 피하기 위해 같은 회사 직원과 결혼했다. 그리고 계속 직장 여성으로 가정을 유지했다. 그러나 그 후 세번이나 이혼하고 동거도 두차례를 했으나 모두 실패로 끝났다. 그래서 그녀는 지금은 결혼 말만 나와도 먼저 두려움이 앞선다.

20세까지는 주위의 환경이나 엄격한 가정 속에서 남자를 몰랐었다. 대학 2학년 시절 오빠의 친구인 다섯살 위의 어느 상사 비즈니스맨과 육체관계를 시작으로 마치 돌아가는 톱니바퀴 같이 계속 많은 남성들의 성욕의 대상이 되었다.

상사 맨과의 관계가 끝나고 곧 학교 그룹에서 만난 학생들의 유혹에 빠져 4, 5인과 관계를 가졌다.

대학을 졸업하고 학생시절에 알았던 한 사람으로부터 결혼 신청이 들어왔다. 그러나 결혼까지는 하지 못하고 가까이 지내기만 했다.

집에 있기에는 마음이 들떠서 금융회사에 취직했다. 그러나 그곳에서도 남자의 유혹은 계속되었고, 결국 같은 직장의 남성과 결혼했다.

결혼 후 1년도 안된 어느날 남편은 어느 여인을 집으로 데리고 왔다. 몇 년 동안 사귄 친구라며 소개를 했다. 결국 두 사람은 그 사건으로 다투고 헤어지고 말았다. 그러나 이혼 후 얼마 안되어 직장의 외국인 매니저와 관계를 맺게 되었다.

그와 같이 외국에 나가 살 계획으로 결혼했으나 또 그의 심한 바람기로 파경에 빠져들고 말았다.

얼마 후 그는 본국으로 돌아갔다. 미인박색이라더니 여자는 너무 잘 생겨도 문제가 있는 법이다.

어쩔 수 없이 아픈 마음을 달래기 위해 담배와 술을 하게 되었고, 얼마 후 할수 없이 밤의 호스테스가 되었다.

그곳에서 2년 년하의 남성과 정이 들어 동거를 시작, 아이를 낳았다. 아이가 돐이 돌아오기 전에 간단히 결혼식을 올리고 호스테스 직업을 그만 두고 집에서 아이를 키우며 착실하게 가정 부인으로 노력을 다 했다.

그런데 어느 날 길에서 우연히 호스테스 시절의 손님이었던 부동산업자를 만나게 되었고, 그에게 끌려 호텔로 유인되었다. 그 뿐만 아니라 근처에 하숙하고 있는 대학생과 테니스 코트에서 자주 만나 깊은 관계에 빠지기도 했다.

"내가 나쁘다고 생각이 들면서도 곧 또다시 그런 관계에 빠지게 됩니다."

어느날 남편에게 꼬리가 잡혀 또다시 이혼을 당하고 아이까지 뺏기고 빈 몸으로 쫓겨나다시피 했다.

여인은 매우 점잖고 착실해 보였다. 아무리 보아도 이런 여인이 어떻게 그런 생활을 했을까 믿어지지 않았다. 그러나 이 세상에는 이런 고민에 빠진 점잖고 착실한 여성이 의외로 많다.

여성의 빼어난 미모가 죄이런가. 이런 경우 남자라면 단순히 바람둥이로 손가락질 받지만 역시 여자의 경우는 어쩔 수 없는 비극으로 바뀌고 만다.

이런 사람의 경우 대개 선조 중에 똑같은 방탕삼매의 세월을 보낸 사람이 있다. 그리고 그 장본인은 선조의 환생인 경우가 많다.

선조의 가계 가운데 첩이나 배다른 형제의 피가 섞여 있는 경우도 이렇게 음란한 사람이 태어나는 원인이 되곤 한다.

아무튼 본인은 전세에 범한 음란한 업장을 금세에서 또다시 반복하게 되며, 그 행위에 의해 고통을 받게 되고 사람을 상하게 되고, 또 자꾸만 죄를 크게 불려 나간다. 이것도 일종의 지옥이다.

나는 여인에게 '조상에 이런 사실이 없습니까?' 하고 물었다.

여인은 일순 표정을 바꾸더니 '나는 잘 알지 못하지만 할머니한테 들은 이야기입니다. 증조부가 유명한 사냥꾼이었는데 집에 첩을 두고 살면서 많은 재산을 탕진, 방탕생활을 했다고 합니다. 집에서 일하는 여자들도 들어와서 얼마 있으면 그의 성욕의 대상이 되었고, 그리고 돈을 주어 내보내고 또 다른 사람이 들어오고 나이어린 젊은 여자를 한쪽 별채에 살게 하며 섹스를 즐겼다 합니다. 마지막에는 기생집에서 생을 마쳤다고 합니다.

그 후 우리 집은 조부도 부친도 엄격하기가 돌과 같았고 오빠도 그런 사람이었습니다. 그런데 나 혼자만이 이렇게 되었습니다. 곧 증조부는 나에게 태어난 셈이 되는군요. 전세에 많은

여자를 농락하고 울린 덕택에 지금 나는 결국 남자에게 이렇게 당하게 되고……'
　머리가 좋은 여인은 자기가 모든 인연의 도리를 추리해 냈다. 나는 그 여인에게 증조부의 여인편력에 따른 원혼, 여인들을 위한 '원증해원공양(怨憎解怨供養)'을 서둘러 줄 것을 부탁하고 그 방법을 가르쳐 주었다.
　얼마 후 나는 그 여인의 네번째 결혼식에 참석했다.
　이제는 이 여인으로부터 두터운 업장이 녹아내리길 빌었다. 오직 착하고 아름다운 여인으로서의 행복한 가정의 현모양처가 되기만을 기원했다.

만혼과 애정결핍의 인연

　만혼(晚婚)이란 혼사, 즉 결혼이 늦어지는 것을 말하는데 좋은 가정과 빼어난 용모와 교양을 두루 갖춘 양가집 따님과 아드님이라도 간혹 그 결혼이 늦어져 애를 태우는 경우가 있다.
　이상하리만치 혼담이 오가다가 조건없이 혼담이 깨어지고, 그래서 결국은 30이 훨씬 넘게 되고 급기야는 본인도 애를 태우게 된다.
　이러한 만혼의 예는 가끔 우리 주위에서 눈에 띄이지만 지금은 시대의 변천으로 독신주의자가 많기 때문에 그다지 문제가 되지 않는다고 본다.
　애정 결핍의 인연이란 예를 들어 두 남녀가 만나 데이트가 진행중인 상황에서 갑자기 상대방이 싫어지게 되어 자신도 모르게 후회하는, 그리고 결국은 두 사람의 애정에 금이 가고 결혼 전의 만남에도 물론 적용되는 일이지만 결혼 후에도 이 애정 결핍은 커다란 문제로 지적되고 있다.
　이러한 애정 결핍도 이상하리만치 사람을 괴롭히는 인연으로 자기 자신들은 상대를 사랑하면서도 그 사랑에 눈물짓고 돌아서야 하는 불가항력의 괴마력이 작용한다고 할 수 있다.
　결코 애정이 부족해서가 아니라 다정한 사람에게서도 이 애정결핍 현상은 나타나고 또 그 인연에 울게 된다.

◼ 맞선 수십번에도 허사, 시집 못가는 어느 여사무원

　어느날 서울 여의도의 B카페에서 만난 P여인은 나이까지 먹은 데다 애정결핍 증세까지 있는 그야말로 만혼의 주인공다운 그런 여인이다.
　그날은 모 대학교수 부부의 초청으로 저녁식사를 하는 자리였는데 교수의 따님과 같이 P여인이 참석한 것이다.
　교수는 지난달 부부 동반하여 유럽 몇 나라와 미국을 거쳐 학술 연구 및 관광을 마치고 몇일 전 집에 도착했노라고 연락이 왔었다.
　오늘 만나기로 약속이 되어 있었다.
　교수의 따님도 35세에 출가한 만혼의 석사로서 지금은 대학 강사이며 가정주부이다.
　그 따님도 35세 초까지 결혼이 성사가 되지 않아 무척이나 두 부부가 애를 태웠었다.
　P여인은 교수의 친척으로 나를 만나 하소연 겸 어떤 좋은 방법이 없을까 하고 나왔노라고 양해를 구했다.
　P여인은 39세로 국영 기업체에 근무하는 사무원이었다.
　그를 잘 모르는 사람들은 모두가 다 미세스 아니면 아줌마로 호칭한다. 그때마다 P여인은 자신의 처지가 부끄러워 얼굴을

붉히고 회사를 그만두고 싶은 마음에 괴로워해 왔다고 한다.
 지금까지 몇십 번 남자들과 데이트도 했지만 왠지 결혼 말이 나오면 남자가 싫어지고 두 번 다시 만나기조차 무서워졌다. 맞선을 본 것만도 50여 차례, 집안사람들을 비롯하여 직장의 동료 상사들의 중매로 맞선을 보았으나 마음에 드는 남자가 있어 조금 진행이 된다 싶으면 어김없이 어떤 문제가 일어나 또 중단되고, 한번은 결혼하려고 생각하여 3년을 끌어 교제를 했는데 돌연 그 사람이 도산되어 해외로 도피하게 되었다.
 많은 사람들로부터 결혼 이야기만 나오면, '뭐 결혼이 그리 대수인가?' 하고 겉으로는 아무렇지 않게 생각하는 척 하지만 내심 초조하고 급박한 자신의 처지에 서글픔을 안고 산다.
 자기와 같은 동기의 친구들은 벌써 중학생과 고등학생의 자식을 두어 믿음직스러워 보이는데 자신은 시집도 못가고 이대로 고민하다 죽을 것인가 하고 잠을 못 이룰 때가 많다고 했다.
 정말 슬프고 부끄러운 일이라며 고개를 떨궜다.
 "왜 내 인생은 축복 받을 수 없는 인생인가요. 나만이 결혼할 수 없는 운명을 갖게 되었나요. 선생님 알려 주세요."
 여인은 입술을 깨물었다. 조용 조용히 말하는 그녀는 체념이 아닌 과감하게 새로운 출발점을 찾아 나아가고 있었다.
 여인은 얼굴이 못나지도, 그렇다고 미인도 아니지만 전형적인 직업여성의 외모가 풍기는 세련된 몸매와 말씨의 서울 토박이이다. 성격도 원만하고 곧으며 성실해 보였다.
 이런 여인이 왜 40이 되도록 남성과의 인연이 닿지 않을까? 그 원인은 어디에 있을까? 나는 그런 선입관을 가지고 여러 측면으로 그녀를 관조해 나갔다.

그녀의 얼굴이 갑자기 20대의 젊은 청년의 얼굴로 변하고 일그러진 그 청년의 얼굴이 그 위에 겹쳐 뭔가 심한 고통을 느끼는 것 같았다. 철모를 쓴 군인의 모습이었다.

"당신의 형제나 친척 중에 일찍 전사한 사람이 있습니까?"

하고 그에게 물었다.

"예 오빠가 전사를 했습니다. 6·25가 끝날 무렵 학도의용군으로 나간 오빠가 빨치산과의 싸움에서 전사했습니다."

"그렇습니다. 그분의 집념이 당신에게 씌워져 결혼을 방해하고 있군요."

전사하는 사람들은 대개 청춘을 누리지 못하고 더구나 죽음이란 것을 각오도 하지 않은 그런 상태에서 갑자기 죽게 된다. 그렇기 때문에 육체는 없어지지만 마음은 그대로 승천해 자기 갈 곳을 구하게 되고, 가까운 자기 집안사람을 찾아오게 된다.

전세의 P여인과 그 오빠는 사랑하는 연인과 같았다. 지금은 오누이지만 그 오빠는 P여인에게 참아 낸 만큼의 애정이 깊었고, P여인도 죽은 그 오빠의 이야기를 지금도 가끔 한다고 했다. 서로 간에 애정이 강한 것이었다.

그렇기 때문에 그녀의 오빠는 죽음과 동시에 자기에게 가장 가깝고 애정이 있는 그녀에게로 찾아와 그 혼이 빙의되었으며, 아주 깊게 잠복해 머물러 있게 되었다.

P여인의 정신이나 생활을 자기 것으로 만들어 버린 것이다. 그리고 자기 혼자서 즐거워하는 것이었다.

"그래서 당신은 누구보다도 가장 많이 죽은 오빠의 이야기를 하게 되었고, 아까워하며 그리워하는 것입니다."
"그렇습니다. 선생님 우리 식구 중에 제가 제일 많이 그 오빠 생각을 하게 됩니다. 그래서 가끔 엄마한테서 꾸지람을 듣고 있습니다. 죽은 사람 그렇게 생각하는 것이 아니라고요."
그렇게 말하는 그녀는 착잡한 표정으로 나를 쳐다봤다.
"시간을 내어 깊은 보리심으로 나의 도장에서 '인과해탈(因果解脫)'의 기도를 하십시오."
그녀는 나의 말을 따라 새벽과 저녁으로 한달 동안 인과해탈 기도를 올렸다. 발보리심(發菩堤心)하여 새로운 자신의 마음의 세계를 열어나가 자연히 빙의된 그 오빠의 영혼과 두 사람의 영혼이 애착된 밀도 높은 미련을 스스로가 끊게 된 것이다.
애착이 끊어지면 해방이 된다. 그 후 P여인이 결혼했다는 말을 교수 부인에게서 들었다. 상처한 어느 중류 가정에 후처로 들어갔다는 것이다.
누구라도 이렇게 자신이 의식하지 못하는 사이에 애착심이 있는 죽은 자와의 관계는 속히 끊어버리는 것이 최상의 자기 관리이며, 행복을 찾는 지름길이라는 것을 잊지 말아야 한다.

■ 전세의 부부가 또다시 현세(現世)에 결혼

오오사카에 나가면 한바퀴 휘익 돌고 꼭 들렀다 오는 곳이 있다. 역에서 10분쯤 걸어 골목으로 접어들면 오래된 허술한 고옥이 나온다. 멀리서 봐도 시커멓게 끄을은 집이라서 눈에 잘 띄이지만 바로 앞에 가야만 이 집이 찻집이구나 하고 알 수가 있다.
 조그만 나무 팻말에 〈커피·홍차〉라 써 있고 드나드는 문짝에 그 팻말을 매달아 놓고 있었다.
 시커멓게 그을은 문을 밀고 안으로 들어서면 어두컴컴한 실내에 조그만 전등불 몇 개가 조명을 이루고, 그 한가운데 오래되어 칠이 벗겨진 철제 어항이 하나 놓여 있었다.
 테이블은 전부 세 개로서 한번에 많이 앉아야 10여명이다.
 함석으로 테를 두른 카운터에는 주전자가 두 개 놓여 있고, 언제나 힘찬 수증기를 내 뿜고 있었다.
 뒷벽에는 오래전부터 전해 오는 것으로 보이는 다(茶)도구가 잘 정돈되어 있다.
 선풍기도 세 날개짜리 옛 것이었고 스토브도 한쪽에 있는데 무쇠로 만든 오래된 난로였다.
 탁자도 꽤나 오래 되었는지 여기 저기 담뱃불 상처가 깊고, 다리와 상판 사이에는 여러 개의 이음쇠를 붙여 고정시켜 놓고 있었다.
 환풍기 하나 없이 창문을 열고 환기시키며 아주 오랜 일본의 전통 문양이 새겨진 누렇다 못해 허옇게 색바랜 커튼이 무겁게 드리워져 있었다.
 그 곳의 손님은 주로 60대 이후의 노장들로 간혹 3,40대의 멋스런 사람도 있었으나 거의가 몇 십년째 다니는 단골 찻손님들이었다.
 한번은 그 찻집에서 폭소가 터졌다. 오랜만에 보는 노인들의 폭소였다.

그날도 추운 겨울 날씨였지만 나는 그 집의 을씨년스럽고 무거운 분위기가 좋아 찾아 갔었다.
홍차 한잔을 주문해 놓고 신문을 보고 있는데 혈색이 좋은 50대 정도의 건장한 분이 빵모자를 쓰고 들어오더니 바로 TV 앞에 앉았다.
그때 TV에서는 아가씨들이 나와 춤추는 쇼 프로가 방영되고 있었다.
"내 나이 60만 되었어도 저런 아가씨 데리고 놀아 보겠구먼. 세월이 원망스럽구나."
빵모자의 중년 노인의 말이다. 옆에 있던 50대 정도의 신사 한 분이 끼어들었다.
"아니, 50정도 밖에 되지 않아 보이는 분이 그 무슨 농담이시오. 당신이 팔구십이래도 됐단 말씀이요?"
으레껏 노익장들이 모이는 곳에서는 나이와 건강 타령이 주를 이루지만 그곳은 더욱 더 심하게 노익장을 과시하는 분들이 모이는 곳이라서 나이타령이 한결 더 했다. 빵모자를 쓴 노인은 정색을 하며,
"여보시오. 그런 말 할만 하니까 하는 것인데 당신은 고작 50정도에 뭐 그리 참견이시오."
"아니 그럼 당신이 80 노인이래도 된단 말이요."
두 사람은 서로가 의심하고 있었다. 내가 보니 빵모자의 노인은 주머니에서 지갑을 꺼내드니 명함 한 장을 그 노인에게 건네 준다.
"자 이것이 바로 나요. 자세히 보시오."

"명함 보고 나이를 알 수 있나요."

자세히 들여다보던 그 노인은 파안대소 폭소를 터뜨렸다. 그리곤 정색을 하며 의자에서 일어나더니 깍듯이 인사를 했다.

"몰라 봐서 대단히 죄송합니다."

"같은 또래인데 뭘 그러시오."

건네 준 명함을 받아보던 나도 놀라지 않을 수 없었다.

그 명함엔 생년월일과 이름 주소가 쓰여져 있었다. 계산해 보니 꼭 84세였다. 아, 과연 노익장이로다. 사람들이 나이를 믿지 않아서 아예 명함에다 새겨 갖고 다니며 보여 준다고 한다.

자기는 지금 스포츠카를 타기도 하는데 앞으로 5년 안에 비행기를 사서 조종하는 것이 꿈이라고 했다. 이토록 그 찻집은 노익장한 분들의 집합처였다.

그 찻집의 주인도 예외는 아니어서 여기서 소개하려는 주인공이다.

T씨라고 하는 찻집의 주인은 올해 75세였다. 작으마한 키에 정력이 넘쳐 보이는 다부진 체구를 갖고 있었다.

그는 10년 전에 지금 43세 되는 신부를 맞아 결혼했고, 부인은 찻집에 나와 손님들과 이야기도 하며 차를 끓여 낸다.

80의 노주인은 만면에 웃음이 활짝 편 얼굴이지만 부인은 무언가 불만에 찬 얼굴 표정을 엿볼 수가 있었다.

이유는 다름아닌 남편의 바람기였다. 부인은 한번도 아이를 낳아 보지 못해 자신의 육체는 곱고 젊음을 갖고 있다고 자랑 삼아 이야기했다.

그래 불만이 없느냐고 물으니 절대로 나이 차이로 인한 불만
은 없다고 했다.
　남편이 자기보다 더 정력적으로 움직이고 또 만족한 부부생
활을 해 나가고 있다고 했다. 그러나 어쩔 수 없는 외모에서
오는 반발감이 가끔 자신을 서운하게 만든다고 했다. 그것이
자기에게는 제일 무서운 일이라고 했다.
　전에도 부부가 같이 홍콩 여행을 다녀오는데 젊은 남성과 같
이 다니는 자기 또래의 여성들이 그렇게 부러울 수가 없었다고
했다.
　그것이 어쩔 수 없는 여자의 욕망인가 보다고 부끄러운듯 웃
고 일어섰다.
　부인 자신은 남자들이 좋아 하는 타입이었다며 20~30대에
는 뭇남성들의 동경의 대상이 되었노라고 자랑했다.
　부인은 경도에서 태어났다.
　그곳에서 고교를 졸업한 후 상경, 도쿄에서 처음 잡은 직업
이 건설회사의 데스크 정리였다. 그곳에서 남자들이 너무 귀찮
게 굴어 고향으로 다시 돌아 왔다.
　고향에 돌아 온 그녀는 얼마 후 중학교 교사와 결혼했다. 3
살위의 사람으로서 너무나 소심한 사람이라 마음에 들지 않았
다.
　모든 일에 너무 간섭이 많았다.
　몰래 가출하여 다시 동경으로 올라 와 스낵에서 일하기 시작
했다. 여러 사람들의 구혼 신청이 많았으나 결혼은 승낙치 않
고 동거로 끝낸 것이 두 번이었다. 그러다가 지금의 주인을 만

나 자연스럽게 결혼하기로 합의했다.

두 사람은 몇 년 살기라도 한 사람들 같이 서로가 믿었고 의지했다.

두사람은 행복한 나날을 보냈다. 남편도 두 번이나 부인과 사별하고 혼자 살기로 했는데 우연히 그녀를 만나 결혼하게 되었다.

남자는 65세, 여자는 34세 때였다.

이렇게 나이 차이가 많은 사람끼리 결혼하는 것은 상당히 강한 운명의 동반자이다. 그렇기에 서로 사이가 좋은 부부란 대개 전세가 부부였던 케이스가 대단히 많다.

이러한 동반자란 서로가 강한 견인력을 갖고 있기 때문에 일시적으로 틀린점이 있어 떨어져 있게 되더라도 곧 합쳐지는 특성을 갖고 있다.

처음부터 쉽게 인연이 지어지는 순연이란 그리 많지 않다. 이런 저런 우연이나 악인연에 의해 역연(逆緣)이 만들어지는 케이스가 많은 것이다. 그렇기에 님녀가 우수한 인연을 찾아 결혼을 했다 해도 그 뒤에 온갖 잡음이 따르게 된다.

Y씨도 그런 경우로서 지금의 주인은 Y씨의 사랑의 편력이 끝나는 때에 만나게 된 순연의 상대임에 틀림이 없었다.

그녀의 전세는 T씨가 처음 만나 사별한 첫번째 부인이 틀림 없었다.

얼마 살지 못하고 질병때문에 어쩔 수 없이 헤어져야 했던 그 집념이 Y씨로 태어나게 된 것이다. 그후 Y씨의 다른 사람과의 애정 편력은 모두 깨지고 30년이나 연상인 지금의 남편

제4부 인연전생과 남과 녀의 관계 157

을 찾아 결혼하게 된 것이다.
 "처음 남편을 보았을 때 그에게 가까이 접근하고 싶었고, 그의 가슴에 폭 안기고 싶은 그런 충동을 받았었지요. 바람기 같은 것은 생각도 하지 못했지요."
 그러나 그녀는 지금 남편의 첫번째 부인을 위해 '인과해지공양(因果解止供養)'을 게을리 하지 않으면 안되었다.

제5부
인연에 얽힌 기막힌 인생들

색정의 인연

인간사회에 있어 질서를 해치는 인연 중에 가장 중요한 위치를 차지하는 것이 색정(色情)의 인연이다.

남과 여, 남대 남, 여대 여, 노소를 막론하고 이 색정의 인연이 발동하게 되면 모든 질서에 균열이 생기고 순수한 사람도 본의를 저버리고 광폭하게 변해 정신이상적인 무분별한 상태에 까지 들어가게 된다.

또한 영의 세계에 있어서도 인간에게 빙의되는 율이 가장 높은 것이 이 색정의 인연으로서 누구나 다 사랑하는 연민의 정이 있으면 그 연민의 정이 쉽사리 끊이지 않듯이 영혼의 세계에서 인간계에 보내는 연민은 주로 이 색정의 인연이 가장 많다.

남녀가 이성의 특징을 서로 탐하고 인간의 본능인 성적 감정은 아름다운 정으로서 끝나야 함에도 그 도를 넘어 색으로 변해 온갖 추악한 형태의 색깔을 만들어 내게 된다.

그로 인해 고민하는 자, 고통받는 자, 상하는 자, 심지어는 억울한 죽음을 부르는 엄청난 인연으로 나타나게 된다.

이것은 또한 가운 쇠퇴인연의 근본 원인이기도 하다.

행복한 가정을 갖고 있던 사람이 어느날 갑자기 부부간에 트러블이 생겨 불화가 계속되는 것도 이 인연이 장해요, 하이틴들의 깨끗한 연인 교제도 이 색정(色情)의 인연이 끼어들게 되면 걷잡을 수 없이 색의 세계로 치달아 결국 한 인간이 구렁텅이에 빠져 헤어나지 못하고 비극의 주인공이 되고마는 경우가 많이 있다.

모든 인연은 전세로부터 나오지만 그 전세는 지금의 현세에서 끊을 수 있고, 또다시 새롭게 창출해 낼 수도 있는 것이다.

단순한 인간의 마음이 전세의 색정 인연을 갖고 있지 않다 하더라도 자신의 금세의 현실에서 새로운 색정 인연을 만들어 낸다면 그 사람은 실로 엄청난 죄과를 범하게 되는 것이다.

본인의 도락으로 후대에까지 그런 영향을 미친다는 것은 도저히 상상할 수 없는 일이다.

아마도 누구든 쉽사리 자기 주위에서 이와 같은 색정에 눈이 어두워 엄청난 죄과를 범하는 사람들을 보게 될 것이다.

명예나 재산, 건강이 하루 아침에 날아가고 의지할 곳이 없게 되어 결국 자살하는 경우가 많다. 이것은 자신의 금생에 지은 죄의 댓가를 곧바로 받는 것이다.

내세에 까지 갈 그러한 인연이 아니다. 왜냐하면 신은 명확히 판단하고 있기 때문에 자신이 무분별하게 지어내는 질서를 깨뜨리는 자에게 내세에 까지 끌고 가게 결코 내버려 두지 않는다.

불미한 사랑의 종말은 결국은 자신이 자살하는 경우나 반드시 사랑하는 연인으로부터 죽임을 당하게 된다.
 이것이 바로 신과 영혼과 인간세계의 불가사의한 삼각관계인 것이다. 그래서 차마 죽음에 이르지 못하는 그런 색정에 얽힌 군상들은 인간사회의 밑바닥으로 떨어지고 버림받게 되고 질시받는 그러한 비참한 인간이 되고 만다.
 밑바닥에 떨어진 색정에 얽매인 사람들은 또 다시 제2의 색정의 인연을 만들어 내고, 그 색정의 인연을 갖고 영혼의 세계로 들어가 다음에 또 자신이 갈망하던 대상에게 빙의되어 고통을 안겨 주게 된다.
 색의 경계와 정의 경계를 분명히 인식하여 자신이 그러한 오류를 범하고 있거나 또는 그 상태에 들어가는 사람들은 속히 깨우쳐 현세의 자신의 잘못됨을 바로 잡아 나아가야 한다.
 자신의 고통은 자신에서 끝내야 한다. 아무리 전세에 인연이 강하게 자신을 움직인다 하더라도 자신의 강한 집념으로 그 인연을 끊어버릴 수 있다. 인간은 엄청난 힘을 갖고 있으면서 그 엄청난 힘에 스스로가 지고 있는 것이다. 왜냐하면 그 엄청난 힘을 까마득히 잊었거나 아니면 의식하려 들지 않기 때문이다.

◨ 모자지간, 근친상간의 비극

 세상엔 별의 별 희한한 일이 많이 발생한다. 인간의 각기 다른 심성과 행위로 사람들이 예기치 못하는 기상천외한 일들이 많이 일어난다.
 좋은 일에서부터 악한 일, 추한 일, 아름다운 일도 많이 일어난다.

　모든 일어나는 일들은 제약된 정해진 시간 내에서 일어나는 것은 아니다. 아주 자연스럽게, 또 돌발적으로 일어난다. 그 일들 중에서 지극히 일어나서는 안될 일들이 아주 자연스럽게 일어나는 경우가 있는데 그것이 곧 육친 내지 근친 간에 미친듯이 성(性)의 마법에 떨어지는 일이다.

　억제 본능이 망각된 시점에서 점차 대담해지고 나중엔 맹집으로 변하여 일상 다반사가 되는 경우를 듣고 보게 된다. 그것이 본색적으로 어느 죄에 속하는지는 잘 모르겠지만 여기에서는 근친상간죄로 단정하는 수밖에 없겠다.

　인간이 가장 경멸하는 넘어서는 안될 선이기에 개나 돼지 기타 다른 동물의 근친상간의 현장에서 동물들의 하등적인 행위〔그것들은 어미 자식 형제지간의 구별이 없이 때와 장소도 없이 섹스를 하려 한다〕에 고소(苦笑)를 보내고 인간으로서의 고등 사고방식 행위를 갖고 태어나게 된데 대한 자위심을 갖게 되는 것은 당연한 것이다.

　여기 그 파렴치한 한 장면을 소개하고자 한다.

　나의 도장을 찾아 온 K여인은 얼굴색이 푸른기와 하얀 기운이 함께 감도는 묘한 찰색을 하고 있었다.

　입술은 파랗고 약간 검은 빛깔의 색이 돌고 있었다. 나이는 40세 정도, 얼굴은 곱상한 편에 갸름하고 말씨는 정중했다. 솔직히 말해서 나는 그 여인을 본 순간 놀라지 않을 수 없었다.

　왜냐하면 그녀의 인상에서 풍기는 색기(色氣)는 짐승과 다를 바가 없었기 때문이다.

나는 잠자코 앉아 있었다. 그녀의 입에서 먼저 말이 나오도록 해 보려는 것이었다.

실토를 하려고 왔는지 알아보려고 왔는지 그것부터 알고 싶었다.

양심이 있는 인간이라면 본인이 스스로 실토하는 것이 당연하다고 생각했기 때문이다.

잠시 후 그녀는 입을 열었다.

"실은 제가 잘못된 일이 있어 선생님께 상의를 드릴 겸 찾아 뵈었습니다.

저는 근친상간을 범하고 있습니다. 하루속히 이런 불미스런 일을 중지하고 반성해서 두 번 다시 범하지 않으려고 하는데 그게 뜻대로 되지 않고 있습니다.

어느 때는 제 자신이 두렵고 천벌을 받을 것만 같은 생각이 들어서 다시는 그 짓을 하지 말자고 마음속으로 다짐을 하지만 또다시 일은 벌어집니다. 혼자서 고민 끝에 도대체 왜 이러한 일이 자꾸만 반복되게 되는지 제 자신의 더러운 일면을 알고 싶어서 무슨 이유가 있을까 하고 찾아 뵈었습니다. 부끄럽습니다."

그녀는 금년 41세로서 테니스, 수영 등 스포츠를 매우 좋아하는 활발하고 명랑한 여인으로 나이보다 훨씬 젊어 보이는 현대 여성상을 갖고 있는 여인이었다.

남편은 어느 대기업체의 간부로 지방의 연구소나 공장, 해외에 출장이 잦아 1년이면 반도 못되는 기간만 집에서 출퇴근 했다.

아들이 하나 있는데 훤출한 키와 듬직한 체구에 아주 잘생긴 대학생으로 금년에 이공과에 합격했고, 아래로는 한 살 터울로 여고생이 있었다.

1년중 반년 이상은 남편이 없는 시간을 두 아이들과 함께 몇 년을 지내 왔다. 아들이 고교 3학년인 1년 전에 처음으로 관계를 맺었다.

K여인은 낮에 혼자 있는 동안 집안 가꾸는 일에 취미를 갖게 되어 수영장 잔디밭에 누워 책을 보거나 일광욕을 하며 외로움을 달래는 날이 많았다.

나이에 비해 조숙한 고교 3년짜리 아들은 벌써 몇 년 동안을 집안에서 수영복 차림의 K여인을 접하게 되었다.

바닷가에서 자란 그녀는 수영을 잘했다. 여름이면 하루 종일 수영장에서 수영복 차림으로 지냈다.

물에 젖은 수영복 차림 그대로 대학시험 공부에 열중인 아들 방에 음식을 준비해 가지고 들어가기도 했다. 또는 식탁에서도 방안에서도 수영복 차림이었다.

아들이 고교 3학년에 들어와서는 잔디밭에 누워 있는 수영복 차림의 자신을 숨어서 보고 있다는 것을 그녀는 알고 있었다.

이런 상태에서 젊은 청년의 정욕이 꿈틀거리지 않을 수 없었다.

어느날 오후 수영복 차림에 침대에 엎드려 남편 생각과 욕정을 주체하지 못하고 있을 때 아들이 옆에 와 서 있었다.

아들도 수영팬티 차림이었다. 두 사람은 거의 동시에 반사적으로 끌어 안았다. 그녀는 저항할 수가 없었다.
 상대는 자신의 분신인 아들이었고 싫지 않은 생각에 그대로 있으려니 어느새 아들은 자신의 몸을 애무하고 있었다.
 자신도 어쩔 수 없이 흥분이 되었고, 자신이 먼저 섹스를 요구하게 되었다.
 남편은 지금까지 자신의 강한 욕정을 한번도 제대로 채워주지 못했고, 더구나 몇개월째 독수공방이라 젊고 강한 아들의 정력에 그녀는 그만 정신을 잃었다.
 처음 행위가 끝난 뒤에도 두 사람은 아무렇지 않게 서로가 테이블에 앉아 식사를 했다. 전과 조금도 다름없는 상태에서 오히려 무언가 더 이상할 정도로 정이 느껴졌다.
 그 이후로 두 사람은 모자간이 아닌 부부와 같은 상태로 지내게 되었다.
 아들이 학교에서 돌아오기 무섭게 두 사람은 욕정을 불태웠고 하루에도 몇 차례씩이나 관계를 갖게 되었다.
 여고생인 딸의 눈을 피해 밤에는 서로가 자중했다.
 그해 여름방학 때였다. K여인은 자신의 친정 부모 생신에 친정집이 있는 와까야마에 가서 이틀 밤을 지내고 집으로 돌아왔다. 집의 현관문은 열리는데 아무도 없어 이층으로 올라갔다. 딸의 방에서 신음 소리가 나고 아들의 씩씩거리는 거친 숨소리가 들렸다.
 그녀는 아찔했다. 자신의 실수로 이렇게 상황이 크게 변할 줄이야. 허둥지둥 아래로 뛰어 내려 와 자기 방에 들어가 침대에 얼굴을 묻고 몸부림치며 울었다.

그런데 갑자기 딸과의 섹스가 질투로 변하며 아들이 그리워 졌다.
울음을 그치고 화장을 다시 하고, 얇고 화려한 옷으로 갈아 입고는 거실로 나와 잡지를 보고 있었다.
잠시후 아들이 내려 왔다.
K여인은 벌떡 일어나 아들을 껴안고 키스를 했다. 그리고 아들을 끌고 자기 방으로 들어갔다. 침대에 쓰러진 두 사람은 또 다시 거센 폭풍우로 변했다. 결국 있어서는 안될 일이 버젓이 현실로 벌어진 것이다.
K여인은 그 후로부터 아들과 딸 사이를 경계하게 되었고, 아들은 자신과 딸을 번갈아 가며 섹스의 대상으로 하여 미친듯이 돌아갔다.
세 사람은 자신들의 섹스에 놀라게 되었으나 서로가 서로를 억제치 못하고 밤낮을 가리지 않고 탐하게 되었다.
남편이 돌아오면 타인이 되어 정이 가지 않았고 빨리 나갔으면 하는 마음이 먼저 앞섰다.
그렇게 1년이 흘렀다. 더 이상 그런 생활이 계속되면 가정이 산산이 깨어짐은 물론 주위 사람들이 알게 되면 쫓겨날 것같은 두려움에 K여인은 아들에게 여자 친구를 만들어 소개해 주었으나 그것도 헛일이었다.
아들은 무작정 두 모녀를 탐했다. 어쩌다 말을 듣지 않으면 집에 불 지르고 다 죽이겠다고 설쳐대고 완전히 색정에 미친 짐승과 같이 날뛰었다.
결국 남편이 알게 되었고, 상의하에 아들을 미국으로 보내기로 결정했다.

 설득 반, 강요 반으로 아들을 미국으로 보낸 후 바로 집을 팔고 멀리 관동지방으로 이사를 했다. 물론 부부의 상의하에.
 전세에 부부였던 사람들이 강하게 맺혔던 인연이 부숴진 남녀는 다시 태어나게 되어도 어렵지 않게 만나게 되어 부부와 같은 애정과 섹스를 갖게 되는 경우가 많다.
 또한 다른 예도 있다. 전세에 부부였던 같은 처지의 사람이 아주 강하게 끌어당기는 힘에 합쳐져 같은 피의 부모자식간 형제로 태어나게 되는 예도 많이 있다.
 그 결과 K여인과 같은 결과가 나오게 된다. 물론 이러한 관계는 인간의 정상적인 남녀 관계는 아니다.
 생물학적인 면에서 보든지 인류학적인 면에서 본다면 비정상의 관계이다. 결과는 커다란 불행과 직결될 뿐이다.
 인간에게는 전세에서의 인연에 의해 운명이 끌려가지 않으려는 의지와 노력의 힘이 있다.
 짐승이나 타 동물에는 이러한 나쁜 일이 일어난다 해도 그것을 중지하거나 하지 않으려는 사고는 없다. 멈추는 힘이 없는 것이다. 즉 자제력이 없는 것이다.
 전생이 축생인 무뢰한들이 몇 번이나 형무소에 들어가도 다시 들어가는 습성을 버리지 못하는 것은 그런 자제력이 그들에겐 없기 때문이다.
 같은 범죄를 다시 저지르고 교도소에 들어가고 나오고 또 들어가고, 계속 반복하여 15범 이상의 관록을 가진 자도 있다.
 나는 K여인에게 말했다.

"아무튼 아들과 당신은 전세에 부부였고, 딸은 아들의 정부였습니다. 이러한 삼각관계가 자석에 끌리듯이 세 사람이 서로를 탐하게 된 것입니다. 한 집에 살면 절대로 그 인연을 끊을 수 없으니 서로가 떨어져 사는 방법밖에 없습니다. 그런 후 '전생인연해지법(前生因緣解止法)'을 열심히 실행하십시오."

그 후 그들 부부는 전생에 얽힌 인연을 끊는데 6개월 이상을 노력했다. 차츰 부부간의 금슬은 좋아졌고 K여인은 더욱 더 남편에게 감사하며 가정을 바로잡아 가는데 온 정성을 다했다.

여인의 남편도 직장을 바꾸어 부인과 가까이 있게 되었고, 그 후 딸도 대학에 들어가 남자 친구를 사귀어 악몽을 잊게 되었다.

아들은 1년후 친구의 소개로 여자 친구를 사귀어 같이 룸메이트로 미국에서 착실하게 공부하고 있었다.

▣ 어느 호스테스의 숙명적인 고민

내가 있는 도장의 산 아래 동네에는 소방도로 하나를 사이에 두고 크고 작은 집들이 쭉 늘어서 있었다.

그 길로 오르락 내리락 할뿐 달리 큰 길은 없었다. 도장에서 대여섯째 집 아래 납작한 스레트 지붕의 블록 집이 하나 있었다.

길가로 조그만 창문이 나 있고, 예쁘장한 커튼이 곱게 쳐져 있는 그 방에서 얼마 전 부터인가 남자의 고함 소리가 들리고 여자의 비명 소리가 가끔 들렸다.

대여섯째 집 위에 있기 때문에 주로 새벽녘에 들리는 소리는 아주 또렷했다.
술 취한 남자의 고함 소리에 이어 여자의 울음소리와 비명소리가 일주일이면 두 세 차례는 어김없이 들려 왔다. 그래서 오늘은 동네로 내려가는 길에 아주머니 몇 분이 모여서 이야기 하길래 물어 봤다.
"대체 어떤 사람들이 새벽녘에 비명을 지르곤 합니까?"
동네 아주머니들의 말에 의하면 어느 예쁘장한 아가씨(25세 정도)가 처음엔 회사에 다닌다고 하면서 방을 얻어 들어 왔다는 것이다.
몇일 뒤부터 그 아가씨는 화장을 진하게 하고 저녁때만 되면 어디론가 나가고 새벽녘이면 술에 취해 들어오거나 어느 남자와 같이 들어와 싸우곤 한다는 것이었다.
술집에 나가는 호스테스인 것이 분명하다는 것이다. 며칠 후 이웃 아주머니를 따라 문제의 그 아가씨가 나를 찾아왔다. 경상도 밀양 태생인 그녀는 여고를 졸업하고 서울에 올라와 어느 개인회사 사무실(철공 계통)에서 일하다 회사 사장에게 성폭행을 당하고 밀린 월급도 받지 못하고 도망쳐 나와 D상가의 의류 도매상가에 취직했다.
그곳에서 어느 단골 거래처 사람의 꼬임에 빠져 한때 동거하다가 그 사람의 주벽과 폭력에 이겨내지 못하고 또 도망쳐 나왔다는 것이다.
그뒤 종로에 있는 직업소개소에 들러 일자리를 구했다. 어느 고급 식당인데 청소하고 잔심부름만 하면 된다 해서 그곳으로 따라 갔다. 그러나 말과는 달리 그곳은 비밀요정으로 주인은 그녀를 손님방에 들어가 소개하고, 또 인물이 고와서인지 그녀는 대뜸 손님들로부터 인기가 있게 되어 자신도 모르는 사이에 호스테스로 전락되고 말았다.

어렵지 않게 쥐게 되는 돈, 남성들에게 인기가 있고, 거기에 매력을 느낀 그녀는 어느새 그 세계의 포로가 되어 갔다.

결국 업소 지배인의 손에서 벗어나지 못하게 되었고 그와 같이 동거하게 되었다.

저녁 일이 끝나고 집에 돌아오면 지배인은 어느 사람과 어떻게 했느냐고 따지며 폭행을 일삼았고, 결국 폭행에 견디지 못하고 그녀는 또 도망쳐 영동의 룸살롱으로 옮겼다.

그 곳에서도 그녀는 일약 톱스타가 되었고 만만찮은 미모와 말 솜씨로 남자들을 일순간에 모두 사로잡는 스타가 되었다.

그의 줏가는 다른 호스테스보다 배 가까이 오르게 됐고, 아무개 하면 모르는 사람이 없을 정도로 그 세계에서는 1인자로 등장하게 되었다.

유명세가 붙어서인지 그에게는 항상 거물급 남자들이 따르게 되었고, 돈도 많이 모였다. 그러나 유흥가의 특징은 주먹사단의 사장에게 걸려들게 되었고, 자기가 만나는 사장들은 하나 같이 술에 취하면 정신이 돌고 폭행하는 무서운 사람들이었다.

폭행에 견디지 못해 도망쳐 다른 곳에서 이번엔 괜찮겠지 하면 또 그런 사람을 만나게 되었다.

이번엔 큰 곳을 피해 조그만 동네의 룸살롱에서 일하는데 만난 사람이 다시 행패를 부려서 저녁이면 시끄럽고 창피해서 더 이상 이 동네에서 못살겠다고 했다.
 "선생님, 저는 어째서 이렇게 폭력을 쓰는 사람만 만나게 될까요. 제가 죄를 많이 졌기 때문일까요. 도저히 견딜 수도 없고 이젠 죽고 싶은 마음 밖에 없습니다."
 그녀는 핏기 없는 얼굴로 힘 없이 말했다. 인간 세파에 시달린 한 여인의 어려운 처지를 앞에 대하고 아직도 개선되지 못하는 우리사회 직업여성들의 비애와 성적인 학대에 마음이 아팠고 하루속히 선진화 사회를 만드는데 남녀 모두가 공동의 인격체인 존중의 의미를 깊이 새기고 박해할 자와 박해받을 자가 없어져야겠다는 생각을 해 본다.
 결코 화려하지만도 않은 꽃 같은 20대의 여자가 받아야 하는 고통치고는 너무나 지나친 것 같아 내 자신이 그로 돌아가 생각해 보았다.
 도와주는 사람도 없는 외로운 이 사회의 한 모퉁이에서 굳은 땅을 뚫고 나오는 연약한 새싹 같은 그런 인간 군상들이 오늘의 이 사회엔 너무나 많다는 사실에 공감해야겠고, 또 그런 처지의 생명력에 서로가 아끼고 사랑해 주는 진실한 애정이 만발한 사회 풍토가 이룩돼야겠다는 것은 결코 나 혼자만의 망상은 아닐 것이다.
 어느 누가 감히 한 인간을 학대할 권리가 있는가? 학대 받을 자는 그 누구인가. 서로가 서로를 필요로 하기에 만남은 주어지는 것이고, 그 주워진 만남에는 한 순간도 미혹된 아픔은 따르지 말아야 하거늘 오늘의 이 사회는 강약고저의 현상이 너무나 뚜렷이 자리하고 있어 가슴 아픈 현장들을 많이 대하게 된다.
 물론 어제 오늘의 이야기는 아니지만 이러한 극한적인 인간사회상은 이시대의 무분별한 발전상에 따라 급격히 변모해 왔다는 것을 지적하지 않을 수 없다.
 "이제는 돈도 싫습니다. 남자는 더 더욱이 ……"
 이 여자가 바라는 것은 도대체 무엇일까. 꽃 같은 젊고 아름다운 나이에 가장 중요한 두 가지가 싫다면 그녀는 어찌될 것인가.
 이러한 그늘 뒤편의 아픔은 오늘도 수 없이 만들어질 것이고, 그 아픔은 사회의 절대적인 책임일 것이다.
 이 사회를 끌고 나가는 자, 감각 있는 자들이 재조명해 볼 일이다.
 같이 온 아주머니가 말했다.
 "도대체 요즈음 세상은 어떻게 될려고 그러는지 원……선생님 이 아가씨는 어떻게 하는게 좋을까요?"
 나는 그 아주머니에게 누구 잘아는 사람과 결혼시켜 집에 들어앉게 하는 것이 좋겠다고 말했다.
 1개월쯤 후 그녀는 다른 아주머니의 소개로 부동산업을 하는 착실한 40대 남자의 아내로 들어갔다. 착실하게 살림을 꾸리고 두 사람이 아주 재미있게 산다는 말을 듣고 잘됐구나 싶었다.
 그런데 얼마 후 그녀는 다른 남자로부터 전화가 자주 오더니 집을 나갔다는 것이다. 결국 또 그 세계의 남자들과 연락이 되고 유흥가로 들어간 것이었다.

어느날 시내에서 그 여자와 마주쳤다. 어느 40대쯤의 남자와 같이 팔짱을 끼고 걷고 있었다. 나를 보더니 피하는 기색도 없이,

"선생님 저의 주인이예요. 저의 집에 놀러 오세요."

하고 핸드빽에서 명함을 한 장 꺼내 준다. 어느 요정의 주인 마담이라고 씌여 있었다.

세상이 어떻게 돌아가는 것인지 분간키 어렵다. 너무 빨리 돌아가는 그녀의 생활상에 도저히 어리둥절 할 뿐이었다.

그렇게 빨리 돌아가는 그녀의 죄는 얼마나 깊을까. 그 전세의 업의 깊음에 나는 새삼 놀라지 않을 수 없었다.

그녀의 전세는 말하자면 여우의 영(靈)이었다. 대개 환락가의 여인이나 호스테스족들은 거의가 다 그런 류에 속한다.

여우의 영은 오욕(五欲)을 버리지 못하고 즐기기만 하는 전전세(前前世)의 업을 또다시 그대로 갖고 금세에 생을 바꿔 또다시 오욕에 잠기는 직업을 갖게 되는 사람들로 태어난다. 더욱이 여우는 간특한 짐승으로서 성에 관하여도 윤리 도덕이 없다. 불량배나 무뢰한들도 전세에 동물의 경우 쌍방이 똑같이 가까운 처지이기에 서로 강하게 끌어당기는 그 힘에 의해 자꾸만 그 길로 들어가게 되고 그런 사람들과 손을 잡게 된다.

그 호스테스 여자는 자신의 전생이 짐승이었다는 것을 알고 있었다.

그후 나는 그녀에게 전화를 하여 찾아오게 한 다음 그러한 전생의 내력을 설명하고 바로 잡아나가지 않으면 영원히 그런 늪에서 빠져나오지 못할 것이라고 말했다. 결국 그녀는 깊이

납득하게 되었다.

"제가 아주 나쁜 여자군요. 왜 이런 일만을 하고 다닐까요. 죽고만 싶습니다."

울면서 괴로워하고 있었다. 나는 수행목록을 주면서,

"당신 자신이 열심히 수행해야만 축생의 전세를 벗어납니다. 짐승 같은 삶은 청산해야 되지 않을까요."

그녀는 나와 단단히 약속하고 돌아갔다. 그러나 그것도 헛일이라는 것을 알았다. 지금쯤은 괜찮겠지 하고 평소 지면이 있는 친구와 함께 그녀의 업소를 찾아 갔으나 그녀는 그곳에 없었다.

말을 들어 보니 어느 손님과 눈이 맞아 업소의 돈을 빼가지고 또 도망쳤다는 것이었다. 이렇게 이 여자와 같이 남자의 운이 좋지 않은 사람이든지 또는 반대로 나쁜 여자를 만나는 사람은 상대를 잘 관찰하고 자신의 처지와 입장도 다시한번 그 모습을 잘 비춰 보아야 할 것이다.

자신의 전세의 업이 짐승이었지 않나, 자기보다 자신의 상대자가 또한 짐승이지 않은가, 다시 한번 깊이 생각해 봐야 할 문제이다.

호스테스, 그녀는 지금 어디서 또 무엇을 하고 있을까.

아마도 그 세계에서 탈피하지는 못했을 것이다.

◼ 어느 귀부인의 끝없는 외도

그해 여름은 어수선했다. 최류탄 가스에 눈물을 흘리며 길을 다녀야 했고, 아예 어느 길은 통행을 가로 막았다.

  정치꾼들의 지나친 오산인지, 학생들의 지나친 지성의 만용인지 보통 사람으로써는 이해하기 어려운 상황이 계속되는 아주 걱정스런 나날이었다.

  그날도 최류탄 가스가 퍼져 오기 시작하여 창문을 꼭 닫고 세상의 어지러움을 걱정하고 있는데 중년 신사와 부인이 눈물을 닦으며 들어섰다.

  그 부인은 나의 도장에 가끔 오는 분으로써 사회적인 명성을 지니고 자선사업 등 좋은 일을 많이 하는 아주 인자하신 보살이었다.

  남자분은 자기 집안 동생뻘이 되며, 고급 공무원의 신분이라고 소개했다. 정중하게 목례를 받고 그의 얼굴을 바라보니 온 가족이 제각기 이산지운이다.

  "이렇게 가족의 마음이 흩어지면 행동으로 나타나는데 특히 부인의 신변에 주의가 요하게 되고, 그 반동으로 자손에게 이합이 따르게 되고, 결국은 집을 나가게 되는 그런 운세인데 신경을 많이 쓰셔야겠습니다."

  나는 말을 맺었다.

  "왜 그런 일이 일어나게 될까요?"

  "그것은 부인이 인면수심(人面獸心)의 본능적인 야심이 발동하게 되고, 그 야심에 수심(獸心)이 발작하여 인사치례에 어려움을 겪게 되기 때문입니다."

  그 신사는 지그시 눈을 감고 앉아 무언가 한참을 생각하더니 말을 꺼내기 시작했다.

"실은 선생님 말씀 그대로입니다. 처의 신변에 놀랄 정도로 예기치 않은 일이 자주 일어나 더 이상 숨길 수도 없고 혼자서 고민하기도 힘들어 여기 계신 누님께 상의했더니 선생님을 뵙자 하여 이렇게 찾아뵙게 되었습니다."

그의 말인즉, 자기 부인은 도저히 이해할 수 없는 생리적 현상이, 즉 병적인 색기가 있어 외도를 하지 않고는 못 배기는 그런 천성을 타고난 것 같다는 것이다. 본인 자신도 놀랄 정도로 의아해 하면서도 때만 되면 여지없이 일을 저지르곤 한다는 것이다.

부인은 충청도 양가집 외동딸로 조상대대로 교육자 집안이라고 했다. 형제들이 모두 교육자로 인격이 있는 집안으로 평판이 나 있다고 했다.

그녀는 일류대학을 나와 중매로 현 남편과 결혼해서 두 아들을 둔 행복한 주부로서 서울의 고급 주택가에 사는 상류사회의 중년부인이었다.

결혼후 3년이 시나면서 알게 모르게 그녀는 외출이 잦게 되었고 이 핑계 저 핑계로 남편을 속이고 외지에 놀러 가서 자고 오는 경우도 있게 되었다.

아이들이 중학교에 들어가면서부터 그만 자제해 줄 것을 남편이 애원했으나 어느 정도 시간이 지나면 또다시 본능이 발작되는지 어떤 핑계로든 집을 나갔다.

하루나 이틀 집을 비우는 것은 예사 일이었다. 남편은 자기 업무에 바쁘고 일일이 참견하는 것 같아 그대로 자제할 때까지 기다려 주었다.

그러던 어느날 남편은 업무로 S시에 내려갔다가 호텔에서 파티가 있어 동료들과 로비에 앉아 있는데 그때 자기 부인이 어느 젊은 사람과 호텔에 들어서는 것을 보았다.

틀림없이 자기 부인이고, 남자는 자기 동네의 건달기 있는 청년이었다.

남편은 같이 간 동료가 그 장면을 볼까 기겁을 하여 가로 막아서 다른 곳으로 데리고 가 위기를 면했으나 도저히 몸이 떨리고 분하여 파티가 끝나기 전에 집으로 돌아왔다.

그 다음 날은 출근도 하지 않고 집에서 기다렸다.

오전에 집에 돌아온 그녀는 아무런 일도 없었던 듯이 S시의 친구 집에 놀러갔다 왔노라고 말했다.

부인을 방에 가두고 본대로 이야기 하니 다시는 그런 일이 없을 것이라고 빌었다. 그날은 그대로 용서했다. 그리고 오후에 출근하여 두어 시간 후 집에 전화하니 또 외출하고 없었다. 허둥지둥 일을 마치고 집에 돌아오는데 집 앞 1백여 미터 전방에 승용차가 서 있었고, 부인이 차안의 남자와 무어라 이야기 하더니 손을 흔들며 집으로 들어갔다. 그녀는 남편을 보지 못한 것이다.

이런 현상은 주기적으로 그녀에게 나타났다. 남편과 부부관계가 그렇게 원만치 못했고 항상 불평불만 뿐이고, 형식적인 부부관계로 끝나는 것이 보통이었다.

게다가 남편은 업무에 지쳐 그런 부부관계 따위는 신경쓰지 않게 된 것이 벌써 몇 년째였다. 그러나 부인은 정반대의 현상이 일어난 것이다.

그녀는 거의 발작적으로 몸이 뜨거워졌고 어찌할 바를 모르고 집안을 헤매다가 밖으로 나간다는 것이다.

어쩌다 남편이 붙들고 관계를 하려고 하면 그대로 뿌리치고 밖으로 내닫는다고 했다.

어쩔 수 없는 남편은 속으로 울어야 했고, 이혼을 몇 번이고 생각했지만 아이들과 사회적인 체면으로 실천에 옮기지 못하고 있었다.

그런 일이 있은 후에는 또 집안에서 착실한 엄마로서 부인으로서 손색이 없이 일을 해냈다. 그렇기에 남편은 더욱 더 고민에 빠지게 되었고 혼자서 해결할 수 없는 곤경에 처했다.

어느 때는 자신의 동료 친구와도 관계를 갖고 버젓이 이야기한다고 했다.

남편은 도저히 참을 수가 없었다. 더 이상 참고 견딘다는 것은 자신을 죽이는 결과를 가져 올 것 같아 일말의 공포심을 갖게 되었다.

"도대체 이런 여자가 또 있을까요. 내 아내지만 어느 때는 잠자리를 같이 하다가도 얼굴을 바라봅니다. 왜냐하면 무섭기 때문이지요, 이 여자가 짐승인가 사람인가 귀신인가 할 정도로 도무지 알 수 없는 성도착 증세에 빠져 있기 때문에…… 왜 이럴까 궁금증만 더해 갑니다. 의사를 찾아가 보았지만 모든 것이 다 나의 잘못으로 이야기 합니다. 답답할 뿐이지요. 마누라는 절대로 남편인 내가 성적으로 무력하지 않다는 겁니다. 그러니 더욱 미칠 지경입니다. 선생님 와이프는 왜 그럴까요."

나는 그 이야기를 들으며 미소를 머금고 차근 차근하게 다음과 같이 말했다.
 "부인은 전생이 집안에서 사람과 같이 생활한 커다란 개였습니다. 그 개는 그 집의 안주인과 같이 생활하면서 외로움을 달래주었고, 다른 집으로 팔려 가서는 또 그 집 주인과 간음하게 됐고, 다른 개들과 어울려 섹스를 하고 결국 그 전생의 복잡한 색정의 업에 의해서 인간과 깊은 관계의 악인연이 현세의 부인에게 빙의되어 그런 색정의 인연이 나오게 된 것입니다. 축생인연을 끊고 인간 영혼으로 해탈시켜야 그 버릇을 고칠 수 있습니다. 혹시 집에 큰개가 있습니까?"
하고 물었다.
 "예, 마누라는 개를 좋아 해서 5년 전부터 집에 큰개를 기르고 있습니다. 마누라가 친구한테서 사온 것이지요. 참 그런데 이상하군요. 내가 어쩌다 불쑥 집에 들어가면 개가 방안에 있고 마누라는 잠옷 차림으로 일어나고 그런 경우가 몇 번 있었습니다. 그래도 나는 이상하게 생각지 않았는데······"
 다음 날 남편은 집에 돌아가 개를 유심히 살폈다.
 며칠 뒤 남편이 나를 찾아 왔다. 어느 날 출근하는 척하고 지켜보았더니 아니나 다를까 그녀는 두 아들이 학교에 가고 자기가 출근하고 난 뒤 바로 방으로 개를 불러들여 이상한 짓을 하더라는 것이었다.
 이 광경을 목격한 남편은 부인을 붙들고 당장에 나가라고 소리를 질렀다. 이게 무슨 짓인가. 짐승 같은 년. 당장에 나가라고 호통을 쳤지만 그녀의 호소는 달랐다. 도저히 성적인 충동을 느껴 미칠 것 같은 발작을 억제하기엔 역부족이고, 또 그대로 밖에 나가 아는 사람과 관계를 하면 후일이 두렵고 그래서 개가 문득 머리에 떠올라 발작 증세가 일어날 때는 개를 불러 들여 해결한다는 것이었다. 그리고 또 버젓이 주부요, 엄마요, 아내로써의 역할을 다하고…….

남편은 나와 상의 끝에 부인을 나의 도장에 데리고 왔다.

나는 자세히 그 인연의 도리 본능에 얽매인 인간 자신, 그 전의 상태를 이야기해 주고 그 인연 관계의 불가사의한 악인연을 끊어버려야 한다고 말했다.

그녀는 눈물을 흘리며 자신의 전생에 몸을 떨었고, 그후 100일 가까이 두 부부는 '전생인연절연(前生因緣絶緣)'과 '해탈공양(解脫供養)'에 정성껏 온 힘을 기울였다.

그 결과는 서서히 눈에 띄게 나타나기 시작했다. 몇 년 기르던 개도 좋은 사람을 찾아 내보내고 집안 분위기도 개조해서 새로운 삶을 출발하는 부부로서의 보금자리를 만들었다.

얼마 후 그들 부부가 나를 초대했다. 환한 미소로 나를 맞이하는 그녀의 얼굴에서 이제는 순결하고 진실된 인간의 참 모습을 찾아 볼 수 있었다.

◼ 욕정에 눈이 먼 올드미스 여사원

서울의 남부지역 S동, 평범한 사람들이 모여 사는 산 밑 동네에서의 일이다. S동의 M통장은 40대 여인으로서 200여 가구의 화목과 서로 돕는 마음을 일깨워 주는데 헌신적으로 봉사해 왔다. 그래서인지 S동은 시골의 어느 평화스런 마을과 같이 이웃간에 친밀하며 주민 모두가 질서를 지키고 어른을 공경하며 부지런한 마을로 알려져 있었다.

M통장은 가끔 S동에 문제가 있는 사람들을 나에게 데리고 와 교훈적인 이야기를 그들에게 들려주고 서로가 잘하겠다는 약속을 받고 집으로 데리고 갔다.

부모 말 거역하고 공부하지 않는 학생, 직업이 없어 놀고 먹는 젊은이와 부랑아들, 무질서한 아가씨와 유부녀, 책임감 없는 가장들, 각계 각층 사람들을 데리고 와서 서로가 토의하고 반성하여 새 길을 찾아 나가도록 노력했다.

그들은 모두가 그 시간만은 정숙하고 고분고분했다.

본래 나쁜 사람이 어디에 있는가? 인간의 진면목이 수승하거늘 하물며 어긋난 생을 살아가려고 작정한 사람은 없을 것이다. 인간은 자신을 무참히 꾸짖을 때 새로운 생기가 나오고 뜨거운 참회의 눈물을 흘리게 된다.

잘못을 반성하고 그 위에서 재출발하는 현명함을 갖고 있어야 하고, 또 그것은 일상생활을 통해 습관화 되어야 한다. 반성하지 않고 후회함은 어리석은 일이다.

반성은 새로운 기회를 제공하지만 후회는 자신의 강력한 삶의 의지를 감소시킨다. 그렇기에 후회하는 인간이 되기 이전에 먼저 반성하는 인간이 되어 자신을 정리해 나가야 한다.

하루는 M통장이 아주 예쁘고 잘 생긴 정숙한 숙녀 한 사람과 같이 왔다. 32세의 여사무원으로 아직 미혼이라 했다.

K라는 이 올드미스는 겉으로 보기에 아주 칭찬할 만한 보기 드문 몸매에다 아름다운 눈과 하얀 살결, 어디 한군데 흠잡을

데 없는 숙녀였다.

 고향은 강원도 W시로서 혼자의 힘으로 고등학교를 졸업한 후 서울에서 무역회사에 근무한 지가 거의 10년이나 되었다고 했다.

 고향엔 부모님과 형제들이 농사를 짓고 상업도 하며 비교적 여유있는 생활을 하며 착실하게 살아간다고 했다.

 K양은 아무런 부담감 없이 자신이 벌어서 자신이 소비하는 오직 자신만의 생활에 매력을 느껴 시집도 가지 않고 살아가는 그런 처지였다.

 K양이 S동으로 옮겨 온 것은 조용한 산밑 동네가 좋아서였고, 또 이름 있는 대학이 있어서였다고 한다.

 S동은 웬만한 집엔 거의가 다 하숙생을 두고 있는데 주로 대학생들이 많고 직장인은 별로 없었다.

 K양은 혼자서 비교적 큰 이층 양옥 독채를 전세내어 살고 있는데 깨끗하고 멋진 분위기 속에 살고 있었다.

 조그만 집에 몇 사람씩 사는 동네에서 예쁜 아가씨 혼자서 넓고 깨끗한 집에서 살다보니 이웃사람들의 부러움도 사게 되었다.

 대기업 계열의 무역회사 총무과에 근무한다는 K양은 어느날부터인가 남자를 데리고 S동에 나타났다.

 남자와 같이 밤늦게까지 음악을 즐기고 가끔 맥주 상자가 들어가고, 처음엔 그 집 주인도 남자 친구인가 보다고 예사로 생각했지만 점점 날이 갈수록 남자가 바뀌고 어느 땐 그럴듯한 60대 남자도 들어와 자고 가곤 한다는 것이었다.

제5부 인연에 얽힌 기막힌 인생들 185

이런 사실은 예의 그 통장에게 알려지게 마련이었다. 동네의 기강상 문제가 있기 때문이었다.

결국 통장은 그 아가씨의 무질서한 생활을 보고 참다못해 나에게 데리고 온 것이다.

나는 그녀를 돌려보냈다. 아무 말도 하지 않았다. 똑바로 쳐다보지도 않았다.

통장은 이해가 가지 않는 듯 고개만 갸웃둥 했다. 이틀 후 그녀가 혼자서 나를 찾아 왔다.

나는 K양의 개인 생활을 통장에게 알리고 싶지 않았고, 그의 프라이버시를 십분 살리면서 충분히 이해시킨후 말하려 했던 것이다.

지난번 통장이 대강 말한바 있기에 나는 다시 묻지 않았다. 그리곤 말했다.

"사람은 간혹 실수할 때가 있습니다. 시간적으로 시기적으로 사람에 따라 또 역부족으로 불가항력인 경우 실수할 때가 있습니다. 나는 어느 누구의 실수를 책망하는 사람도 아니고 또 그럴 권리도 없습니다. 다만 인간사를 서로 앞에 놓고 잘된 점은 더욱 고취, 발전시켜 나가고, 잘못된 점은 바로 잡아 시정해 나가는데 주목적을 두고 많은 사람과 이야기 하며 우주의 천리에 대하여 깊이 생각해 보며 또 그런 일을 즐겨하는 사람입니다. 내가 대강은 알고 있지만 K양도 본의 아니게 많은 이성관계에 얽혀 들고 있는데 조금만 잘못하면 대단히 위험한 일이 일어날 수도 있는 운명의 주기에 와 있습니다."

그녀는 다소곳이 앉아 있었다. 가끔 미간에 경련이 일고 두 입술을 아래 위로 깨물기도 하고 두 손을 꼭 쥐고 있었다. 좀 체로 입을 열지 않았다. 나는 또 말을 계속했다.
 "인간사회의 영역은 성역이기 때문에 어느 동물적인 영혼이 침입하기가 어렵습니다. 가끔 사람이 사람 아닌 이상한 행위를 할 때 사람들은 이상한 눈으로 보게 되고 또 경멸하게 됩니다. 그 행위를 주동하는 본인은 그러한 사실에 대하여 진부(眞否)를 잘 의식하지 못합니다. 왜냐하면 자신이 현재 그 행위에 빠져 의식혼이 완전히 그것밖에 모르기 때문입니다. 도취 됐다는 것은 바로 그런 상태입니다. 남녀가 서로 사랑하고 애무에 빠졌다든지 절정에 다다른 사람에게 옆에서 누가 말하거나 건드려도 그들은 의식하지 못합니다. 이미 그들의 의식상태는 무의식과 합쳐진 진아(眞我)를 찾아가고 있기 때문입니다. 그런 상태를 놓고 도취되었다고 하지요. 예술인이나 종교인이나 또는 감수성이 예민한 아가씨들이 주로 도취에 잘 빠집니다. 즉 자신을 때때로 의식하지 못하는 경우가 오는 것이지요. 예술인이나 종교인은 그렇게 무의식의 상태에서 커다란 좋은 결과를 만들어 내지만 감수성이 예민한 아가씨나 하이틴들은 이성의 생각이나 불장난 그 자체로 끝나게 됩니다. 왜냐하면 그러한 경우 대부분의 인간은 자기 학대나 성의 순수성을 포기하려는 경향이 나타나기 때문이지요. 즉 자기 지배를 어느 누구에게 원하게 되는 것이지요. 그것이 곧 자신의 사고(思考)로 직결될 수 있습니다. 뭉쳐진 사고는 하나의 행위를 가져 오기 때문에 그 사고의 결집과 선악의 유무에 따라 행동의 선악의 분별이 주어지게 됩니다. 그러한 행동이 외형적으로 나타날 때는 이미 때는 늦은 것이고 본인 자신이 스스로 책임질 수 없는 엄청난 일이 벌어졌다는데 본인 스스로도 놀라게 됩니다. 이런 일을 한번 숨기고 그 숨김이 감쪽같이 혼자만 알게 되고 그렇게 되면 거기에서 야릇한 충동을 느끼게 되고, 그 야릇한 충동은 인간의 순수성을 깨뜨리고 동물적인 야성으로 변하는 과정으로 빠져 들어 가게 됩니다. 일단 동물적인 야성으로 빠져 들어간 자신의 의식은 걷잡을 수 없을 정도로 미혹의 세계로 자신의 에고를 끌고 들어가며 그 아트마는 파괴되기 시작합니다. 인간의 절대 가치는 자기 영혼을 바로 하는데 있습니다. 자기 혼은 자기만이 소유하고 있기 때문에 그 어느 누구도 감히 그 혼에 간섭할 수 없고, 침입해 들어갈 수도 없고 또 침입해 들어간다 해도 아무 소용이 없습니다. 왜냐하면 그 자신의 혼과 타인의 혼은 그렇게 쉽게 만나지기가 쉽지 않기 때문입니다. 무언가 통해야 되는데 통한다는 것은 하나가 된다는 증거지요. 결국 인간은 어떠한 경우라도 자기 자신이 깨우쳐야 하고 또 해결해야 합니다. 그렇지 못하면 영원토록 그 혼은 구제 받지 못하게 되고, 이 현세에서 고통 받게 되며 또 생을 바꾸는 과정에서도 결점을 안고 있는 그 혼은 영원히 윤회의 과정에서 후생에 까지 그 악습을 계승시키기 때문에 인간은 절대로 지금 살아가고 있는 자신의 생을 올바로 잡아나갈 커다란 의무와 책임이 있는 것입니다."

나는 말을 맺었다.

그리고 K양을 바라보았다. 그의 두 눈에서는 눈물방울이 반짝였다. 몸을 고쳐 앉은 다음 그녀는 입을 열기 시작했다.

"선생님 사실은 저는요……"
말을 잊지 못한다.
"K양 여기 이 자리는 어떤 말을 해도 괜찮습니다. 개개인의 인격은 존중됩니다. 어느 누구도 알 수 없습니다. 그러니 걱정 말고 있는 그대로 다 말씀 하세요. 말하는 것이 수치가 아니라 숨겨 논 그 말을 함으로써 그녀의 잘못된 악습은 물러가는 것입니다. 그만큼 말 한마디 하는 것은 K양에게 이로움을 안겨 주게 됩니다."
"예 감사합니다. 선생님 도와 주십시오. 너무나 많이 제자신도 고민해 왔기 때문에…… 어느 누구와도 상의도 못하고 제자신 속에 있는 말을 그 어떤 사정을 아무에게도 말하지 못하고 혼자서만 번민해 왔습니다. 저는 열여덟이 되던 어느날 낮잠을 자는데 꿈에 갑자기 젊은 여자 몇 명이 나타나 옷을 벗기고 윤간을 했습니다. 그리곤 저를 데리고 어디론가 한없이 갔습니다. 그런데 그 곳엔 남자들이 옷을 벗고 나체로 뒹굴고 있었습니다. 그곳의 남자들은 모두가 다 성도착증에 빠져 있으면서도 성적 쾌감은 느끼지 못하는 그런 남자들이었습니다. 그곳에서 마음껏 성의 쾌락을 맛보고 즐겼습니다. 그리곤 데리고 갔던 여자들이 나를 꼭 붙잡고 너는 내대신 섹스를 해주고 나에게 그 기쁨을 달라고 해요. 그래서 저는 그 여자들이 하라는 대로 이 남자 저 남자 시키는 대로 섹스를 했고 그러면 그 여자들은 가만히 앉아 자기들이 오르가즘에 빠지곤 했습니다. 저는 그 여자들의 대리 역할을 한 것입니다. 그렇게 계속하다가 강물에 뛰어들다가 깨어났는데 그 후론 제자신도 모르게 성의 강한 충동을 느끼게 되고, 그럴 때는 어김없이 섹스의 상대자를 찾아야만 했습니다. 고2때부터이니까요. 맘에 맞는 남학생이 프로포즈를 해오면 그 학생과 장소와 때를 가리지 않고 섹스를 즐겼고 결국 좁은 W시에서 소문이 나게 되어 서울로 올라와 직장을 구했습니다. 요행히 직장은 좋은 직장을 만나게 되었고 그 직장이 좋은 곳이다 보니 남자들도 모두가 다 미남・미녀, 일류대 좋은 가문의 출신들이었습니다. 회사에 출근해서도 남자 사원이 인사만 하거나 미소를 보내면 도저히 견디지 못하고 먼저 그 사람에게 안기고 싶은 강한 충동을 느껴 점심식사 시간에도 어떤 때는 같이 근처 여관에 들어가 그 짓을 하기도 했습니다. 저와 한번 관계를 가진 사람은 떨어질려고 하지 않고 또 요구해 왔고, 그때마다 저는 싫지 않아서 받아 주고 그래 결국은 집에까지 같이 와서 밤에도 그런 시간 속에 지내게 되었습니다. 그렇게 지내지 않으면 도저히 어찌할 바를 모르게 정신이 어지럽고 몸이 뜨거워져 옵니다. 출퇴근시에 인근의 대학생들과 인사하고 마음에 드는 학생과는 집에서 관계를 갖고 만원 버스에 오르면 옆에 남자가 접근하여 몸이 닿으면 온몸에 경련이 오고 정신이 이상해져 어느 때는 출퇴근시에도 버스 안의 그 남자와 같이 잠깐 여관에 들렀다 나오는 그런 경우도 있었습니다. 학생이나 늙은이나 관계없이……. 선생님 저는 병일까요. 그러지 않으면 어떤 마귀가 씌어서일까요. 분명히 알려 주십시오. 저를 구해 주십시오. 선생님."

K양은 더듬 더듬 간간히 쉬면서 말을 다한 후 흐느껴 울었다. 나는 그가 맘놓고 울도록 밖으로 나갔다.

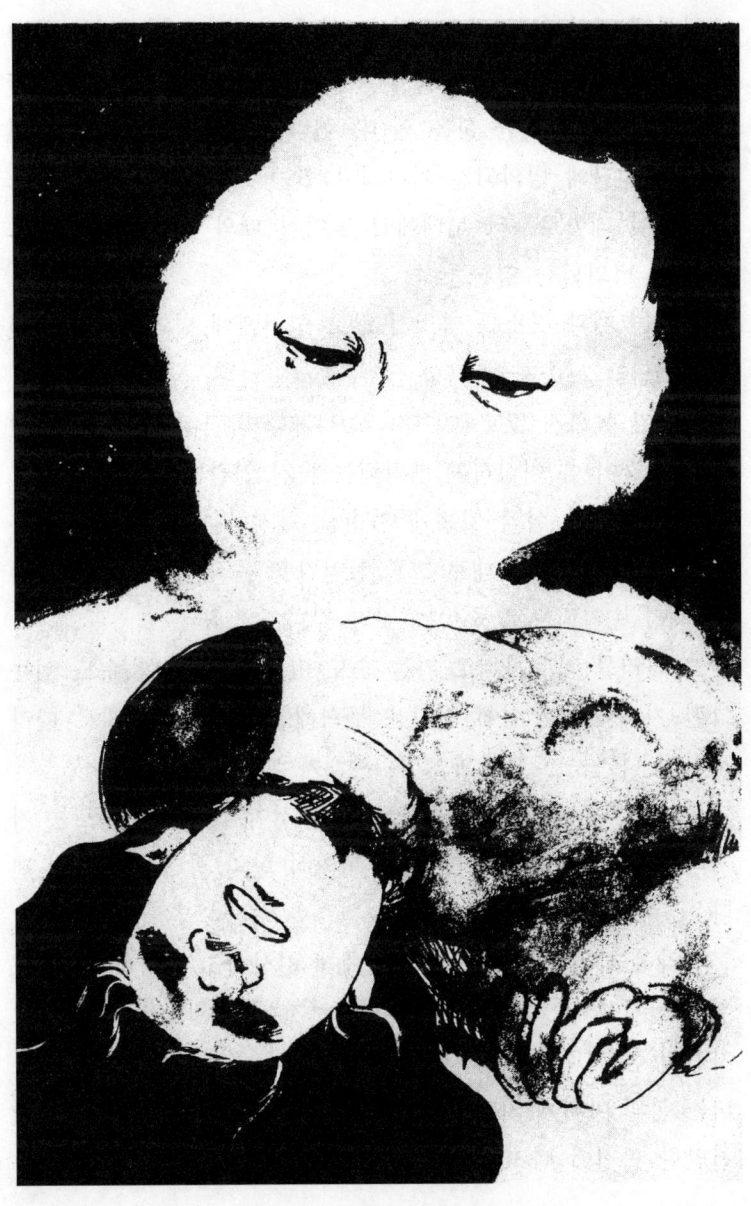

마루에 나와 앉아 있으려니 눈 앞에 어지러히 전개되는 무수한 영혼들이 아우성과 외침이 적나라한 그들의 모습에 어쩔 수 없는 인간의 무력한 힘을 탄(嘆)했다. 절대절명(絶對絶命)의 기회에 인간에 빙의되길 기다리고 있는 그들 영혼의 실체들.

인간이 태아로부터 모태에서 떨어질 때와 17~8세때 29~30세에 빙의되는 영혼들.

대개는 때와 장소를 가리지 않고 인간에게 빙의되기만을 원하고 있는 그 존재들.

대화가 통하지 않고 보이지 않으니 다만 느낌으로써만 자신을 자신들이 좀 이상하게 생각되는 순간 인간들에게 무수한 영장의 혼백들이 살짝 가볍게 자리를 차지하는 것이다. 그리곤 조종한다. 자기들 뜻대로 그들이 인간을 움직임은 사람이 파리 한 마리 손가락으로 죽이는 것과 같다.

그 파리를 자유자재로 가둘 수도 있고 나가게 할 수도 있는 그런 자재력, 그 힘에 인간은 무력해지고 조종하는대로 따라 움직여 나가는 로봇트와 같은 존재가 된다.

분명히 의식은 자기 것, 몸도 자기 것이거늘 반분 정도는 자기의 의식이 점유당해 의식 반 무의식 반의 상태를 이루게 된다.

연약하고 청순한 꽃다운 처녀에게 간사하고 영악한 색에 도취된 전전생의 영혼의 굴레가 해탈하지 못해 탈을 벗지 못하고 자신의 혼을 후손의 한 소녀를 선택하여 빙의하게 되니 그 소녀는 본의 아니게 자기를 상실하고 마음과 몸을 짓밟히는 위험천만한 곤경에 빠지게 된다.

지금 여기와 앉아 울고 있는 K양도 그 대표적인 예이다. 어느 누가 시켜서였는가. 자신이 원해서였는가.

결코 그것이 아니라고 그녀는 말했다. 어쩔 수 없이 머리가 어지럽고 몸이 뜨거워진다 함은 자신을 이미 상실한 연후의 상태이며, 정신과 몸은 벌써 다른 조종자에 의해 지배되고 조종되고 있는 것이다. 이런 사실을 과연 그 누가 알아 대처해 줄 것인가.

지금까지의 사람들은 그러한 경우를 대개가 터부시 하고 경원해 왔다. 모르는 자는 모른다. 아는 자만이 알 수 있다. 통즉통(通卽通)이요, 불통즉불통(不通卽不通)이다. 모르면 알아야 하고 막힌 것은 뚫어야 한다. 그래야 숨통이 제대로 트이지 않겠는가. 이것은 천리(天理)이며, 우주의 대자연법칙이다.

우주 대법칙을 무시하면 절대로 순리가 될 수 없으니 그것은 역(逆)이 된다.

자고로 '순천자(順天者)는 흥(興)하고 역천자(逆天者)는 망(亡)이니라' 라는 말이 있지 않은가.

모든 삼라만상은 영에 둘러쌓여 있고, 그 만상들은 영혼에 의해 움직여지고 생성된다. 그것이 거듭 거듭해서 이루어져 나가는 것이 윤회이다.

윤회의 바퀴에 자신이 잘못 감기면 톱니 하나에 덜컹 걸리게 되고 거기에 걸린 한 인간은 자신도 모르게 파멸의 구렁텅이로 자꾸만 떨어져 간다는 것을 명심해야 한다.

'나도 모르게 실수했다'는 말은 바로 이런 경우를 증명해 주는 좋은 본보기인 것이다. 육신이란 벗어버릴수록 신선한 것이지만 몸은 던져 줄 상대를 찾아 열어야 하며, 사랑은 생명의 한마디 줄과 같은 것이니 옛날 어머니들이 금줄을 소중히 다루듯 소중하게 걸어야 하고, 또 거둬야 한다.

나는 K양을 대강 위와 같은 말로써 설득하고 하루속히 자신에게 씌워진 악령(惡靈)과 색령(色靈)의 인과(因果)에서 벗어나도록 알려 주었다.

K양은 그 후 직장에 사표를 내고 열심히 나의 도장에서 자신의 인과해탈(因果解脫)에 몰두하여 2개월 후엔 자신의 청정한 옛 모습을 되찾아 생기를 띠게 되었다.

그 후 서울의 다른 곳으로 비밀리에 이사하여 찾아오는 사람들을 모두 끊고 지금은 나의 지인으로부터 중매가 있어 어느 고등학교 교사와 단란하고 행복한 가정주부로써 생활을 손색없이 영위하고 있다.

■ 그룹 섹스에 빠져버린 여대생

요즈음 만연되고 있는 프리섹스의 이야기를 영화나 글로서만 보아 온 나는 실제로 그 주인공으로부터 자세히 말을 듣고 또 현장을 보고 나서는 인간 세상에 이런 형태의 불륜이 존재할 수 있을까 저으기 분노를 금할 수가 없었다.

섹스의 본질은 지극히 신성한 것으로써 인간 탄생의 주요한 의미가 부여되며, 그 행위에서 오는 즐거움과 기쁨, 마음의 안정과 평화, 사랑을 가져다 주는 인간에게 지극히 필요한 활력소로써 신성 불가침의 절대적인 영역인 것이다.

그런데 인종이 많이 번성하고 문화가 발달되는 추세의 변동에 따라 섹스의 본질도 변질되기 시작하여 음에서 양으로 변하고 은둔에서 개방으로 활짝 열리며 동시에 부끄러움과 수치심이 없이 하등 동물적인 섹스 상태로 바뀌기 시작하고, 1대 1이 아닌 그룹으로 혼음하는 시대에 이르게 되었다.

추운 겨울의 어느 날이었다. 그날은 나라껭(奈良縣)에 있는 높은 산악지대인 뎅가와(天川)에 다녀 올 계획을 세우고 이런 저런 준비를 하고 있는데, 잘 아는 마쓰모도(松本)부인이 왔다. 부인은 긴히 드릴 말씀이 있다는 것이었다.

법화실에 들어가 마쓰모도 부인이 말하는 내용은 자못 놀라우면서도 흥미 깊은 이야기였다.

자기 옆집에 사는 친구가 자신은 부끄럽고 창피해서 가지 못하겠다고 자기에게 자초지종을 이야기를 해주고 일차 상의하고 오는 것이 좋겠다 해서 찾아 왔다는 것이었다.

내용인즉 옆집의 D부인에게는 대학에 다니는 두 딸이 있는데 딸 둘이서 모두 이상한 짓을 한다는 것이다.

자신들의 방엔 일체 아무도 들어오지 못하게 하고 가끔 남학생과 여학생들이 7,8명 몰려 와 팝송을 크게 틀어 놓고 5~6시간씩 놀다 간다고 했다.

평소에는 말도 잘하지 않는 자매가 그런 때에는 동생과 어울려 그 방에서 나온다는 것이었다.

몇차례 그런 일이 있어도 예사로 보아 왔던 D부인은 깜짝 놀랬다.

그 날은 아이들이 모두 돌아간 후 둘째딸이 식당에 내려와

식사하는데 자세히 보니 입술에서 피가 나고 목과 얼굴에 퍼렇게 멍이 수 없이 나 있더라는 것이었다. 왜 그러냐고 물어봐도 아무런 대꾸도 없이 그대로 자기 방으로 올라갔다고 했다.

혼자서 애를 태우며 무슨 일일까 걱정하던 차 또 7,8명의 다른 학생들이 몰려 왔다. 전과 같이 팝송 음악을 크게 틀고 방안에서 노는데 아무래도 미심쩍은 데가 있어 2층에 올라가 창문 틈으로 방안을 들여다보니 깜짝 놀랄 일이 벌어지고 있었다.

방안에서는 7,8명의 남녀 학생들이 완전 나체로 서로가 뒹굴고 껴안고 혼음을 하고 있었다.

몸서리 쳐지는 광경에 심장이 뛰어 그대로 아래층으로 내려온 부인은 그 자리에 쓰러져 기절하고 말았다.

그때 마침 마쓰모도 부인이 그 집에 놀러 왔다가 기절한 D부인을 발견했다. 병원으로 옮겨 의식을 회복하고 난뒤 그 부인은 집에 들어가지 않고 병원에서 계속 입원하고 생활했다.

물론 남편은 몇년 전 사별하고 혼자서 두 딸을 데리고 사는 외로운 부인이다.

자기 어머니가 병원에 입원해 있는 데도 두 딸들은 더욱 많은 학생들을 데리고 들어와 거의 매일같이 그런 짓을 했다.

참다 못한 부인이 몇차례 학생들에게 시끄럽다고 주의를 주어도 막무가내였다. 반상회에서까지 거론되어 학생들에게 주의를 주었는데도 그들은 아랑곳 하지 않았다.

어느 때는 아래층 거실에까지 나체로 학생들이 돌아다녔다. 부인은 더 이상 참을 수가 없어 경찰에 신고했으나 그들도 속수무책이었다.

결국 입원해 있는 그 부인을 보호하기 위해 두 사람이 상의하여 나에게 왔다고 했다.

"이 무슨 해괴한 짓이 있을 수 있을까요?"

부인은 겁에 질린듯 물었다.

"다음에 또 그런 일이 있으면 나에게 연락해 주십시오."

그 날은 그대로 부인을 돌려보냈다. 일주일쯤 후 맑은 심신으로 집안 청소를 하는데 오후 2시쯤 D부인으로부터 전화가 왔다.

나는 곧장 부인의 집으로 갔다. 2층에 올라가 가르키는 방문 쪽을 망원경으로 바라보니 젊은 남녀 학생들로 보이는 7,8명의 나체족이 한데 어우러져 춤을 추고 키스를 하고 광란의 무대가 펼쳐지고 있었다. 나는 유심히 바라보았다. 마침내 그 방안의 정체가 드러나기 시작했다.

엄청나게 큰 뱀들이 서로 몸을 꼬고 비비고 혀를 내두르고 미친듯이 설쳐 댔다. 나는 더 이상 볼 수가 없어 망원경을 내려놓고 쇼파에 앉았다.

"음 이것은 보통 일이 아닙니다. 저 집을 태우든지 해서 사령(蛇靈)들을 내몰아야 합니다."

부인과 남편은 어리둥절해서,

"선생님 왜 그렇습니까?"

하고 허겁지겁 물어대기 바빴다.

"오래전 저 집에 뱀이 많이 나오지 않았습니까?"

"예 예 내가 소학교에 다닐 때에 무척 많은 뱀이 저 집 뒷마당에서 나왔어요. 어떤 때는 우리 집까지 왔는데 그러나 저 집에서만 뱀이 난리를 치고 다른 집으로 잘 가지 않았습니다. 지금은 죽은 그 집 주인이 수많은 뱀을 죽였습니다. 한번은 3미터도 넘는 큰 뱀을 죽였지요. 그 후 3개월쯤 후에 그 주인은 갑자기 풀을 베다가 뱀에 물려 죽었습니다. 그 후론 석유를 뿌리고 풀숲과 뒤뜰 뱀구멍을 모두 태웠지요. 그리곤 뱀이 나오질 않았습니다."

마쓰모도 부인의 남편은 쉬지 않고 자초지종을 이야기했다.
"선생님, 어떻게 하면 좋을까요?"
"예 방법은 있습니다. 집을 태우기가 아까우면 두 딸을 먼저 다른 집으로 일단 피신시키고 그 집에서 '사령원혼위령공양제(蛇靈怨魂慰靈供養祭)'를 올려야 합니다. 3주간 정도 집을 비워 놓은 다음 그 뒤에 그 학생들을 불러 들여 보면 알게 됩니다."

다음날 부인은 입원한 D부인과 상의하여 집을 비우고 깨끗이 청소한 후 제단을 만들고 음식을 준비하여 공양제를 올렸다. 그 날은 입원해 있던 D부인도 생기를 찾아 공양제를 올리고 다시 병원으로 갔다.

몇일을 그렇게 정성껏 공양제를 올린 후 집의 문을 닫았다.

아무도 들어가지 않았다. 3주가 지난 뒤 그 집안에 들어가 '소재길상염주(消災吉祥念呪)'로 깨끗이 청소를 하고 제물과 제단을 치우니 제단 자리와 마루바닥에 허연 뱀자욱 같은 것이 또렷이 남아 있었다. 그곳에 향을 태우고 물로 씻어낸 후 승천주(昇天呪)를 넘(念)했다.

그날 병원에 입원해 있던 부인은 기력을 찾았고, 다음날 두 딸을 불러 집에서 거처하게 하니 두 딸은 두려운 눈으로 집에 들어가지 않으려고 했다. 그래서 나와 부인이 달래어 들어가게 한 다음 마음을 안정시키고 여러 가지 이야기를 해줬다. 두 딸은 꿇어 엎드린채 뜨거운 눈물을 쏟았고 깊이 참회했다.

그뒤 토요일에 그 학생들을 모두 불러 파티를 열어 주었는데 학생들은 모두가 다 뉘우치는 빛이 뚜렷했고, 자신들이 왜 그런 짓을 했던가 하고 서로 의아해 하기만 했다.

나는 그 학생들에게 물었다.

"다른 집이나 장소에서도 그런 행위들을 했습니까?"

"아닙니다. 절대로 저희들은 그런 사람들이 아닙니다. 이 집에서는 음악소리만 나면 공부를 하다가도 서로가 약속이나 한 듯이 옷을 벗어 던지고 춤을 추고 못된 짓을 했습니다. 그짓을 하고 난 뒤 각자가 서로를 의심하곤 했습니다. 참 이상한 일입니다."

그날 학생들에게 마음껏 놀다 가라고 이야기 했으나 학생들은 조용히 놀았고, 그 뒤로는 다른 학생들이 몰려 와도 전과는 다른 아주 착실한 학생들로 바뀌어 음악 소리가 나도 서로 진지한 모습으로 토의에 열중하는 것을 볼 수 있었다.

이렇게 집터에 얽혀 있는 뱀족의 원혼들이 그 집의 두 딸과 친구들에게 빙의되어 장해를 일으키는 경우도 있었다는 것을 말해두고 싶다.

폭력과 형옥의 인연

 폭력과 형옥(刑獄)의 인연은 인간사회가 열리면서 시작된 가장 큰 병폐이며, 인간의 심성을 말살시키는 행위가 가중되어지는 위험천만한 인연이다.
 폭력은 현존하는 이 사회의 커다란 문제이며, 대소를 막론하고 인간사회에 있어서는 안될 행위이기에 형옥의 벌을 받게 되는 인연이다.
 이 세상에 나올 때부터 악한 마음을 갖고 나와 폭력을 구사하는 사람은 없다. 그러나 폭력의 인연을 갖고 나오는 사람은 점점 커 가면서 유년기에서부터 유달리 성품이 거칠고 행동에 질서가 없고 분방하며 싸우기를 좋아한다.
 이 폭력의 인연은 대부분 조상으로부터 내려오는 경우가 많게 되는데 선대에 폭력을 행사한 사람이 있으면 그 후대에 틀림없이 또 폭력을 행사하는 사람이 나타나게 된다.
 반대로 선대에 폭력에 의한 원한을 갖고 있다든지 살인 등으로 억울함이 있었다면 그 앙갚음의 원혼에 의해 후대에 폭력을 행사하게 되는 사람이 나타나게도 된다.

이것은 유전과는 다르다. 어디까지나 악업의 영장이 그 후손에 폭력을 행사할 수 있는 성격이나 체력을 가진 그런 사람을 선택해 나타나게 된다.

영장이 씌운 사람이 흉운을 만났을 때 틀림없이 형사 사건이 일어나게 되고, 또 교도소에 들어가게 되는 일이 발생한다.

폭력이란 악영장의 인연을 갖고 있는 사람이 다른 영장을 갖고 있는 사람과 부닥뜨리거나 만나게 되면 천둥 번개가 일듯이 반드시 폭력을 행사하게 되고 불상사가 일어난다.

이와 같이 막강한 영장의 인연이 상대에게 있을 때 상대적으로 부딪쳐 일어나는 경우는 살인·폭력·강도 등 강력한 범죄가 발생하게 되고, 일방적인 나쁜 인연이 영장의 조성과 조종에 의해 일어날 때는 경범 즉 업무상의 과실이라든가 방해나 시비 등의 가벼운 범죄가 발생하게 된다.

이런 인연이 있을 경우 대개는 마음이 쉽게 변하여 반드시 죄를 짓게 되는 것이다. 그러나 한가지 이상한 것은 전문적으로 폭력을 쓰는 사람들은 대부분 평상시에는 대단히 인간성이 좋으며 친구나 그 부인에게는 무척 자상하고 부드러운 사람이 되어 사랑한다는 사실이다.

아주 온순한 사람인데도 갑자기 돌변하게 되거나 상대를 만나서 엄청난 폭력을 휘두르게 되는 데는 반드시 악인연의 영장이 그 사람을 조종하고 있다는 사실도 알아야 한다.

형벌의 인연은 전생에 자신이 지은 죄의 업장에 다 하지 못하여 생을 바꾸어 다시 태어나도 또 다시 그 지은 업장에 업보를 받게 되는 인연을 말한다.

선인선과 악인악과(善因善果惡因惡果)란 말이 있듯이 절대적인 인연의 과보는 반드시 나타나게 되어 있다.

몸 속에 도사리고 있는 피부 병균이 조금이라도 신체에 이상이 있으면 틀림없이 겉으로 나타나는 이치와 같다.

그렇기에 형벌의 인연은 대수롭지 않은 일에도 크게 확대되어 벌을 받게 되는 경우가 종종 있게 된다. 예기치 않게 불시에 그 사람에게 닥치는 악영장의 장해인 것이다.

아무리 착실하고 교양 있는 신사라도 불시에 일어나고 만다. 실로 가공할 정도의 무서운 영장의 인연이라 하겠다.

폭력 인연은 가정이나 사회단체 및 국가의 질서를 깨뜨릴 수 있으며, 많은 사람에게 공포의 대상이 됨으로 반드시 없어져야 할 장해 인연중의 인연인 것이다.

◩ 감옥을 자기 집 같이 드나드는 자선사업가

J씨는 인간성이 좋기로 이름이 나 있고, 또 유치장과 교도소에 자주 들어가는 사람으로도 이름이 나 있다.

그는 올해 59세로서 2년만 있으면 인생을 다시 제자리 한다는 회갑을 맞는다.

지금도 황소같이 기운이 센 그를 환갑노인이라 보는 사람은 아무도 없다. 외모로 보나 성격으로 보나 도저히 형벌은 생각할 수도 없는 사람이지만 어쩌다 오랫동안 보이지 않으면 유치장이나 교도소에 갔다는 말을 듣게 된다.

J씨가 교도소에 가도 면회가는 사람이 많게 되고 여기 저기

에서 탄원을 내어 곧 나오게 된다.

그는 그리 크지 않은 맥주집을 경영하는데 거기에서 나오는 수익금은 노인들이나 소년원을 위해 많이 희사하고 불우한 사람을 위해서 자선 사업도 많이 했다.

그가 유치장이나 교도소에 들어가게 되는 것은 그 영업장 때문인데 술이 취해서 떠들거나 매너가 좋지 않거나 싸움을 벌이는 사람은 영락없이 그의 주먹의 대상이 된다.

결국 상대가 부상을 입거나 하면 고소를 하게 되고 돈으로 합의를 보지 않는 성격의 소유자인 J씨는 유치장이나 교도소로 가야만 했다. 그렇다고 해서 그를 건달이나 깡패라고 부르는 사람은 없었다.

"허허허 선생님, 저는 유치장을 제 집같이 드나드는데 이것도 무슨 곡절이 있는가 싶습니다. 제 천성이 싸움을 제일 싫어하는데 또 옳치 못한 짓을 보면 참다가도 순간적으로 달려들어 주먹이 날라 갑니다. 내 주먹이 어떤 때는 내 팔에서 뻗어 나갔나 할 정도로 빠르게 나가고, 또 한방 맞았다 하면 상대는 여지없이 이가 부러지거나 손을 다치거나 눈이 찢어지거나 꼭 부상을 당합니다. 사람들은 내가 주먹을 쓸줄 몰라서 상처를 입힌다고 합니다만 어디 내가 주먹 쓰는 법을 배운 사람입니까? 교도소에 들어가서 생각하면 앞으론 절대로 못본척 해야겠구나 다짐하고도 또 그렇게 되고, 지금까지 20회도 넘게 드나 들었습니다. 아는 사람들은 이제 나이도 있고 하니 자숙하라고 합니다만 배운 것이 술장사라서 그만 둘 수도 없고, 내가 잘못하는 건지 못된 짓하는 놈들이 잘못된 것인지 도저히 모르겠습니다. 이제 내 나이도 있고 해서 다시는 그 곳엔 들어가지 말아야 할텐데 무슨 해결 방법이라도 없겠습니까?"
　J씨는 내가 알고 있는 그대로 실토하면서 자신의 본의 아닌 행동에 후회와 자책을 하고 있었다.
　그는 계속했다.
　"한번은 동회에서 유지들이 모여 나의 문제에 대해 상의한다고 오라고 해요. 그래서 갔지요. 모두가 점잖은 분들이라서 문 앞의 한쪽에 앉아 조용히 경청하고 있는데, 여러분들의 좋은 말씀들이 많이 나와요. 어느 분은 내가 자선 사업도 많이 했고 나이도 들고 했으니 술집 영업을 그만 두게 하여 그걸 처분하고 동회와 유지들이 협조해서 안정된 사업을 할수 있도록 도와주자는 제의까지 했습니다. 그럭 저럭 점심시간이 되어서 점심 식사 주문을 해 간단한 중국 음식이 배달되어 왔어요. 그런데 음식 배달을 온 아이가 오토바이를 가게 앞에 세워 놨다고 가게 주인이 그 소년을 밀쳐서 음식이 엎어지고 서로 싸우는 소리가 나는 거예요. 그래 나는 문 앞에서 그 광경을 다 보고 있었기 때문에 순간적으로 화가 치밀어 나도 모르는 사이에 뛰쳐 나가 가게 주인을 한방 먹인 겁니다. 또 사고가 난 것이지요. 맞은 사람이 일어나질 못해요. 바짝 마른 사람이 입에 거품을 물고 기절했어요. 다른 사람들이 그 사람을 깨워 일으켜 앉히니 입에서 이빨이 두 개가 쏟아져 나오고 피가 흐르는 겁니다. 나를 잘 모르는 구경하던 사람이 경찰에 신고하여 경찰이 왔지요. 나는 또 잡혀 가게 되었습니다. 내 주먹 문제를 상의하던 그 자리에서 또 그런 일이 일어났으니 어떻게 되었겠습니까?

제5부 인연에 얽힌 기막힌 인생들 205

그 때는 하나님도 신도 해도 너무한다는 생각밖엔 안들더군요. 나는 돈을 갖고 합의 보는 사람은 아니라서 또 경찰서 유치장으로 들어가게 되었지요. 그 뒤 동네 유지들과 기관장들의 협조로 피해자와 합의하여 나오게 되었지만 이제는 나도 지쳤습니다. 두 손 들었습니다. 선생님 왜 이럴까요. 벌써 40여년을 이렇게 고통을 받고 있습니다. 현명하신 지도를 바랍니다. 도와 주십시오."

그는 말은 끝냈다. 듣고 보니 참 힘든 인생을 살아가고 있구나 하는 생각이 들었다. 그러나 J씨가 자신도 너무나 이상할 정도로 순간적으로 주먹이 튀어 나간다는 데에는 그럴만한 이유가 있었다. 그래서 나는 J씨에게 물었다.

"3대 이전의 선조 중에 누가 억울하게 맞아 죽었거나 사람들에게 놀림당해 자살한 사람이 있습니까?"

그는 나의 물음에 대답했다.

"예 저의 할아버지가 몸이 좀 불편했는데 농촌에서 늘 일을 나가서도 놀림을 받고 젊어서는 인근 청년들에게 많이 맞기도 했다고 합니다. 그 뒤 몸에 이상이 생겨 시름 시름 앓다가 갑자기 돌아가셨다고 합니다. 그래 할머니께서 아버지를 강한 사람으로 키우려 노력했으나 잘 되지 않은 것 같습니다. 워낙 조상들의 천성이 순진해서 저의 부친도 성격이 온순하고 약골이었습니다. 그래서 저의 부친은 내가 어려서부터 체격이 크고 성격이 활달해서 좋아하셨습니다."

"예 바로 그 점입니다. J씨는 조부의 한이 맺힌 영혼이 빙의되었고, 또 건강한 신체를 갖게 된 것입니다. 본인도 모르게 그렇게 주먹을 쓰게 되는 것은 그 조부의 한이 당신의 주먹을 빌어 앙갚음하는 인연의 도리에서 나오는 것입니다. 물론 그 조부의 입장에서 보면 속은 시원할지 몰라도 지금의 손자의 입장은 본의 아닌 고통 속에 살게 되는 겁니다. 이제 조부의 한도 어느 정도 풀렸을 것이니 그 주먹의 형옥 인연에서 벗어나야 합니다. 또 남은 후생을 깨끗이 살기 위해서는 자신의 악인연의 끈을 만들지 말아야 합니다. 속히 '조령해원발비법(祖靈解怨發秘法)'에 의해 위령하고 본인 자신이 지금까지 쌓아 온 수업은 깨끗이 하는데 주력해야 합니다."

고 가르쳐 주었다. J씨는 그 날로부터 나의 지시대로 했다.

"영혼의 세계가 그토록 집착력이 강한 줄을 몰랐습니다. 사람을 완전히 바꾸어 놓을 수가 있다는 것을 이제는 알 것 같습니다."

◼ 3대 독자의 폭력

옛날부터 좋은 일이건 나쁜 일이건 집안의 내력이란 말이 있다.

선조 대대로 내려오는 어떤 좋은 인연이 후손에 나타나서 또다시 영광을 차지한다든가 선대의 나쁜 인연이 후대에 나타나서 계속 '그 집안의 내력인가 봐'라고 곧잘 말들을 하곤 한다.

내가 아는 고오베(神戶)시의 K씨도 예외없이 곧잘 주위 사람들로부터 그런 소리를 들었다.

3대가 폭력을 행사하는 폭력단이란 것은 아는 사람은 다 안다. 유명한 폭력단 야마구찌구미(山口組)의 조직의 일원이다.

그는 어려서부터 유별나게 성격이 포악하여 유치원 때 이미 집에서 기르는 개를 몽둥이로 죽이고 인근 아이들을 못살게 굴어 유치원에서도 받아 주지 않는 그런 문제아였다.

그의 부친도 폭력을 쓰는 무서운 사람으로 토건업에 종사하고 있었다.

화사한 봄의 어느날, 그의 어머니가 사색이 되어 나를 급히 찾아 왔다. 그는 29세의 조그만 체구에 부리 부리한 눈을 가진 청년으로 지나치게 과묵했다.

사람을 한번 쳐다보면 뚫어질듯 보는 그 눈빛에 웬만한 사람은 그대로 고개를 돌려야 했다. 만약 같이 잠깐만이라도 쏘아보는 날엔 그땐 도리없이 그의 폭력이 폭발했다.

집안에서 부자지간에도 여지없이 한 달이면 몇 번씩 싸움이 벌어지고 그때마다 그는 집을 뛰쳐나가 사고를 내고 경찰에 끌려 갔다. 경찰에 연행되면 그 소속 단체에서 또 빼내 오고 이런 악순환이 10년 이상 계속되고 있었다.

한번은 결혼 중매가 들어와 좋은 색시감을 만나게 되었다. 그런데 약혼식을 하던 날 그 색시의 오빠를 폭행해서 결국 약혼은 파혼이 되었고 경찰서 유치장 신세를 지게 되었다.

어느 때는 한밤중에 자다가도 때와 장소를 가리지 않고 뛰어나가 휘둘러 대는 폭력에 그의 어머니는 주위 사람들에게 죽어 지내야 하고 할 말도 제대로 못하고 살았다.

거리에 나가도 손가락질 때문에 아예 집안에만 들어앉아 있다고 했다.

자신의 남편과 시아버지 때문에도 고통을 받아 온 그 부인은 자신이 생전에 무슨 죄를 짓고 원한을 샀길래 이같은 폭력의 사이에 끼어 인간 이하의 대접을 받으며 살아야 하는가고 오히려 자신의 처지를 원망했다.

어느 때는 며칠씩 방안에 틀어박혀 통곡을 해도 누구 한 사람 걱정해 주는 이 없고, 이제는 어느 정도 만성이 되었지만 3대 독자 아들이 30세가 다 되어도 장가를 못가 이만저만 걱정이 아니란다.

결혼해서 아이를 두면 또 그 아이가 그런 불량배가 되면 어쩌나 걱정이 앞설 땐 아예 대가 끊어지는 것도 괜찮겠지 생각하는 때도 있다고 했다.

오죽하면 그런 부모의 심정이겠는가 매우 안타까운 일이다.

그 부인의 아들에 대한 얘기와 하소연은 엄청나게 많아서 그것을 전부 글로 쓰면 아마도 책 한권을 다 메울 것이다. 그의 모친은 눈물도 보이지 않았다. 보통 사람들 같으면 의례 그럴 수 있으려니 했지만 그 부인은 울다 지친 모양이다.

다만 사색이 되어 숨을 헐떡일 뿐이었다. 이토록 무서운 고통이 어째서 인간 사회에 일어나야만 하는가. 이러한 고통이 미래의 인간세상에는 깨끗이 없어져야 할텐데 극락정토(極樂淨土)가 되어 누구나 마음 터놓고 편히 살 수 있는 영원무궁한 진리의 세계가 되어야 할 것을 간절히 바라는 마음이다.

"무슨 인연으로 이렇게 3대가 계속 그런 짓을 하게 되는가요? 참으로 알다가도 모를 일입니다. 저는 열심히 신불(神佛)께 기도를 올리는 데도 부자가 다 그 모양으로 폭력에서 벗어

제5부 인연에 얽힌 기막힌 인생들 209

나지 못하는지, 선생님 어떤 좋은 해결책이 없겠습니까?"
 당연한 질문이었다. 그 집안의 선조의 인연의 내력을 비춰보니 5대 전부터 그렇게 행패가 심한 혈통의 가문이었다.
 이리 축생(畜生)의 환생이 대대로 그 집안에 한사람씩 인연을 맺어 교대로 태어나게 되었고, 태어나서는 또 다시 이리의 본성을 그대로 인간이 행사하게 되어 밤낮을 가리지 않고 이를 갈며 눈에 불을 키고 싸울 구멍만을 찾게 된 것이다.
 그의 모친은 말했다.
 "어떤 때는 밤에 자다가도 오싹해질 때가 있습니다. 그러면 얼른 일어나서 불을 켜고 무서움을 피하곤 합니다."
 그것은 아마도 그 두 사람의 전생이 늑대의 탈을 쓰고 있기 때문에 선량한 그 부인은 본인도 모르게 잠자리에 들면 오싹해지고 무서움이 들었을 것이다. 그것은 그 부인의 무의식층이 다른 영계의 파장을 받아 다시 의식층에 전달되었기 때문이었다.
 그의 모친은 나의 말을 듣고,
 "집에 가서 이런 이야기를 할 수는 없겠지요."
 하고 물었다. 나는 그 질문에 대답하지 않았다. 왜냐하면 남편과 자식과의 사이에서 인간의 심성(心性)을 갖고 무서워하기만 하고, 그들의 영혼을 구제하려는 마음이 없겠기에, 그것은 당신의 판단에 맡긴다는 나의 생각에서였다.
 결국 그의 모친은 3일 후 나의 도장에 와서 도저히 그 말을 할 수가 없었노라며 나에게 두 사람의 '영혼구제인연해탈(靈魂救濟因緣解脫)'을 부탁해 왔다.

인간은 순수무구한 마음을 갖고 인간에 접근해야 하며 또 그런 마음가짐으로 매사를 처리해 나가야 할 것이다. 그의 모친도 벌써 조금은 그 두 사람의 영역에 빠져들고 있지나 않나 걱정이 앞섰다.
 그의 모친은 열심히 '인연해탈절연(因緣解脫絶緣)'을 기원했고, 3주 후에는 남편, 또 그 얼마 후에는 그 자신도 나의 도장에 찾아와 두 무릎을 꿇고 지난 과거 자신들의 행위를 크게 뉘우치고 올바른 인간사회의 일원이 되겠다고 나와 굳게 약속했다.

■ 살상과 형옥의 인연에 얽매인 사장 아들

 매년 8월 15일은 일본에서도 해방을 기념하는 기념식이 열린다. 식이 끝난 후엔 한국에서 초청해 온 연예인의 기념 파티 쇼가 있다.
 몇 년전 어느 광복절은 큰 관광선을 빌려 바다 위에서 기념식을 거행했다. 참석자들이 모두다 1, 2, 3층으로 된 큰 배에 승선하고 바다 한가운데로 나가 관광겸 기념식을 갖고 여흥을 즐기며 하루를 보냈다.
 일본 땅에 살면서 일본 국민들은 패전기념일로써 가슴 아픈 새김질을 하고 있는데 재일 한국인들은 그 해방의 기쁨을 마음껏 소리 높여 즐기고 있으니 역사의 아이러니도 기막힌 윤회가 아닌가 생각된다.
 그날은 몇 천명의 참석자들이 모두 다 목이 터져라 대한민국

만세를 외쳤고, 내 조국이 영원토록 부강한 국가가 되길 빌었다.

그날 식이 끝나고 돌아오는 버스 안에서의 일이었다. 내 앞자리에 어느 모자(母子)가 앉아 있었고, 나는 그 지역 회장과 그들 뒷자리에 앉았다. 관광버스 안에서도 담소와 노인들의 노랫가락 등 민요가 간간히 흘러나와 아주 기분좋게 귀가하고 있었다. 그런데 아까부터 앞에 앉은 그 모자가 자꾸만 신경이 쓰였다. 회장에게 그들 모자를 물어보니 청소회사를 경영하는 K씨의 부인과 아들이라고 귀뜸해 주었다.

나는 회장에게 아무래도 앞에 앉아 있는 K씨 아들인 청년이 형옥이나 인명 불상사가 있을 것 같다고 말했다. 왜냐하면 그 청년을 보는 순간 그에게는 그런 악인연의 영장이 빙의되어 있었고, 곧 그 영장의 장해는 나타날 것 같았다.

회장은 집에 돌아와서 K씨의 부인에게 전화로 그 사실을 알렸노라고 했다. 백번 주의하라고 타일렀다고 했다.

나는 마음속 깊이 그런 일이 일어나지 않기를 빌었다.

그후 도쿄에 볼일이 있어 갔다가 2주일쯤 후에 돌아왔다.

레코딩된 전화 테이프를 돌려보니 K씨의 집에서 부인으로부터 전화가 와 있었다. 그것도 3번이나 걸려 와 있었다.

부인의 울음섞인 목소리가 들렸다. 아뿔사 일이 터졌구나 싶어 다이얼을 돌렸다. 전화를 받는 부인은 목소리에 힘이 없었고, 몹시 지쳐 있었다.

몇 번이고 전화했다며 속히 자기 집에서 만나자는 것이었다.

한시간쯤후 K씨의 큰 아들이 차를 갖고 왔다. K씨의 자초지종 이야기는 다음과 같았다.

　매일 매일 똑같은 스케줄에 따라 계속되는 청소 업무는 그날도 여러 대의 자동차와 직원들이 새벽부터 움직였다. 그날도 K씨의 둘째 아들은 새벽 일찍 자기 승용차를 몰고 여기 저기 청소 불량 지역을 체크하고 난뒤 아침 일찍 시청에 볼 일이 있어 귀가 도중이었다.

　침착한 K씨의 2남은 매사를 밝고 정확하게 처리해 나가는 성격으로 결코 서두르는 법이 없어 절대적으로 신임받고 있었다.

　승용차를 몰고 집앞 도로 커브를 돌려고 하는데 갑자기 건너편 길에서 여학생 하나가 뛰어 나왔다. 학생을 피하려고 급히 핸들을 돌리는 순간 버스를 기다리고 있던 많은 사람들 중 두 사람을 치고 말았다.

　한 사람은 그 자리에서 숨지고 또 한 사람은 중태로 병원에 입원하는 끔찍한 사건이 발생한 것이다.

　이웃 사람들로부터 연락을 받고 가족들이 달려 왔을 때는 현장은 그대로였고, 2남은 넋을 잃고 차안에 앉아 있었다.

　집 앞에서 불과 2백여 미터의 거리였다. 급히 병원에 연락하여 두 사람을 싣고 병원으로 갔다.

　한쪽에선 아들을 피신시키자고 했으나 장본인은 그럴 필요가 없다고 경찰에 연락하여 얼마 후 출동한 경찰에 의해 경찰서로 연행되었다. 그날부터 부인은 몸져 눕게 되었고, 순식간에 집안에 먹구름이 덮쳐 왔다.

　내가 K씨의 집에 갔을 때는 동네 사람들이 많이 와 있었다.

K씨 부부는 눈물을 흘리며 말했다.

"착하기 그지 없는 아들이 이런 엄청난 일을 저지르게 되다니, 대체 어떻게 돼서 이런 일이 일어나게 됐을까요?"

나는 부부에게 일말의 죄스러움을 느끼지 않을 수 없었다. 그런 일이 있어선 안되겠다고 또 없기를 바랬기 때문이다.

결국 불행한 사고는 발생한 것이다.

"안타까운 일입니다. 그런 일이 일어나지 않길 바랬는데 결국은 닥치고 말았군요……"

이미 터진 일이었다. 뒷수습이 문제였다. 그날 나는 '인연영장도리(因緣靈障道理)'에 대해 설명하고 속히 '영장인연해탈(靈障因緣解脫)'과 새로이 만들어진 업보(業報)의 원한을 사게 된 죽은 자의 원혼과 또 중상당한 사람의 아픈 마음, 이 두가지를 '해원결생(解怨結生)'해 주어야 한다고 말했다.

K씨 부부는 그날 집에 불단을 만들었고, '해원공양(解怨供養)'기도를 시작했다.

중상자는 매우 빨리 쾌유되었고 두 사상자측의 원만한 합의로 K씨의 2남은 3개월만에 풀려 나왔다.

혹시나 했던 불성불령(不成不靈)의 그림자가 그토록 정확하게 사람을 조종하여 엄청난 사고를 일으키게 할 줄이야 나 역시 다시 한번 그 위력에 감탄했던 사실이다.

주벽과 도벽의 인연

 도벽은 여러분이 잘 알다시피 남의 물건을 슬쩍하는 탐심이 강하게 작용하는 버릇이다.
 어떤 사람은 천성적으로 타고 난 도둑이라고 일컬어질 정도로 기술적인 재량과 오랫동안 그 생활을 주업으로 하는 사람이 있다.
 이웃 사람은 물론 관할 경찰관들도 다 아는 사람이 버릇을 고치지 못하고 상습화 된 그날 그날의 생활수단으로 하고 있는 사람을 어디선가 본 적이 있다. 은행털이 같은 대대적인 갱들만이 도적은 아닐 것이다.
 친구 집엘 놀러 갔다가 혹은 친척 집에 갔다가 탐나는 물건이 있으면 자신도 모르게 손이 가고 그것을 놓았다 들었다 하다가 결국은 자기 주머니 속에 넣어 오는 것도 분명히 도적일 것이다.
 불서(佛書)에는 남의 물건을 보고 갖고 싶어하는 마음만 내어도 죄가 된다 했거늘 하물며 자기 것이 아닌 타인의 소중한 것을 자기 것으로 소유화 하려는 것은 지나친 마음의 병인 것이다.

　큰 도적은 깊이 사유(思唯)한다. 오랜기간 생각하고 연구하고 연습 후에 실행한다. 적은 도적은 순간적으로 행동에 옮긴다.

　이 순간적인 자가본능(自家本能)이 점점 발달하고 습관화 되면 자기 본능 속에 의식화 되어 상습화 되게 되며, 거의 대수롭지 않게 그런 일을 저지르게 된다.

　의식화 된 도벽이 자꾸 자꾸 쌓여져 긴 시간을 요하게 되는 대범하게 큰 것을 원하게 되고, 급기야는 살상까지도 몰고 가는 흉악한 큰 범죄로 발전하게 된다.

　순간적인 탐심의 작용은 인간이면 누구나 다 갖고 있다. 탐심 최초의 시점에서 억제하는 자와 억제치 못하는 자로 나뉘게 되는데 억제하는 자는 자신의 고급화 된 영력(靈力), 그것을 힘에 의해서 강하게 억제하는 힘이 나오게 되지만, 억제치 못하는 사람은 대부분 자신의 저급령(低級靈), 즉 영장의 장해 인연을 받게 되어 그 순간을 오히려 이용이나 조종을 당하게 된다. 그래서 그 조종된 의식은 자신의 전체의 무의식과 손을 잡고 상습화 된 도벽꾼으로 전락하게 된다.

　도박사들도 대부분 이런 도벽의 인연이 와 닿는다고 하겠다.

　5살 때 자기 친구 고무신을 훔친 사람이 80이 다 되어서도 구두를 훔친다. 7, 8세 때부터 화투짝 가지고 노는 것을 공부하기 보다 좋아한 사람이 부모재산 탕진하고 거렁뱅이 신세가 되어 노령에 가서도 화투짝 만지는 투전놀이에 빠지는 사람도 있다.

제5부 인연에 얽힌 기막힌 인생들 217

　이런 사람들은 가히 습벽치고는 의식화 훈련이 잘된 사람들이라 할 수 있겠다.
　또 한가지 주벽이 있다. 일생을 술 속에 묻혀 사는 사람이다.
　술만 마시면 고래고래 소리를 지르고 시비하고 싸움질하는 사람들이다. 열심히 가족을 위해 노력하는 부인을 술만 마시면 이유없이 폭행하고 가족을 내쫓고 망난이 노릇을 하는 그런 사람이 바로 주벽이 있는 사람이다.
　재산 탕진은 물론이요, 형벌을 받기도 예사이다. 이 역시 도벽과 같이 평생을 고치지 못하는 의식화 된 인연 장해의 결과이다.

■ 술과 함께 얼룩진 L씨의 60년

　서울의 변두리 우람한 바위산 아래 좋은 약수터가 있는 S동의 사람들은 아침 일찍 일어나 약수터에 모여 가벼운 운동을 한 후 천연수를 한 통씩 떠가지고 집으로 간다.
　남녀노소가 다 모이지만 주로 50대 이후의 사람들이 아침 약수터에 나온다. 모두가 건강한 그들은 50년 이상을 천연수를 마시고 있다는 86세의 노인을 필두로 몇 개의 그룹이 있다.
　그들은 집에 돌아가기 전 충분한 운동을 한 뒤 밀크나 차를 들며 담소하는 여유가 있어서 좋아 보였다.
　그들이 모여 앉으면 자연히 건강 얘기가 주종을 이루고 음식에서부터 섹스에 이르기까지 다양한 토론 겸 담소를 하며 즐거운 시간을 보낸다. 나도 가끔 옆자리에서 따끈한 차 한잔을 시켜 놓고 그들의 해박한 경험담을 듣는 것을 좋아했다.

어느 때는 간혹 그들의 간청에 의해 기(氣)에 대해서 얘기도 하고 건강에 신경을 쓰는 그들에게 측면 협조를 아끼지 않았다. 다음은 그들 그룹 중 한분이 들려 준 이야기이다.

밥보다 술을 더 좋아하는 L씨라는 분이 있는데 그분은 나이가 63세로 마나님과 단 두 분이서 어렵게 지내고 있는 처지였다.

직업은 이발사였고, 40여년 이상을 이발관에서 보내며 그날 그날 번 돈으로 술을 다 마셔 버리고 자식도 돌보지 않아 성장한 자식들이 지금은 아예 돌보지 않는다고 한다.

수전증에 정신분열 증세까지 겹쳐 지금은 거의 폐인이 되다시피해 보기가 딱한 처지였다.

지금도 돈이 없어도 혼자 슬그머니 밖에 나가 술집이나 가게에 가서 술을 얻어 가지고 들어오건 마시고 취해서 들어오곤 했다.

60이 넘은 지금은 기운이 없어 행패는 부리지 못하지만 젊었을 때는 엄청난 행패에다 주정을 부려 인근에서 L씨 하면 모두가 혀를 내둘렀다.

30대에는 이발 손님과 말다툼이 있게 되면 그 손님의 머리를 다 깎아준 후 돈도 받지 않고 술집으로 데리고 가 술을 같이 마신 후 실컷 술주정을 한 후에 돌려보내곤 했다.

어느 때는 취기가 있는 상태에서 이발하다 손님과 시비가 붙어 이발 가위로 찌르기도 하고 술집이나 거리에서 술에 만취되어 옷을 벗고 행패를 부려 경찰서 신세도 수없이 졌다고 한다.
　평소에 왜 술을 먹고 난리를 치느냐고 말하면 말도 못하고 얼굴이 빨개질 정도로 순진한 그이지만 일단 술잔을 잡았다하면 온 세상이 다 자기 것이고, 무서운 사람이 없는 독기 있는 사람으로 변했다.
　심지어 자식들까지도 죽인다고 매일 설치는 바람에 어려서 모두 집에서 나갔고 부인은 없으면 곤란하니까 그런지 부인한테는 조금 고분고분한다고 했다.
　아무도 그의 술주정을 말릴 사람이 없으나 펄펄 날뛰다가도 부인이 와서 팔을 끌면 못이긴 척 끌려 갔다.
　60이 가까워지면서 수전 증세가 나타나 지금은 식사도 제대로 못해 부인이 옆에서 먹여 준다고 했다. 가끔 정신분열 증세로 발작증이 일어나면 이웃이고 가족이고 알아보지 못할 정도로 날뛰며 언젠가는 개울 낭떠러지에 떨어져 죽은 줄 알았는데 구사일생으로 생명을 건졌다.
　본인 자신이 자숙해야겠다고 다짐하고도 다시 술 이야기나 술 생각이 나면 거의 정신병자 같이 미쳐 날뛴다는 것이었다.
　그래서 술을 끊으려고 몇 번 시도해 봤지만 허사였다.
　그 노인은 자신이 친구로서 옆에서 보기가 민망해 병원에도 몇 번 데리고 갔으나 아무 소용이 없었고 도대체 어떻게 그렇게 사람이 술에 미쳐 날뛸 수 있는가고 걱정하면서 좌중을 둘러보았다.
　나는 그 노인에게 L씨의 부인을 나에게 한번 보내 줄 것을 요청했다. 그 노인은 쾌히 승낙하고 어떤 좋은 해결책이 있으면 바로잡아 달라고 부탁했다.

다음날 오전 일찍 노인과 L씨의 부인이 찾아 왔다. 차한잔 마시면서 나는 다시 그 부인으로부터 자초지종 이야기를 들었다. L씨의 생년월일과 사진을 보고 나는 깜짝 놀랐다.

목운도수(木運度數)에 걸린 생년월일은 반수운(半樹運)이고, 사진의 주위에는 사령(蛇靈)이 영상과 함께 푸르고 큰 뱀들이 온통 나무를 감싸고 있었다.

"미안하지만 L씨의 몸에 퍼런색의 멍이든 것 같이 줄이 져 있나요?"

하고 그 부인에게 물었다.

"예 그렇습니다. 결혼 초부터 징그럽다는 생각이 들어 꼭 뱀 같다는 생각을 많이 했고, 그때마다 부질없는 생각을 남편에게 어찌 감히 할 수 있는가 하고 스스로 마음을 채찍질 했습니다. 그래서 그런지 남편은 공중목욕탕엘 안갑니다. 전부터 집에서 물을 데워서 목욕하곤 했습니다."

나는 L씨에게 푸르고 큰 뱀들의 사령이 가득차게 씌웠다는 것을 알았다. 큰 독사는 술을 좋아한다. 그래서 옛부터 뱀이 나오는 곳에는 술을 부어 달래 준다.

다음날 그 부인과 함께 L씨 장본인이 왔다.

그 사정을 L씨로부터 자세히 들을 수 있었다. L씨가 12~13세때 시골집에서는 닭을 많이 길렀다고 했다.

옛날엔 시골에서는 닭이 큰 돈줄이었다. 계란을 모아 팔아서 용돈을 쓰기 때문이다. 그런데 그 닭장에 뱀이 나타나서 닭을 죽이고 잡아가곤 했다.

L씨는 무서운 줄도 모르고 뛰어나가 뱀을 몽둥이로 후려쳐 죽이고 닭을 보호했다. 그렇게 죽인 뱀이 100여마리는 넘었다. 예전에 시골엔 뱀이 참으로 많았다. 근래에는 농약이 독하기 때문인지 시골에 뱀이 별로 없다.

"그 무렵 뱀을 보는 순간 아무런 이유도 없이 강한 증오심이 일어나 무조건 때려 죽였습니다."

"지금까지 당신은 구사일생의 죽을 고비를 몇 번 넘긴 일이 있지요?"

"예 죽을 고비를 넘긴 큰 사고를 만난 것만도 5,6회는 됩니다. 이상하게도 그때마다 목숨만은 건지게 됐습니다만……"

"그것은 당신에 의해서 죽은 뱀들의 복수인데 당신의 목숨을 노린 것이지요. 밤에 잘 때도 무언가 몸을 조이는 것 같은 심한 고통을 당할 때는 없습니까?"

"거의 그런 경우가 많습니다. 꿈에 시달려 그때마다 술을 마셔야 했고, 그래야만 공포심에서 해방되곤 합니다."

주벽의 L씨는 여기에 그 원인이 있었다. 뱀 중에서도 산에 사는 대장 비슷한 뱀은 그 기세와 독이 대단해서 죽인 상대를 잊지 않고 집념을 깊이 새겨 찾아다니고 결국 그 사람에게 빙의되어 떠나가지 않는다.

또한 절이나 산속, 기도처 같은 일종의 영력이 있는 곳에 사는 뱀은 더욱 영력을 갖고 있기 때문에 잘못 죽이면 일가족이 화를 당하는 경우도 있다.

뱀을 죽이는 사람들은 이상하게도 술과 육식을 좋아하고 술에 취하면 주위 사람들을 못살게 군다.

그 결과 위장병이나 간장병·류머티스·신경통 등에 걸리는 사람이 많다. 몇 번이고 병원에 다녀 치료해도 얼마 있으면 다시 재발하고 절대로 쉽게 낫지 않는다.

동물의 가운데는 전세가 인간과 연이 깊은 동물이 많기 때문에 절대로 동물을 죽이는 것을 주의하지 않으면 안된다. 또 어쩌다 동물을 죽였을 경우는 크든 적든 간에 그것은 틀림없이 무엇인가 전세와의 인연이 되어 그렇지 않은가 생각해 보는 것도 좋을 것이다.

L씨는 매일같이 뱀의 '인연해탈해원' 기도를 자기 집에서 온 정성을 다해 계속했다.

3개월이 지나자 그는 머리가 맑아져 오고 수전증의 증세가 눈에 띄게 나아졌다.

그때부터 그 이웃 노인과 함께 약수터에 나와 생수를 마시고 운동하고 또 약수를 떠다 부인에게 바치고 그 물로 해원공양제를 올렸다. L노인은 새 생명을 찾은 것이다.

작년 겨울 북미주를 갔다가 온뒤 그곳 약수터에 오랜만에 나갔는데 그곳에서 건강한 L노인과 그 이웃 노인을 만날 수 있었다.

◼ 도벽의 인연에 얽힌 고급 장교의 호소

인연이란 묘한 것이다.

어느해 후덥지근한 날씨에 머리가 무거워 창문을 모두 닫고 에어콘을 켜 놓고 시원한 속에서 의협소설 《임꺽정》을 읽으며 불쾌지수를 면해 보려고 자리를 해서 한 5페이지쯤 읽어 나갔을 무렵 노크 소리가 들렸다.
 벌떡 일어나 문을 열어 보니 어느 40대의 우람한 체구의 사나이가 인사를 하더니 찾아 온 용건을 말했다.
 내 앞에 앉은 40대의 신사는 방바닥에 펴져 있는 소설책 《임꺽정》을 보더니 눈이 둥그레져 독백 비슷하게 혼자 중얼거렸다.
 "그래도 임꺽정은 훌륭한 분이지."
 잠시 후에 그는 또다시
 "이 책을 처음 보십니까?"
 "예 학생시절에 한번 읽고 요즈음 갑자기 그분 생각이 나서 다시 한번 음미해 보는 중입니다."
 "참 이상하군요. 제가 이곳에 오면서도 줄곧 임꺽정을 생각하며 왔거든요. 임꺽정 정도만 돼도 좋겠다는 생각에서 말입니다."
 "아 그렇습니까. 묘한 인연이군요. 무언가 통할 수 있는 사연이 있을 것 같은 데요."
 나는 넌즈시 그의 눈치를 살폈다. 그 신사는 고개를 떨구고 한숨을 쉬며 나에게 잘들어 주십사고 두 손을 합장하고 나서 말을 시작했다.
 "저는 오늘 저로서는 가장 중대한 결심을 하고 선생님을 찾아뵈었습니다. 신명께 속죄하는 마음으로 말씀 드리겠습니다. 저는 예비역 대령입니다. 제가 천주교에 나가서 신부님께 고해 바칠까도 생각했습니다만…… 저의 집안은 그렇지도 못하고 하여 고민하던 중 어느 친구로부터 선생님의 말씀을 들었습니다. 그래서 결심하고 사실을 다 털어 놓고 어떻게 하면 고질적인 버릇이 고쳐질까 하고 찾아왔습니다. 저는 다름이 아닌 도벽 근성이 있어서 고민하고 있습니다. 믿으실지 모르겠습니다만 어려서부터 그렇게 시작한 잔 도벽이 지금까지 어쩌지 못하고 손이 나갑니다. 아주 적은 물건을 탐내는 습성이 있어서 누가 좀 좋은 물건을 소지하고 있으면 그걸 훔치지 않으면 못견딥니다.

　어렸을 때 어머니를 따라 시장구경 갔다가 어느 아주머니 돈지갑이 탐이 나서 슬쩍 훔친 것이 아주 재미있고 신기해서 그 뒤로 혼자서도 시장이나 사람 많은 곳에 찾아가 돈지갑이나 귀중품들을 슬쩍 슬쩍 훔쳐서 팔기도 하고 모으기도 했습니다. 집안에서는 아무도 모릅니다. 워낙 치밀하게 가끔 하는 도적질이기 때문에 친구들이나 형제들도 전혀 눈치를 못챘습니다. 또 그렇게 감쪽같이 하게 되는 도적질이 아주 통쾌하고 세상 사람들이 모두 바보처럼 보였습니다. 초등학교에서도 중학교에서도 고등학교에 가서도 그 버릇은 계속되었고, 학교에서 친구 물건을 슬쩍해도 한 번도 들킨 일이 없었습니다.

　이 세상에서 내가 제일 가는 도적 루팡이나 임격정이 정도가 되는 것 같은 착각에 빠진 적도 있습니다. 고졸 무렵엔 조직을 만들까도 생각했습니다만 대학 진학을 무섭게 다그치는 부모 때문에 포기했습니다. 아마도 그때 그런 조직을 만들었다면 지금쯤 이 사회의 골치아픈 존재가 되었을지도 모릅니다. 사관학교에 가서도 남들은 신사라 부르고 부러워하는데 나는 조금도 그런 기분이 나질 않았습니다. 군대 교육을 받는 것이 싫었고, 자꾸만 밖에 돌아다니는 사람들의 호주머니나 번쩍 번쩍 빛나는 시계 반지가 머리에 떠올랐습니다. 그러면 그럴 때마다 외출해서 사복으로 갈아입고 또 그 짓을 하는 것입니다.

참으로 이상한 것은 내가 왜 내 신분에 맞지 않게 이런 인간 이하의 짓을 거침없이 하는가 하고 자책도 많이 해보고 어느 땐 훔친 물건을 전부 한강에 나아가 강물에 집어던지고 실컷 울기도 했습니다. 스스로 약속과 다짐을 수업이 했지만 그럴수록 그 고질적인 악습은 고개를 들고 질줄은 몰랐습니다. 꼭 날이 우중충한 비가 올듯한 날이나 눈이 올 것 같은 그런 날에는 영락없이 발작 증세가 일어납니다. 그러면 할 수 없이 또 나가고 어느 때는 훔친 돈을 자선단체에 무기명으로 전부 다 모아 보내기도 하고……. 도저히 이해할 수 없는 저 자신에 놀란 적이 한 두번이 아닙니다.

군에서도 진급은 상당히 빨라서 제 동기들보다 오히려 제가 앞서는 모범군인이었습니다. 군인으로서의 사명감을 갖고 충실했습니다. 그러나 토요일이나 일요일엔 의례히 머리가 아파왔고 시내에 나가 바람을 쐬면 머리가 상쾌해지고 또 그 짓을 하게 됩니다. 집에서 마누라도 15년 이상을 같이 살지만 조금도 눈치를 못채고 있습니다. 나의 아이들이 그러면 어쩌나 심한 걱정을 하고 있습니다만 아직은 어리기 때문인지 그런 점을 발견할 수가 없습니다. 그러나 어떻게 압니까? 저 자신도 부모 형제가 몰랐는데, 부모 자식은 유전이라는데 어떻게 될지 하늘이 무너지는 것 같은 고민에 요즈음은 통 잠을 이룰 수가 없습니다. 어디 조용한 수양처에 들어가 수양해 보고 싶은 마음도 있고 해서 자발적으로 예편했습니다. 이렇게 저와 같은 경우는 어째서 그렇게 그 버릇이 지워지지 않을까요. 부끄럽고 창피하고 죄스러워 어느 누구와도 상의를 하지 못했습니다.

선생님은 영적인 상담으로 많은 사람을 지도, 개선하신다는 말씀을 들었기에 내막의 사정을 알고 싶고 꼭 고치고 싶어 찾아뵈었습니다. 죄송합니다. 지금까지의 죄를 소멸해 주실 수 있겠습니까. 무엇이든지 하라시는 대로 하겠습니다. 말씀만 해 주십시요."

어처구니 없는 이야기였다. 나는 그의 이야기가 다 끝날 때까지 두 눈을 감고 '업장소멸진언'을 외웠다. 자세히 듣지 않더라도 내용은 처음이나 끝이나 같을 것이기에…….

"중요한 결정을 하셨습니다. 선생도 본인보다는 자식이 더 걱정이 되어 이제야 참회하고 그 결점을 해부해 보려는 노력을 하시는 겁니다. 인간은 자신 한 사람 죽으면 그만이다 생각하면 매사는 간단합니다. 인간관계를 잘 모르는 사람도 자신의 후손을 생각하게 되고 또 그 후대에 그런 점이 나타날까 두려워하고 노심초사 하는 것입니다.

인간은 다른 동물들과 다른 점은 바로 자신의 후손을 생각하고 잘되길 바라는 마음이 움직이고 잠재해 있다는 사실입니다. 영혼은 쉬지 않고 다음 생으로 태어날 준비를 합니다. 선한 영은 선한대로 선한 곳을 찾게 되어 그곳에 나게 되고 악한 영혼은 악한 곳 밖에 갈수 없는 또 다시 악한 곳을 찾아 나오게 되는 것입니다. 선악을 분별할 줄 아는 인간이 왜 선악을 분별하지 못하게 되는가 하면 전생 수없는 자신의 전생의 영혼이 계속 그 꼬리를 맞대어 지울 수가 없어 분별력을 잃게 되는 경우가 있고, 갑자기 자신의 금생에서의 엄청난 죄의 저지름으로 해서 원한에 의한 원령이 강하게 밀착, 접근, 빙의되어 방해하는 경우가 있기도 합니다.

대개 그런 경우 불가항력으로 불가사의한 생각과 행위가 따르게 됩니다. 인간의 올바른 심성과는 거리가 먼 예기치 못한 일에 본인이 당황하게 되는 그런 경우 말입니다. 그렇기 때문에 인간은 그 직업이 문제가 아니라 그 사람이 살아나가는 방법이 문제인 것입니다. 아무리 훌륭한 지도자라도 그가 살아나가는 극소한 방법에 있어서 인간의 본의 아닌 점이 살아 숨쉰다면 그는 훌륭한 지도자는 아닌 것입니다. 외형적인 가치관보다 내형적인 가치관이 더 중요시 되는 인간사회이기 때문이지요."

나는 냉수를 청하여 한 대접 벌컥 벌컥 들이켰다. 속이 시원했다. 이렇게 속이 시원할 정도로 저 신사의 속마음도 깨끗이 시원해져야 할 텐데 하고 생각하며 지그시 눈을 감고 그를 바라봤다.

그에게도 냉수 한 컵을 청하여 마시게 했다. 아마도 그의 속도 지금쯤은 나와 같이 시원할 것이다.

"당신의 전세를 말하지요. 당신은 전전세가 커다란 쥐였습니다. 한번 생을 인간으로 바꿨던 쥐가 강한 인간에의 집착으로 다시 태어난 것이지요. 좀도적을 인쥐라 하지요. 그 말이 맞습니다. 전생에 쥐인 사람은 아무리 훌륭한 의학이나 과학을 연구해도 쥐를 데리고 같이 생활하면서 연구합니다. 그들은 쥐가 더럽고 징그러운 줄을 모릅니다. 쥐는 대단히 영특해서 특히 들쥐보다 집쥐는 영특합니다. 집쥐 중에서도 시골집 쥐보다도 도시의 아파트 쥐는 더 영리합니다. 그토록 쥐는 인간과 같이 살고 싶어 하고 인간의 음식을 취하길 좋아합니다. 그래서 쥐를 잡으려면 음식에 약을 섞어 놓아야만 잡을 수가 있습니다. 부적을 사용해 봐도 쥐는 알아봅니다. 다니는 곳이나 밥이 있은 곳에 부적을 놓으면 쥐들은 얼씬도 하지 않습니다. 몇 번 실험해 봤지만 쥐는 그토록 영특합니다. 그렇기 때문에 당신도 그 오랜시간 소매치기를 했지만 한번도 발각된 적이 없는 것입니다. 모르긴 몰라도 아마 당신도 쥐를 좋아할 것입니다."

"예 맞습니다. 저의 집에 쥐 그림이 큰 게 하나 걸려 있습니다. 참 기이한 일입니다."

"자 이제 문제는 풀렸으니 내가 시키는 대로 하시면 그 도벽의 인연에서 풀리고 자손의 걱정도 하실 염려가 없게 됩니다."

그 예비역 신사는 말할 것도 없이 나의 도장에서 근참(覲參), 새로운 세계를 찾은 것은 물론이다.

제 6부
무서운 영(靈)의 파워

판례

사기 죄(罪)의 판례

병의 인연

 태고 이래로 인류 최대의 공포적인 병의 인연은 인류사회가 발달하면 발달할수록 점점 더 새로운 형태의 병원균이 새로이 발현되어 인류를 괴롭히고, 또 죽음의 길로 끌고 가는 무서운 공포의 인연이다.
 수세기 동안 과학은 병원체에 대해서 연구에 연구를 거듭하여 박멸해 나가면서 인류를 보호해 왔지만 거센 하나의 병원체를 정복하고 나면 또 다시 새로운 형태의 병원균이 나타나 공포의 대상으로 인류를 위협한다.
 얼마 전에 암이 그 세력을 확장하여 인류를 공포에 몰아넣었고 이제 그 세력이 정복될 즈음 또 다시 에이즈라는 무서운 병원균이 나타나 또다시 공포의 대상이 되고 있다. 그러나 암은 인류의 공포의 대상은 분명하지만 그 병에 대해 공포심과 두려워하는 마음을 가져서는 안된다.
 그것은 병이 인간에게 접근할 수 있는 기회를 제공해 주는 좋은 기회가 된다. 심리적으로 위축되어 있거나 항상 긴장된 상태, 아주 유약한 상태의 정신력을 갖고 있는 사람은 병의 인연에 얽힐 가능성이 매우 높다고 할 수 있다. 그러나 일반적으로 병에 일시적으로 고통받는 사람들 보다는 건강한 사람이 어느날 갑자기 큰 병에 걸려 자리에 눕게 되어 일어나지 못하게 된다든가 태어날 적부터 병에 시달리는 사람 또는 일생을 병 때문에 직업도 없이 폐인이 되다시피 한 사람들을 여기에서는 주로 병의 인연이 깊은 사람으로 보게 되고 또 실제적으로 전생의 업에 의하여 병은 그 사람에게 나타나 업의 깊고 얕음, 크고 작음에 의해 병세로 인간에게 알려 주게 된다.

실제적으로 일본의 한 병원에서는 의사와 종교심리가들이 환자가 병의 인연의 깨달음을 알게 하고 그 인연을 해탈시켜 환자로 하여금 대단히 빠른 치유의 결과를 가져 오게 하는 방법을 사용하고 있다.

대체적으로 병의 인연에는 여러 형태가 있지만 주로 인간에게 얽혀 고통을 주는 병의 인연에 대해 열거해 보기로 한다.

첫째로 무서운 암의 인연이 있다.

위암·식도암·자궁암·유방암·간장암 등 암에 걸리는 사람들은 암의 인연이 대단히 깊어 반드시 암에 걸려 사망하거나 평생을 고통 속에 지내게 된다.

암의 인연은 주로 인간은 음식물에 대한 강한 집착, 즉 사람이 살아가는데 기본적으로 필수요건인 영양분, 즉 맛있는 영양가 높은 좋은 음식이나 그 재료에 대하여 지나친 욕심을 부리고 타인이나 동물에 제공해 주는 것을 꺼리고 산같이 많은 자기 자신의 육체만을 위해 취하려는 강한 욕구에서 타인이나 동물로부터 원한을 샀을 경우에 이 암의 인연은 일어나게 된다.

자궁암의 경우는 지나치게 색(色)을 원했을 경우나 양보 없이 자신의 취함을 생각지 않고 상대방의 색에만 신경을 쓰는 사람에게 대부분 나타나게 된다.

상대를 대하여 색과 재물을 강제로 취하여 그 원한을 살 경우에 자궁암의 인연이 나타난다.

둘째, 뇌의 장해의 인연이다.

이 인연은 정신병의 경우와 정신병이 아닌 두부(頭部)장해의 두 종류가 있다.

모든 정신병〔노이로제나 뇌장해〕과 두부(頭部)의 이상 또는 뇌일혈·뇌경화 등의 가벼운 정도의 인연이 있는 사람은 연중(年中) 두통이나 머리가 무겁고 불면증에 시달리게 된다.

육체 장해의 인연을 모아 가지고 있는 사람은 뇌일혈에서 중풍이 되기도 하고, 머리 부상에서 수족(手足)을 못쓰게 되는 경우도 있다. 뇌성 소아마비도 이 인연의 모음인 것이다.

셋째로 실명(失明)하고 듣지 못하는 인연과 수족을 절단하게 되는 육체 장해의 인연을 들 수 있다.

사실상 괴이한 인연으로 자동차, 기차 등의 교통사고를 만나 받게 되는 인연의 사람들이다. 사람과 물건으로부터 받게 되는 인연을 말한다.

여기에 병의 인연을 갖고 있는 사람은 이 인연과 합해져 대수술을 받는 현상이 나타나는 경우도 있다.

사고로 수족을 절단한다든가 하는 이외에도 신경통·류마티스 등으로 손이나 다리가 아파서 부자유한 사고 등을 당하게도 된다.

거기에다 뇌장해의 인연을 갖고 있는 사람은 뇌일혈 또는 뇌경화증에서 중증으로 오랜기간 누워 있게 되는 사람도 있다.

이 인연이 내장 쪽으로 나타날 경우 대개 폐결핵이나 기관지염·천식 등의 호흡기 질환의 병을 가져 오게 된다.

유아에 이 인연을 갖고 있게 되면 일년내내 그 인연에 눌려 발육부진이나 설사나 강도높은 울음이 그치지 않고 밤에 울게 되며, 오줌을 싸게 된다.

유아나 소년의 신경질을 뇌장해의 인연에서 오는 경우 두가지의 길이 있다.

넷째로 횡변사의 인연이다.

육체 장해의 인연이 바뀌어 강하게 되면 악화되어 나타나게 되는 인연인데 반드시 횡변사를 당하게 된다.

자살이나 타살, 사고사 등이 언제나 따르게 되는 경우이다.

3대 이내의 혈연 중에 이런 인연을 갖고 돌아간 사람의 연자를 가지고 있는 사람이 많이 일어나는 특징이 있는 인연이다.

병의 인연에 대하여는 본 책자에서는 간단히 생략하고 다음 기회에 병의 인연에 대한 것만을 취급하여 좀더 상세히 기술하여 내놓을 것을 약속한다.

본란에서는 인간사회에 일어나고 있는 보편적이고 다발적인 병의 인연에 대해 몇 가지 예만을 들기로 한다.

참고로 본란에서 잠시 병이 어떤 연유와 인연으로 해서 인간을 괴롭히게 되는지 간단히 살펴 나가기로 한다.

만병은 본인 스스로의 마음가짐에서 발현되어 전생의 인연과 합쳐지고 합쳐진 힘이 병원체의 인자를 끌어당겨 그 사람에게 연의 뿌리를 내리게 된다. 그 연의 뿌리는 합쳐진 힘의 작용에 따라 소요가 일게 되고 강도가 달라지게 되며 병세의 강약이 그대로 나타난다.

사람의 전세의 인연은 첫째로 성격을 규정지어 준다. 피는 그 사람의 상격을 만들고 성격은 그 사람의 행동을 만들어 낸다.

인간 마음의 대표적인 것의 탐하는 마음, 원망하는 마음, 인색한 마음, 분노심, 미워하는 마음, 편애하는 마음, 교만심, 이러한 모든 마음은 욕심에서 비롯되게 된다.

욕심은 만사의 화근이며, 이것을 끊지 못하면 병의 뿌리를 끊지 못하고 생명을 단축시키게 되고, 어떠한 사정도 해결키 어렵게 된다.

자신의 소유욕을 버리고 희생하는 마음, 이기려는 마음에서 질려는 마음으로 전환되어야 한다.

인간의 대표적인 성격인 욕심과 욕망, 욕구라고 하는 심성은 자연발생적이 아닌 인간 혼의 윤회에서 비롯되는 절대 불가사의한 존재로서 인간 구성의 심성인 육체와 혼을 조종하게 된다.

그러므로 인간 생명유지의 3대 요소인 잠(宿)·움직임(動)·음식물(食)에 절대적인 영향을 미치게 된다. 심성즉천기(心性卽天氣)이다. 인간은 소우주(小宇宙)이며, 인간의 움직임은 심성에서 비롯되고 우주의 움직임은 천기(天氣)에서 비롯된다.

인간의 변화를 인간의 마음 변덕에 비유하는 것도 바로 여기에 있다 할 것이다. 그러므로 인간의 심성은 하늘에 존재하는 혼과 일체(一體)가 되며 유계(幽界)의 혼이 다시 인간에 윤회의 과정을 타고 흘러들어 옴은 엄연한 사실인 것이다.

그렇기에 인간 자신이 갖고 사용하는 현재의 심성은 우주에 편재해 있는 병원체와 합일될 수 있는 가능성을 항상 내포하고 있다 하겠다.

인간의 심성 즉 마음은 다음과 같은 병을 만들게 된다.
1) 탐심하는 마음 :
 눈병·정신병·액산 간질병·당뇨병·복막염·방광염·신장병.
2) 원망하는 마음 :
 피부병·나병·폐결핵·편도선·임파선.
3) 인색한 마음 :
 열병·늑막염·장질부사·감기·각혈·출혈·학질·심장병.
4) 분노하는 마음 :
 척추병·골막염·소아마비·꼽추·중풍·위장병·관절·신경통·골절.
5) 편애하는 마음 :
 간장병·황달·담석증·설사·구토·변비·위장.
6) 미워하는 마음 :
 벙어리·귀머거리·천식·기관지염·폐염·백일해.
7) 교만심 :
 백치·간질병·정신이상·중풍·폐·자궁·관절탈구.
8) 욕심 :
 장(臟)병 일체·치질·복막·급성폐염·복만증·급사.

이상과 같은 각각의 마음은 거기에 따르는 병을 유발하게 되니 인간은 첫째 원망과 욕심을 끊음으로서 전세의 악한 업보(業報)의 병에 연결되지 않게 되고 자연히 수명도 연장되며 금전…자손과 부부의 좋은 연이 연결되게 된다.

보통 자기 자신의 부조화로 발생한 병은 약이나 의사의 힘으로 간단히 회복되지만 전세의 인연에 얽힌 혼이 소용돌이치는 병은 의학의 힘으로도 어쩔 수 없는 불가사의한 힘을 가지고 인간을 괴롭히게 되는 것이다.

▣ 30년을 자리에 누워 살아온 어느 할머니

지금부터 13년 전의 일이다. 그때는 내가 인도, 네팔 등지의 성지에서 몇개월 동안 수행, 정진하고 돌아와 영혼의 불가사의한 파워에 대해 깊이 명상에 잠겨 연구에 몰두하고 있을 때였다.

모든 인간의 존재가 한터끌 바람에 날리는 것 같아 아슬아슬한 삶에 일말의 동정심 같은 것이 뿌듯이 차올라 올 무렵이었다.

신의 장난인지 인간의 무력함인지 그때는 줄곧 '신이여, 당신은 너무나 감사하나이다'라는 말과 생각밖에는 달리 더 생각할 아무런 이유와 가치를 찾아내지 못했다. 다만 미물로서의 생명력을 갖고 그것만이라도 생각할 수 있는 존재를 부여해 준 데 대한 감사함만으로 꽉차 있었다.

보고 듣는 즐거움도, 먹고 입는 즐거움도 모두가 다 마음의 사치로만 느껴지고 일체처(一體處), 일체의 움직임이 다만 '당신에 뜻에 의하나이다'라는 일념(一念) 밖엔 아무것도 없었다.

그 무렵 어느 저녁나절이었다.

그때만 해도 내가 일본에서 선교도량을 갖기 전이어서 이웃 사람과 조금 알고 지내는 정도였다.

이웃 할머니 한분과 이 얘기 저 얘기 끝에 30여년 동안 자리에만 누워 있고 집밖에도 나가지 못하는 56세 된 할머니 한분이 있다는 말을 들었다.

병원도 약도 무당도 이제는 지쳐서 그대로 방안에 누워만 있다고 했다.

내가 한번 가서 그분을 좀 봐 줄 수 없겠느냐고 사정했다. 할머니의 요청을 쾌히 승낙하고 병자의 집으로 갔다.

현관에 들어서는데 무언가 시커먼 커다란 물체가 안으로 쑥 빨려들어 가는 것을 느꼈다.

옳거니 필연코 귀신의 장난이 심한 집이로구나 직감했다.

방문을 열고 들어서니 고약한 냄새가 코를 찌르고 시커멓고 우중충한 방안의 분위기가 영락없이 무섭게 만들어 놓은 흡사 귀신의 집과 같았다.

환자는 뚱뚱하고 머리가 하얀 초노의 노파였다. 아들 딸도 이제는 지쳐서 모두 집에서 나가 따로 살고, 환자 혼자서 죽을 날만 기다린다고 했다. 치료는 가끔 동네 진료소의 간호부가 와서 약을 주고 주사도 놔주고 갈 정도였다. 그렇다고 해서 어디가 그렇게 크게 아파서 어쩌지 못하는 그런 상태는 아니면서도 일어나 앉으면 머리가 쏟아질 것 같은 현기증과 통증이 오고, 온몸이 방망이로 마구 두들겨 패는 것 같아서 도저히 일어 나 앉을 수가 없다는 것이다.
 얼굴은 깨끗했다. 눈빛도 또렷하고 음성도 깨끗했다. 내가 들어가니 일어나 앉아 몸을 바로잡으려 하나 마음대로 되지 않는다.
 방에 앉아 한바퀴 휘 둘러보니 한쪽 모서리에 불단이 있고, 그 불단 위에 수십개의 신구(新具)가 놓여 있다.
 물론 조상들의 사진도 걸려 있다. 순간 그 불단의 아랫부분 커튼이 쳐진 곳에서 방금 본 검은 물체 비슷한 것이 또 다시 움직였다. 나는 순간 임병투자(臨兵鬪者)……의 강주(强呪)를 외우며 금강봉(金剛棒)을 휘둘렀다. 그리고 불단 앞으로 나아가 발을 세 번 정령주(精靈呪)를 울렸다. 그리곤 큰소리로 잡귀퇴치(雜鬼退治)진언(眞言)을 한 후 불단에 쳐진 커튼을 잡아 당겼다. 순간, 허연 수증기 같은 물체가 천정으로 올라가 열어 논 방문을 통해 밖으로 빠져 나가는 것을 볼 수 있었다.
 향을 사르고 또 다시 정령주(精靈呪) 삼송(三訟)을 마치고 뒤돌아보니 누워만 있던 그 환자가 일어나 옆의 할머니와 같이 합장기도를 하고 있다. 환자는 나를 놀란 표정으로 바라보더니 허리를 굽혀 인사했다.
 나는 그 환자에게 불단 위의 모든 신책(神柵)들을 즉시 바깥 마당에 꺼내 놓고 불사르라고 지시했다.
 처음 그 환자는 놀래는 기색을 보이고 곤란하다는 표정을 지었으나 나의 호통치는 소리에 자신이 스스로 불단 위 신책들을 전부 바깥으로 옮겨 불을 질렀다.

같이 온 이웃 할머니는 신기한 듯 바라보았고, 나는 그 자리에 눈을 감고 조용히 앉았다.
　얼마 후 눈앞에 많은 사람의 두개골이 어른거렸다. 나는 그만 섬짓하여 환자를 불렀다.
　"이 집터에 얼마나 사셨습니까?"
　"예, 친정부모 때 부터 살았으니까 아마 50여년은 된 것 같습니다."
　"이 집터는 바로 그 옛날 묘자리였던가, 아니면 어떤 금화로 여러 사람이 죽어 그대로 매장되어 있는 자리인 것 같습니다."
　더욱 확실히 하기 위해 인부를 사서 불단 밑을 파본 결과 썩은 사람의 두개골이 여러 개 나왔다.
　집 주인은 두개골들을 모두 깨끗이 씻어 조용한 산밑에 비석을 세워 안치했다. 그 뒤 매일같이 정성껏 '정령안위천도(精靈安慰遷道)' 기도를 올렸다.
　그 후로 그 할머니는 나는 듯이 1km이상 되는 거리를 매일같이 다니며 '해원천도공양기도(解怨遷道供養祈禱)'를 올리게 되었으니 30여년 방안에 누워 있던 환자 같은 기색은 조금도 찾아볼 수 없게 되었다.
　병자 할머니는 자기 집 지하에 묻혀 있는 많은 혼령들의 소란에 정신을 빼앗겼고 그 혼령들의 장해로 30여년을 아무런 병도 없이 꼼짝 못하고 그 자리에 자석같이 붙어 일어날 수가 없게 되었던 것이다.

병과 영괴는 어떤 관계인가?

 사람은 예기치 못하는 사이에 재난을 만나게 된다. 병에 쉽게 걸리는 사람이 있는가 하면 좀체로 병에 걸리지 않는 사람도 있다.
 병이나 기타 여러 가지 재난에 쌓이는 것의 대부분은 영의 빙의〔씌움〕에 의한 경우가 많다고 할 수 있다.
 또한 영이 빙의 즉 덮어 씌웠다 라고 말하는 것은 영과 자기의 혼의 파장이 일치해서 그 순간 영이 자기의 체내에 옮겨 들어오는 현상을 말한다.
 여러분은 이러한 사실들에 대하여 잘 알고 있으리라 생각된다. 자, 그러면 지금부터 이러한 사실들에 대해 잠시 생각해 볼 일이 있다.
 당신은 병에 걸려서 치유가 되는 것도 대단히 중요한 일이겠지만 그 이전에 병에 걸리지 않는 것을 더욱 좋다고 생각하진 않는지요?
 물론 사고나 재난을 만나고 싶어하는 사람도 있겠지만 그러나 도대체 왜 병에 걸리는 것일까? 왜 사고를 만나 고통을 받게 되는가?

이 같은 질문들을 생각해 보기로 하자.

우리 주위에는 많은 수의 인간보다 더 많은 수의 영(靈)이 둘러싸고 있고, 그것이 언제 우리들에게 와 닿게 될런지 알지 못한다.

그런데 영, 그것도 저급령에 씌우기 쉬운 사람이라고 하는 것은 정신적으로도 자신의 일상생활에 있어서 매사에 한풀 꺾여서 지고 들어가는 의지가 약한 그런 사람, 곧 무슨 일이든지 굽신거리는 사람, 생각이나 번민이 많은 사람, 어두운 생각을 갖고 자신이 자꾸만 어둠으로 깊이 빠져 들어가는 사람인 것이다.

인간계에 부유하는 많은 영들은 정화되지 않은 어두운 상념의 영혼이기에 역시 어두운 상념을 가지고 있는 사람의 혼과 파장이 순간 일치되어 합쳐지게 된다.

옛부터 '친구는 친구를 부른다'는 말이 있지만 그것은 진실이다. 어떤 저급령이 둥둥 떠 다니다가 어느 곳의 혼이 같은 파장을 나타내면 곧바로 영은 그 사람에게 씌우게 된다.

불규칙한 식생활이나 수면부족, 운동부족, 화내고 슬픈 마음, 불평불만, 영양부족, 노쇠현상……등등 이러한 일반적인 건강치 못한 생활 습관도 악령에 씌우기 쉬운 원인의 하나가 된다.

심지어 잘 정리된 자신의 정신 건강과 육체적인 건강을 갖고 있는 사람이 어느 기간 기도를 게을리 하였다든가 기도를 올렸을 때도 그 악령은 그 사람에게 기웃거리게 된다.

반대로 어떠한 일이 있더라도 항상 밝고 낙천적인 생각과 생활 습관을 갖고 있는 사람은 저급령에 씌우게 되지 않는다. 저급령이 갖고 있는 음기(陰氣)나 상념(常念)의 파장과 양기(陽氣)의 상념(常念)의 파장과는 잘 맞지 않기 때문에 영이 곧바로 옆에까지 온다 하더라도 쉽사리 합쳐지지 않게 된다.

규칙적인 식생활과 충분한 수면과 휴양, 적당한 운동, 침착, 기(氣)가 바르고 강한 기와 신념, 청장년…등등.

이러한 일반적인 건강한 생활 습관은 악령에게 그 기회를 주지 않게 된다.

매일 매일 밝은 양기생활(陽氣生活)과 지향해 나가는 모든 방향이 올바르게 해나가면 강한 삶의 파워가 나오게 되고, 쉽게 굴절되지 않는 자신의 건강한 혼(魂)을 갖게 된다.

그렇기에 우리들은 매일 매일의 생활 가운데에 마음과 육체의 바란스를 잘 지켜 유지해 나가기 위해서 자신이 먼저 노력하고 또한 서로가 건강관리에 충분한 배려를 하고 협조해 나가지 않으면 안된다.

그렇다면 우리의 인간세계에는 왜 정신적인 영장이 일어나게 될까?

어두운 상념(常念)을 갖고 있는 자에게 병이 나타나는 이유가 무엇일까?

조금 전에 정신적으로 해이되고 육체적으로 건강치 못해 매일 걱정이나 하고 있는 사람은 영(靈)에 씌우기 쉽고, 따라서 병에 걸리기가 쉽다고 말한바 있다.

여기에서 주의할 점이 있는데 병이라고 하는 것은 꼭 육체적인 병만이 있는 것이 아니라는 사실이다.
 역시 여러 병자들의 체험에서 볼때, 노이로제나 발광같은 정신장해도 마약 중독 이외는 거의 60~70%가 영장(靈障)에 의한 것이다.
 언제나 불안감을 가지고 있다든지 이리 저리 흔들리는 자신 영의 파장은 역시 그와 같은 파장을 갖고 있는 저급영을 불러들이게 된다.
 그렇게 해서 저급영이 자신의 혼에 침입해 들어오면 이른바 노이로제 상태가 되고, 조급하고 폭력적인 언동이나 우울한 상태가 점점 표면화 된다.
 이것이 한층 더 강하게 휩싸이게 되면 한 인간의 혼 전체를 제3의 영(第三靈)이 감싸게 되는 형태가 된다. 이렇게 침입한 제3의 영이 한 인간의 혼과 육체를 지배하며 한 인간이 살아 나가는데 본래 자기의 인격을 상실하게 되고 영의 명령을 받아 행동하게 된다.
 다시 말하면 자신의 혼을 악령에게 팔아버리는 상태가 된다.
 이렇게 혼이 점령되는 상태에서는 발광이나 자살 등의 무서운 일이 일어나게 된다. 또한 자기 자신도 모르는 사이에 돌연 밖으로 뛰어나가 몇일씩이나 집에 들어오지 않는다든지 어떤 사고를 당하게 되는 무서운 악령의 세계에 빠져들게 된다.
 또한 어린소년이나 소녀가 힘센 청년을 힘으로 이기는 돌출한 힘이 나오게 된다든지 하여 주위 사람들을 깜짝 놀라게 하기도 한다.
 이렇게 사람이 완전히 지배하게 되면 격(格)이 다른 인격체를 갖게 된다.

　다음은 사람을 그런 별개의 인격체로 만들어 내는 영장의 실태를 밝혀 보기로 한다.

　병의 원인인 영의 빙의는 크게 급성빙의와 만성빙의로 나눌 수 있다.

　급성빙의라고 하는 것은 몇 십년이나 몇 백년 동안 아무데도 영계(靈界)에 들어가지 못하고 마계(魔界)에서 고통받는 영이나 유계(幽界)에 떠돌아다니는 혼이 그 고통을 갖고 돌연 옛부터 인간의 몸에 따라 체내에 침입해서 일어나는 마찰의 현상을 말한다.

　그러한 급성빙의 현상에 의해서 일어나는 병은 급격한 통증으로 고생하는 사람이 많고, 그 괴로움은 경험하지 못하면 상상도 못할 정도인 것이다.

　맹렬한 복통이나 급격한 오한·발열, 극도의 호흡곤란을 시작으로 급성 심장마비·급성 심부전·뇌일혈·뇌혈전 등, 이런 것들은 거의 모두가 급성빙의에 의한 것이다.

　또 급성빙의 현상은 육체적인 면에서 뿐만 아니라 정신적인 면에서도 많이 일어난다.

　돌연한 발광이나 우울증, 원인불명의 가출, 동기 불명의 자살·살인·자기 통제력을 잃게 되고, 또 사고나 싸움을 일으키게 된다.

　이런 형태의 거의가 급성빙의 현상이라 해석해야 할 것이다.

　한편 만성빙의 현상이라는 것은, 위에서 말한 급성빙의 현상에 의한 병 이외에 오랜기간 경과된 병을 말한다.

또한 그 빙의령 자체의 념(念)이 약한 경우 영 자체는 직접 몸에 침입하지 않고 영이 갖고 있는 염력(念力)으로 인간이 갖고 있는 일부의 자신에 필요한 부분 적소에 머무르는 경우가 있게 된다.

언제까지 이렇게 만성빙의 현상이란 것은 알게 모르게 점점 해가 지날수록 영과 깊게 상관되어 나가는 과정으로 죽을 때까지 영과 인간의 결합을 이루어 나가게 되는 현상이라 말할 수 있다.

몇 년이나 몇 십년을 원인모를 병의 고통에 시달리는 사람들은 바로 이런 만성빙의 현상에 의해 조종당하는 육체와 정신을 갖게 된다. 그러한 현상을 의학에서도 그 원인을 밝혀내지 못하고 심령치료사와 제3의 영적인 파워에 의해서만이 그 치유가 가능한 것이다.

■ 사후(死後)에 딸에게 고통주는 아버지의 영혼

여기에 급성빙의 현상의 한 예를 소개해 본다. 이 이야기는 생전에 자신을 대단히 귀엽게 여기던 부친의 영에 씌여 괴로움을 겪은 어느 여성의 이야기이다. 6년 전의 히로시마에서 있었던 일이다.

그날은 히로시마의 지인(知人)집에 초대되어 이틀째 되는 날이었다. 7명 정도의 일본인과 교포 부인들이 찾아왔다. 그런데 그중의 한 여인이 갑자기 나의 책상에 와 두 손을 꼭 쥐고 벌벌 떨고 있는 것이 아닌가.

약 40정도의 여성인데 온몸을 부들부들 떨었다. 동시에 하아하아 하고 아주 가쁘게 고통스런 숨을 내 쉬었다.

내가 '왜 그러십니까'하고 물어도 아래를 쳐다 보고 이번엔 한 손으로 가슴을 치며 역시 하아하아 가쁜 숨만을 토해 냈다.

그러한 상태가 2~3분 계속된 뒤 겨우 고개를 드는 그 여성을 보고 나는 깜짝 놀랐다.

그 여인은 전에 두어 번 오오사카에서 본 교포 K여인이었다.

나는 그의 부친도 알고 있었다. 10여일 전 오오사카에서 그 K여인의 부친이 사망했다는 소식을 들었었다.

"K씨 어떻게 된겁니까?"

내가 큰 소리로 물어도 K여인은 얼굴을 들지 못하고 아래만 내려다보고 숨을 쉬고 있었다.

한참 후에 나를 쳐다보는 그의 눈은 초점을 잃고 있었고, 파아랗게 질려 있었다.

"선생님, 고통스럽습니다. 괴롭습니다. 요즈음 3일간은 아침부터 밤까지 몇 차례씩 고통을 당합니다. 잠도 못잡니다……."

K여인은 그렇게 말하고 난후 나의 머리 위를 쳐다보며 고개를 쭉 빼고 호흡이 빨라지기 시작한다.

나는 의식의 초점을 맞추어 그의 주위를 영시했다.

K씨의 전신을 검은 수증기 같은 막이 형성되어 완전히 싸고 있는 것이 아닌가? 급성빙의였다.

나는 곧 그를 싸고 있는 급성빙의 영체를 나에게 끌어당기기 위해 제 3파(第三波)를 발(發)하고 빙의령을 분해시키기 위해 수인(手印)을 결(結)한 후 해결진언(解決眞言)을 시작했다. 수인의 구자지신호령(九字之神乎靈)에 의해 K여인은 눈을 감고 조용히 앉아 있었다.

그렇게 하길 몇십번 나는 그와의 영청(靈廳)을 시도했다. 마침내 그가 입을 열었다.

"괴로워요, 괴로워요. 아 이곳이 괴로워요 누군가 도와줘요. 무언가 무언가 아아아 괴로워."

나는 그에게 강하게 추궁했다.

"도대체 너는 누구냐. 너의 정체를 밝혀라. 진심으로 도와달라면 네가 누구인가를 밝혀라."

"김상, 김상, 김상, 도와주세요. 도와주세요."

김상은 그의 타계한 부친이었다.

그가 영계에서 마계에 떨어지지 않으려고 갖은 고통을 견디며 버티다 결국 급히 그의 딸에게로 자신을 피신해 온 것이다.

그러나 마계의 손길은 K여인에게 까지 뻗쳐 그의 부친 김상을 떼내어 가려고 K여인을 포위하고 목을 조이며 김상과 두 사람에게 압박을 가하고 있는 것이었다.

나는 그 김상을 알고 있었던지라 '좋다, 내가 구해 준다'하고 깊이 호흡을 가다듬고 정령(精靈)에 들어갔다.

태양과 같은 파워의 나의 수호령(守護靈)은 즉각 나를 감쌌고 고통받는 마계의 영혼에 강한 파워가 들어가고 있었다.

K여인에게 빙의된 김상의 영혼은 수호령의 강한 파워의 힘에 끌리어 나왔다. K여인의 고통스럽던 얼굴이 펴지기 시작했

다.
 한쪽 팔을 짚고 옆으로 비스듬히 앉았던 그의 자세가 바로 앉게 되고 두 손을 모아 합장하고 있었다.
 그리곤 두 눈에서 눈물이 떨어지고, 입으론 〈반야심경〉을 외우고 있었다.
 조용히 조용히…….
 이렇게 K씨는 부친의 급성빙의에 씌어 고통받아야 했던 영계를 체험하게 되고 평상시로 되돌아 왔다.
 사람이 한번 죽으면 영계에 들게 되는데 일단 영계에 들면 하루라도 빨리 영계의 환경에 순응해서 그 세계에서 될 수 있는 대로 빨리 높은 세계로 올라가려고 노력한다.
 생전의 인간계에 미련이 남아 마음을 움직이지 않으면 그 영혼은 자꾸만 인간계를 벗어나지 못하고 또 다시 도탄의 고통받는 인간세계에 떨어지게 되고, 인간세계에 떨어지면 어느 인간에게 빙의되기 때문에 어느 한 사람에게 자신과 같이 고통받는 어려움을 안겨 주게 된다.
 쉽게 말하면 군대에 갔으면 그 군대의 어려운 생활에 순응해야지 그곳이 싫다고 해서 집으로 도망쳐 나오면 그의 가족들이나 어느 누군가가 그와 똑같은 고민과 고통을 받게 되는 것과 유사한 상태가 된다.
 영계(靈界)에 아직 생각이 미치지 못한 사람들은 입신(入神)상태나 자기 최면상태 등에 대해 의아해 할 것이다.
 인간계에 통용되는 많은 사람들이 상용 사용하고 있는 파장과 파장의 주파 관계의 상대성을 까마득히 인식하지 못하고 있는 것이다.
 자신이 이성을 잃고 자신도 모르게 심층 무의식(深層無意識)의 상태에 들어가 자신의 의식을 조금 남긴 상태에서 즉 가사(假死)상태에서의 자기의 입장을 체험해 본 사람은 상시 통용되고 있는 사람과 사람의 영적 파워의 파장을 조금이라도 의식할 것이다.
 이러한 가사상태를 보통 트랜스상태, 입신(入神)상태, 자기최면상태라고 부른다.
 이것은 실제와는 좀 거리가 먼 인간의 말 또는 글자라는 문자에 의지해서 표현하다 보니 이 상태 밖에는 더 이상 어떻게 표현할 수 없는 정신세계의 영적인 변화 상태이기 때문에 도저히 죽음의 세계에 나지 않으면 감각되어지기 어려운 느낌인 것이다.
 그러면 이러한 죽음의 세계, 모든 영계에서 오는 내 자신의 마음속의 심층 세계에 남아 있는 의지령(依持靈)이 인간세계에서 어떻게 서 있게 되는가?
 앞의 K씨의 경우 내 눈 앞에 정좌(正坐)하고 있는 그녀의 모습 즉 바른 자세와 바로 뜨고 있는 눈, 붉은 입술, 상기된 얼굴, 빛나는 눈동자 등 가사상태에서 벗어난 그의 변화된 모습을 보고 내 자신도 깜짝 놀라지 않을 수 없었다.
 조금 전까지만 해도 반 죽음의 상태에서 혹사당하고 고통받던 그의 일그러진 얼굴과 뜨지 못하는 눈, 말하지 못하는 입, 허연 핏기가신 얼굴, 그러한 모습들은 죽음의 직전에 들어간 사람의 모습으로서 그가 육신이 살아 움직이고, 정신이 있다고 판단되기 때문에 그런 경우 가사 상태 또는 입신상태라 부르게 된다.

K씨 자신도 그가 입신상태에서 풀려나자 자신도 모르게 눈물을 흘리며 죽음의 세계에서 풀려 나온 생각과 행동을 하게 되었다.

"선생님 도와 주셔서 감사합니다. 이런 고통은 두 번 다시 생각하고도 싶지 않습니다. 인간 세상에 이런 고통이 과연 있을까요. 죽음 후의 지옥의 고통이 이렇게 클 줄이야. 이제 그만 울어야겠습니다. 이렇게 좋은 세상에 해방되어……."

그녀는 평생 잊지 못하겠다며 몸을 떨었다.

"선생님 도대체 이런 고통은 어디에서 오는 것입니까?"

"아, 예. 오늘까지의 당신의 고통은 돌아가신 부친이 지옥에서 돌아와 영의 빙의에 의해서 갑자기 일어난 영계(靈界)현상입니다."

그는 한참 후에 고개를 끄덕이며 말했다.

"선생님 저는 아버지가 돌아가신 후로 가끔씩 꿈에 아버지의 모습이 보이고 낮에도 때때로 뇌리에 번쩍 스쳐가는 아버지의 모습 같은 기미를 여러 번 느꼈습니다.

그럴 때마다 이상한 일이라고 혼자서만 생각했습니다. 그런데 얼마 전 아버지가 고통스럽게 나를 부르는 소리가 귀에 들리곤 했습니다. 그 뒤로 갑자기 나에게 감지되는 듯한 무언가 슬쩍 스치는 것 같은 상태가 있고나서 부터 나는 고통을 느끼기 시작했습니다."

"부친은 당신을 몹시 사랑했고, 다른 사람보다 인연이 강했습니다. 부친의 영이 바로 그때 빙의되어 당신의 몸안의 정신세계로 들어왔고 그때부터 부친과 일체가 되어 마계(摩界)에서 오는 거센 압력을 받게 된 겁니다. 그러나 이제는 걱정할 필요가 없습니다. 그 마계에의 혼이 나의 수호신으로부터 안내받아 그들의 영계로 갔기 때문에 아무런 일이 없을 것입니다. 이제 부친의 영은 정령(淨靈)되어 본인이 가야 할 영계(靈界)로 갔으니 안심하세요."

이와 같이 K씨의 부친과 같은 상태, 즉 영계를 부정하는 사람은 그 영계로부터 받아들여지지 않게 된다. 그런 경우 인간계의 자기와 가장 가까운 인연을 가진 자를 찾아 나타나게 된다.

죽은 자도 살아있는 자손도 모두가 열심히 영계에 들어가는 마음가짐의 평화와 자신의 존재를 인정해야 그 영계의 파장과 합치되고 또 인도받을 수가 있다. 그렇지 못하면 고통스런 세계에서 고립무원(孤立無援)의 상태에 빠지게 된다.

인간이 아무리 높은 학문의 수련을 쌓고 또 사회에 저명인사로 활약했다 하더라도 생전에 영계와 인간과의 생명의 영원한 생활의 연속됨을 올바로 인지함이 좋을 것으로 생각한다.

생전의 생각은 곧 사후(死後)의 생각과 통하게 되기 때문에 영계에 쉽게 존재할 수 있는 자신을 만들게 된다.

제7부
인연해탈의 현세와 미래

제2부

어린시절 친구들 속에

지혜있는 자의 행운

■ 우주의 창조적 에네르기

정신분석 학자들의 이론은 신(神)이란 인간의 마음을 만드는 '유아적 환상(幼兒的幻想)'이라고 말한다.

나자신 생각하기에는 신이라기 보다 우주의 창조력 또는 창조 에네르기라고 말하는 편이 좋으리라 믿고 있으며, 또 그렇게 사용하고 있다.

여러 가지 점을 생각해 본다 해도 이 표현을 사용하는 것이 현대의 성격에 맞는다고 생각한다.

우리들은 자연계의 힘이 인간 천재들의 힘에 의해 점점 해방되어 가는 시대에 살고 있다. 우리 인간들은 원자핵이라는 생각 밖의 에네르기를 발견했다.

과학적인 시야의 발달이 이렇게 확대되는 시대에 있어서는 우주의 창조적 에네르기라 말하는 용어가 모독과 남용에 의해서 피해받는 전통적인 신이라 말하는 것 보다도 곧 이해하기 쉽고 더욱 함축성이 있다고 하겠다.

이른바 현상(現狀)의 세계는 우주의 창조적 에네르기의 한 표현이다. 우리들은 이 속에 살고 움직이며 그 존재를 유지하고 있다. 그러면서 그 에네르기와 신성(神性)을 나누어 갖게 된다. 그렇기 때문에 우리들은 이것과 하나라는 것을 깨닫지 않으면 안된다.

인생이란 무엇인가?

신은 물질계(物質界)에 현현(顯現)한다. 왜냐하면 우리들이 살아가고 그 존재를 유지하고 있는 것은 신의 가운데에 있기 때문이다.

생명은 신이라 부르는 우주적인 힘, 또 에네르기의 물질적인 변화를 나타내는 힘이다. 이런 일이 변화의 진리라는 것은 자기를 분석하는데 의해서 알아보기 바란다.

신은 존재한다.

우리들은 먼저 신에 대하여 충절을 바치지 않으면 안된다. 당신은 당신 가운데 있는 신과 같이 행동한다. 즉 당신이 갖고 있는 영과 합일의 상태에 있는 신이라는 에네르기에 의해 그 행동이 주어지게 된다.

전기(電氣)가 인간에 무엇인가 하면 그것이야 말로 신의 힘이라고 말할 수 있는 것이다. 그렇기에 모든 영혼은 신의 일부이다.

우리들의 자신은 영혼이다.

우리가 존재하기 위해 갖고 있는 신성(神性)한 에네르기의 일부이다.

우리 인간과 우주의 창조적 에네르기, 곧 신과의 관계는 일광(日光)과 태양(太陽), 한방울의 물과 대양(大洋)과의 관계. 우리와 육체와의 관계는 인간의 집 또는 인간과 의복과의 관계와 같은 것이다. 영혼의 신성한 에네르기의 일부분인 것이다. 따라서 그 에네르기와 같은 형태로 영원하다. 의기양양(意氣揚揚)해진 자기만족의 시기가 지속될 때에는 사람은 자기 분열을 가져 오고 신과의 관계를 잊어버린다.

 그러나 신을 예배하고 그것을 찬미, 예찬하는 사람은 곧 자기 자신의 영혼을 되찾는 그런 신의 따뜻함을 감지하게 되고 그 힘을 얻게 될 것이다. 곧 우는 자의 얼굴을 닦아 주고 감싸 주는 그런 보살핌을 말한다.

 이런 경우 집은 물질적인 가옥이라 해석하지 않으면 안된다.

 당신의 집은 당신의 육체이다. 즉 살아가는 신의 궁전(宮殿)이다. 그것은 신의 의지에 일치하는 모든 창조되어지는 집의 전체인 것이다.

 그렇다면 인생은 개인적인 의미에서든 보편적인 의미에서든 결코 우연의 상태는 아니다.

 인생의 최종 목적은 자기의 신성한 의식 가운데 신과 일치하는 일이다.

 우리들은 처음엔 신과 일치된 하나의 상태였다. 그렇지만 점차 물질에의 애착과 차별의식, 교만과 이기주의, 분노심 등에 의해 신이 멀어지게 됐다.

 인간은 누구도 우연히 이 세상에 태어난 것은 아니다. 왜냐하면 지구는 인간관계의 세계이기 때문이다.

 지구에 있어서는 인과율(因果律)이 자연법칙이다.

영혼이 물질계에 화신(化身)하는 것은 그러한 자기의 목적과 맞는 다른 영혼도 이 세계에 태어나는 목적을 이해하기 위함이며, 또 거기에 진리를 부여하기 위해서이다.

당신은 처음에는 신과 친했다. 그것이 물질적인 욕망에 가득 부풀어 있기 때문에 신과 일치되는 것을 잃게 된 것이다.

그런고로 당신은 몇 번이고 다시 반복해서 지상에 태어나는 것이다. 당신은 법칙을 그대로 갖고 이 세상에 태어나는 것이다.

각각의 영혼에 부과된 사명은 자신은 자신이라는 것이다. 그래도 창조적 에네르기와 같은 하나라는 것을 아는 일이다.

인생은 영속적인 파워의 연속이다. 우리들이 자기의 본성에 숨어 있는 신성(神性)을 완전히 자각하여 완전한 중간상태의 신과 다시 일치한다는 것은 지금의 세상에서는 그리 쉽지 않다.

의식의 완성은 느릿느릿 걸어가는 자신의 자각이 나타나야 함에도 지금의 세상은 다듬어진 의식은 멀리 잊어 버리고 자각이라는 단계를 뛰어 올라 신과 합일되려는 모순된 본성이 점점 고개를 들고 있다.

궁극적인 의미에 있어서는 시간은 없는데 3차원적 의미에 있어서는 시간은 존재한다. 우리 인간에게 한계있는 시간은 존재한다는 견해를 따른다면 인생은 연속적인 데 있다는 것을 이해하지 않으면 안된다.

당신은 천국에 가는 것이 아니라 현재 천국에 살고, 성장하고 있는 것이다. 왜냐하면 인생은 연속해 있기 때문이다.

우리들은 진보하느냐 퇴보하느냐의 어느 쪽인가이다.
　인생은 연속적이기에 그 의식상태나 존재의 진동률의 변화 때문에 그 양상이 변화한다.
　오늘 그 사람의 상태는 몇 일전, 몇 년전, 몇 만년 전의 그 사람의 경험이다. 그것은 인생은 연속적이기 때문이다. 우리는 잘 생각해 궁구(窮究)해 나가지 않으면 안된다.
　첫째는 인생은 연속이라는 것, 구분된 시간이라는 것은 없다. 모든 것은 하나의 시간이다. 하나의 시간 속에 존재하는 것이다. 또한 구분된 공간이라는 것도 없다.
　시공(時空)은 하나이며, 그 시공 자체는 텅빈 하나의 체(體)를 형성할 뿐이다. 사실 힘이라고 하는 것도 없다.
　왜냐하면 너무나 큰 시간의 움직임은 곧 힘이기 때문이다.
　인생의 연속이라 하는 것은 존재해 있는 것이다. 인생은 질서 정연한 법칙 밑에서 작용한다. 그렇기에 3차원의 견지에서 우리들이 윤회라고 말하는 것은 경험의 율동적인 교류를 의미한다.
　인생은 다시 화신(火身)의 법칙 밑에 작용한다. 그래서 그 재화신(再火身)의 조건은 복잡하고도 확실한 '카르마'의 법칙에 의해 지배된다.
　지상에는 불변의 영적 법칙이 있다는 것을 알아야 한다. 먼저 닮은 것, 즉 같은 것은 같은 것을 만들어 낸다. 내가 누구를 닮고 싶어도 절대로 되지 않는다. 신에게 매달려도 되지 않는다.
　살아나간다는 것은 인생의 전부는 아니다. 죽음이 인생의 끝이 아니다.

　인생의 전체를 그 중심에서 바라본다면 죽음은 다른 곳으로의 탄생인 것이다.

　인생이 법칙 밑에 존재한다는 당연한 결과라는 것은 우리들이 지금 어떻게 처해 있는가. 그것은 곧 우리 스스로 발동한 원인의 결과가 그대로 나타나는 것이다. 즉 선인선과(善因善果)・악인악과(惡因惡果)라는 말은 바로 이러한 경우이다. 우리들이 성장해 가는데 필요한 명제(命題)이다.

　인간이란 모두가 확실한 그 사람의 진가만을 말할 수 있다. 과거가 저랬기 때문에 현재가 이렇다고 할수 있기 때문이다.

　당신이 육체적, 정신적, 영적으로 무언가 이상하다고 느끼는 상태에 있는 것도 그것은 당신이 당신 자신을 그렇게 창조하기 때문이다. 당신의 발전에 필요하다고 생각했기 때문에 그렇게 된 것이다.

　결코 자기 고뇌에 빠진다든지 어느 누가 자기에게 학대한다고 생각지는 않는다.

　당신은 당신이 싹을 키워 그 순한 싹을 꺾어 갔기 때문이다. 당신이 다른 사람을 학대하지 않기 때문에 다른 사람이 당신을 학대할 수가 없다. 그것은 왜냐하면 같은 것은 같은 것을 만들어 내기 때문이다.

　당신이 어떤 역경을 말해도 현재의 순간이 당신의 최상의 것이다. 아무리 눈을 껌벅거리며 과거를 생각해 보려 해도 그것은 어리석은 자의 과거이지 현재의 자신은 아닌 것이다.

　인간의 의지는 그 운명을 창조한다. 법칙과 질서의 이 우주에 있어서 말이다.

　인간은 우주의 창조적 에네르기, 그 삼중(三重)의 상(相)인 애(愛)·지(知)·의(意)를 나누어 갖고 있는 자유의지적(自由意志的) 행위자이다.

　인간이 죄를 범하고 신의 단일의지를 어긴다는 것은 인간의 의지에 의해서이다.

　인간이 영혼의 방향을 변화시켜 다시 우주의 의지와의 조화를 가져 보려는 것은 인간의 의지이다.

　의지라는 것은 창조적 에네르기의 의지에 일치한다는 것을 될 수 있도록 만들어 주는 힘을 말한다. 그것을 자연이라 부를까 또는 신이라 부를까.

　그것을 다른 방법으로 불러도 그것은 힘(力)이다.

　영혼은 그것과 일치되어 있기 때문에 그것에 향하여 진보하고 퇴보하는 어느 한 쪽이다.

　운명이란 영혼이 그 의지를 갖고 창조적 에네르기에 관하여 움직여지는 곳의 일이다. 운명이란 자기 의지에 반하여 일어나기 때문에 누구나가 다 자기 개인의 의지를 곧 의지력을 알지 않으면 안된다. 창조적인 것은 자기 내부에 있기 때문이다. 그래서 창조적인 힘이 자기 밖에 있는 신성한 힘과 협력하여 생명이라는 것을 자기의 곳으로 선택하여 길을 내는 것이다.

　그렇게 선택이 자리하게 되면 그 결과가 어떻게 될까에 관하여 꿈이 나타난다.

　영혼은 이렇게 저렇게 선택의 능력이라 말하는 생득권(生得權)을 갖게 된다. 좋지 않은 환경, 좋지 않은 경우, 좋지 않은 경험 속에서도 그 생득권은 발휘된다.

모든 문제의 해답은 자기 안에 있다.

첫째, '카르마'의 법칙에 의하면 우리들에게 일어나는 일체의 일은 자신이 창조하는데 있고, 자신이 당연히 받게 되기 때문이다.

외적 환경은 내부에 있는 거울같이 비치지 않으면 안된다.

우리들은 그 안의 자기의 모습을 보게 된다. 그런고로 예민하게 자기 분석을 하면 우리의 환경에서 일어나는 일에 대처할 수 있는 손이 만들어지게 된다.

둘째, 무의식적인 마음속에는 우리들의 개체화(個體化)에서 일어나는 일체 일들에 대하여 기억이 남게 된다. 즉 우리들의 내부에는 지식의 보고가 자리하고 있기 때문에 이것은 외적 감각을 진정시키고, 명상과정 속에서 주의를 내부에 집중시켜 유효하게 이용된다.

셋째, 우리들의 심층에는 우리로 하여금 우주의 창조적 에네르기이 일치할 수 있도록 가능하게 하는 신성한 실체인 빛이 자리하고 있다.

그런고로 이런저런 문제의 해답을 향해서 자기의 신성한 본체가 갖고 있는 방사적 에네르기를 사용하는 것이다. 당신 자신을 잘 분석해 보기 바란다.

당신에게 일어나는 일의 일체의 해답은 당신 스스로 당신 가운데에서만 가능하다. 왜냐하면 육체적, 정신적으로 일체의 속성을 갖고 있는 인간의 영혼은 위대한 우주의 대령(大靈)의 일부이기 때문이다.

그러므로 답은 모든 것은 전부가 다 자기의 내부에 있다고 할 수 있는 것이다.

사람은 우주의 창조적 에네르기와 자기와의 관계를 이해하지 않으면 안된다.

인간은 강(江)과 같다. 자신의 수원(水源)보다도 높은 곳으로 흘러가는 것은 될 수 없다.

자기의 기원(起源)과 자기의 본질에 관하여 가정해서 그것을 기준해서 행동한다. 만일 그 가정이 잘못된다면 그의 인생은 오류(汚流)속에서, 곧 착오(錯誤)속에서의 모든 양상이 나타날 것은 명약관화한 것이다.

자기의 기원에 있어서의 인식이나 그것과 자기와의 관계는 전생애(全生涯)에 내외에 있는 여러 면에서 영향을 준다. 실은 자기의 육체나 자기와 가까운 사람에 대한 태도, 그의 시간을 사용하는 방법, 그의 에네르기의 방향 등은 궁극에 있어서 인간의 본질이나 우주와 인간과의 관계에 관한 그의 인식의 바탕에서 나온다 할 것이다.

'카르마'의 법칙, 영적법칙(靈的法則), 형법(刑法), 사회의 법칙(社會法則), 그 외의 어떤 법칙을 잘 안다고 해도 충분하지 않을 것이다.

자기 안에서 파생되는 자기 인식의 법칙에 의해 전 우주의 에네르기와 합치되어 일치될 수 있는 법칙, 그것만이 자신의 생명을 키워 나가는 중요한 원동력이 될 것이며, 대우주의 법칙속에 존재하여 하나가 되는 기원적인 본질일 것이다. 요는 인간 자신이 갖고 있는 지식을 어떻게 사용하는가가 문제이다.

지혜는 자신의 속에 자리한 인식이다. 외부로부터 들어오는 지식이 자신의 내부에 있는 지혜의 인식과 잘 합치되어 일치되는 그 상황에서만이 모든 영적인 상태에서나 현세(現世)의 상태에서 그 영혼의 빛은 빛날 것이다.

어떤 인과(因果)를 회피하기 위해서 지식을 사용한다든가 타인을 이기적인 사상에 끌어들이기 위해 지식을 사용한다든가, 또는 타인에게 어떤 법칙을 이해시키기 위해 지식을 사용할 것인가?

운명, 곧 '카르마'는 영혼의 기가 쓰여지는데 대하여 무엇을 이루어 내는 하나의 과정에 필요한 것이다. 창조적 에네르기의 속을 걷는다는 것은 자신이 곧 신과 일체된 상태, 자신의 인식인 지혜를 올바르고 기쁘고 즐겁게 평화와 조화를 이루어 나가는 것을 말한다.

그것은 곧 인생을 우주의 창조 에네르기의 전부인 신과 같은 존재의 길을 가고 있는 것이며 인생은 곧 신의 현현(顯現)인 것이다.

그러므로 그 사람의 인생의 길은 그 사람의 창조주에 관하여 갖고 있는 생각의 움직임에 달려 있다.

현세에 고통받는 영혼들

■ 환경 대기의 오염

현대 21세기의 과학문명의 발달 속에서 인류는 점차로 깨끗한 공기와 깨끗한 물, 깨끗한 야채나 과일을 찾기에 바쁘게 되었다.

아무리 발달된 과학도 대기 전체를 깨끗하게 해서 신선한 공기를 공급해 주기 어렵고, 또한 깨끗한 물과 신선한 야채는 과일을 인간에게 공급해 준다는 것은 어려운 일이다.

과학과 물질문명이 고도로 발달된 인류사회 속에서 자신의 생명력을 오래 유지하고 보존하기 위한 사람들의 경쟁은 이제 더욱 치열해져 가기만 한다. 맑아야 할 대기는 뿌옇게 변하고 남극지방의 '이온층'은 이미 구멍이 뚫려 인류가 뿜어내는 힘에 밀려나고 있다.

과학자들은 1985년 남극대륙 상공에서 '오존층의 구멍'을 발견했다. 대기권의 오존층은 태양에서 분출되는 발암성의 자외선으로부터 지구를 보호하는 부분적인 방패 구실을 하고 있다.

그러나 화학적 공해물질이 점차 오존층을 파괴하여 기상이변과 지구 온실효과 등 환경의 위기를 야기시키고 있다.

맑아야 할 강물은 공업용 폐기물과 오물의 찌꺼기에 탁하게 변해가고 있고, 공기의 오염은 연돌에서 내뿜는 것 같은 독한 이물질들로 점점 그 오염도가 넓어져 가고 있다.

광화학(光化學) 스모그현상이나 염소를 포함하고 있는 수돗물은 이미 인체 내에서 유해롭게 작용하고 있으며, 많은 새로운 병원체는 그 발생의 규모가 점점 커지고 위험도를 더해 간다. 거기에 소리의 공해는 각종 기계의 발달로 날로 커지고 있으며, 토지의 위험도 높아져 가고 있다.

토지 밑에 잠자고 있는 무수한 자원들이 점점 고갈상태에 이르게 된 것도 멀지 않은 장래의 일만은 아닌 것이다.

그런 속에서도 과연 과학 물질문명만을 지향해야 옳은가?

특히 신선해야 할 지하수 마저도 오염되었다는 전문가의 말을 듣게 되는데 그것은 각종 해충방제에 사용되고 있는 DDT니 BHC 그 외에 수은 등에 의해 오염된 상태는 앞으로 2,3백년이 지나도 원상태로 돌리기 어렵다고 한다.

다량의 염산을 함유하고 있는 수돗물이 기분 나쁘다 해서 병에 담겨진 자연수를 가정에 주문배달해서 먹는 가정이 점점 불어나고 있지 않은가.

나 자신도 수돗물보다 자연수를 마시는 사람 중의 한사람으로써 마음놓고 자연수를 마시게 된다.

충북이나 강원도의 광천수(鑛泉水)도 좋지만 더더욱 캐나다 북쪽 지방의 물은 더욱 싱그럽고 물맛이 차다.

그렇기에 지금은 국제선 여객기 안에서도 자연수를 제공하고 있다.

지금은 깊은 곳의 지하수도 오염되어 있기에 그 물이 오염되어 있으면 식물이 변하게 된다. 그 물을 흡수하여 크게 때문에 특히 야채류 등에서는 주의를 요하게 된다. 따라서 슈퍼마켓에 가보면 어느 것은 무공해 식품표시를 해서 팔고 있다. 그런 것들을 먹게 되면 공해를 간접적으로 흡수하게 되기 때문에 먹지 않으면 안되는 우리들은 무섭지 않을 수 없다.

지금의 토마토는 2,30년 전의 토마토와 비교하면 비타민 C의 함유량이 7분의 1정도 밖에 안된다고 한다. 오이나 감자 등도 마찬가지다.

우리가 주식으로 하는 쌀도 먼 옛날의 쌀과는 많이 다른 미질(米質)을 갖고 있다. 물이나 식물의 변화가 병원균을 더욱 더 불어나게 하고 있는 한 요인이 되기도 한다.

사람이 어느 정도의 병에 걸리더라도 좋은 공기와 좋은 물을 마시면 쾌유된다는 것은 우리들이 알고 있는 보편화 된 상식이다.

영양학을 전공하는 사람들의 말을 빌리지 않더라도 지금은 물의 오염에 식물이 크게 변화되고 있다는 사실을 알게 된다. 영양가는 약해지고 그 형체만이 유지될 뿐이다. 따라서 각종 질병은 원인 모르게 인간들에게 나타나고 장생(長生)을 원하지만 불치병에 걸려 아까운 목숨을 잃는 그런 사례가 많이 일어난다.

이와 같은 인연을 갖고 있는 사람이 많으면 영적인 장해, 즉 영장이 많이 일어나게 되는 것은 틀림없다.

오염된 공기나 물을 마시게 되면 신성한 영육(靈肉)이 마비 내지 그 기능이 감퇴되어 결코 오래 살 수 없게 된다.

이상의 오염된 환경 이외에 약품공해를 들 수 있다.

모든 사람들이 감기 기운만 있어도 약방에 뛰어가 약을 사먹게 되고, 정확한 처방없이 투약되는 약의 화학 성분이 그 사람의 체내에서 과연 어떤 작용을 하는가는 생각지도 않고 당장의 콧물이나 기침 감기가 멎으면 되는 것으로 알고 자기들이 약을 선택하여 복용한다.

얼마 뒤 합병증에 의한 약물로부터 유발된 병으로 사망한 사람이나 고통받는 사람들은 모두가 다 약물에 의해 희생당하는 사람들의 영혼들인 것이다.

그렇기에 우리들은 갖고 있는 자신들의 지혜를 총동원해서 희생자가 되지 않도록 자기 방어에 철저해야 하겠다.

이같은 여러 가지 장해요인들은 영적으로 많은 문제를 가져오는 경우가 많게 되고, 지금 세계는 악인연이 나타나는 만큼 돈과 함께 따라붙는 오염된 환경을 분명히 분리할 줄 알아야 한다.

이렇듯 인간 영성에 주요한 부위를 차지하는 환경과 대기의 오염에 대해서 좀더 자세히 살펴보고 그 위험에 대처해 나가기로 한다.

1) 공기 오염

깨끗한 공기헌장(空氣憲章)이 만들어진 지 20년이 지나도록 아직도 수십억의 인류는 여전히 더러운 공기를 마시고 있다.
 세계 자원기구의 조사에 의하면 승용차·트럭·버스들이 오존층 파괴의 주요원인이 되고 있다.
 1986년엔 놀랍게도 6.5백만톤의 칼본(Hydrocarbon)과 8.5백만톤의 나이트로젠 악사이드(Nitrogen axide)가 공기 중에 모터 운반 기계에 의해 생성되었다.
 하이드로 칼본과 나이트로젠 악사이드는 태양 밑에서 합성될때 대기층에 오존이 자연적으로 하나의 얇은 층으로 발생한다.
 이 오존은 태양의 자외선으로부터 우리를 보호한다. 그러나 이것이 지상층에 만들어 질 때는 치명적이라 할 수 있다.
 또한 전기나 가스·수도·기름·화학공장 등이 공기 오염의 큰 부분을 차지하고 있다.
 스모그 현상은 공기를 오염시켜 인간의 허파 파손이 하나의 직면한 위기이다. 약 5명중 3명의 미국인이 이에 해당된다.
 대부분의 사람들은 스모그의 위험을 깨닫지 못하고 있다. 오존 스모그가 광범위한 소나무 훼손의 주범이다. 그것은 또한 곡식손해의 원인이 되기도 한다.

2) 그린하우스 현상(GREEN HOUSE)
 이것이 정상적으로 될 때는 지구를 따뜻하게 유지한다.
 어떤 자연적인 가스, 즉 대기에 하나의 담요를 만든다. 이것은 태양광선이 지구의 표면에 닿는 것을 허락한다. 그러나 이것은 열(熱)의 탈출을 막는 것이다.

이 가스 담요는 지구 표면의 열을 둘러싸고 대기를 따뜻하게 해 준다. 그런데 지금 지구상에는 여러 가지 공업 가스가 그린하우스 담요를 두껍게 하고 있다.

보다 많은 열을 지구 주위에 둘러싸게 하여 4°F의 온도를 9°F까지 올린다.

3) 산성비(酸性雨)

썰퍼(SULFUR)와 나이트로젠 악사이드(Nitrogen axide)의 오염물질들은 화학발전소(化學發電所)와 모터 운반 기구들에 의하여 생성되며, 이들은 대기층에 모인다. 그곳에서 그들은 화학적으로 변하며 그리고 지구로 돌아온다.

산성비(酸性雨)는 산성눈(酸性雪)의 형태로 그것들은 식물과 동물들을 파괴하며 수풀을 손상시킨다. 또한 건물도 부식시킨다.

이런 산성비는 공해가 안된 비보다 100배가 더 산성쪽이며 이것은 레몬 쥬스와 같다.

만약 우리가 빨리 대처하지 않으면 지금과 같은 공해가 계속되어 몇십년 안에 어떠한 수풀도 안전하지 않을 것이다.

4) 도시 지역의 확대

2010년대에는 약 50억 이상의 인구가 지구상에 존재할 것이다.

매일 이들 일부분의 인간들은 식물과 동물들이 살던 지역으로 계속 이동해 들어가고 있다. 수풀은 잘리고 해양과 얼음과 넓은 들판은 침략 당한다. 이런 소멸은 세계적으로 가속화 되어가고 있다.

아프리카의 코끼리가 멸종되고 오리가 수없이 죽게 된다.

단지 유명하고 카리스마적인 포유동물들만이 거기에 어울리는 적당한 먹이와 보호를 받고 있다.

잘 알려져 있지 않은 종류의 동물들에 대한 보호 역시 매우 중요하다. 특히 곤충들과 물고기, 식물들이 이에 해당한다. 이런 것들이 받는 피해는 누가 보상해 줄 것인가?

이들의 생태 구조를 유지시켜 주는 것은 절대로 필요한 인간의 책임이다.

5) 지하수 오염

한 나라[인류]로 보았을 때, 우리 인간은 450억 갤런의 물을 매일 소비한다. 97%의 지구의 공급량이 우리의 해양에 있으며, 2%는 응고(凝固)상태이다.

우리는 나머지 1%의 물을 두 곳으로부터 얻는다. 지표(地表)(강·호수·시냇물)와 그리고 지하수로부터 말이다.

오늘날 많은 세계 인구의 절반 이상이 지하수에 그 식수를 의존하고 있다. 그렇기 때문에 지하수의 개발은 오늘날 하나의 인류사회에 큰 걱정거리가 되고 있다. 그러면 그 지하수는 어디로부터 오는가?

지하수는 물이다. 그것은 지구 표면의 밑에 있는 물로 바위 틈과 암석의 흡수공(吸收孔), 그리고 침전된 물로부터 얻어진다.

대부분의 지하수는 깨끗하다. 대부분의 지하수는 건드려지지 않은 상태로 남아 있다.

지구상에는 가솔린 혹은 다른 해를 끼치는 용액들이 누출되는 것은 허락되어 왔다.

땅 밑의 창고 탱크로부터 지하수 공급원이 되고, 공해 원인의 공업단지의 건설 공업지역과 산업재해가 쌓인 들판으로부터 점차 오염되어 왔다.

가정에서도 화학물질을 배수하거나 혹은 땅위에 버림으로써 지하수는 더욱 오염되었다.

◘ 암과 에이즈와 21세기의 병

1990년대의 과학계의 하이라이트는 유전학(遺傳學)과 천체학(天體學)의 발전이었다고 할 수 있다.

과학자들은 지난 10여년간 유전인자의 절개(切開)및 접합(接合), 질병의 원인규명과 지구촌 환경의 경고, 앞으로 오랜 기간 영향을 미칠 각종 발견, 발병 등에 다방면의 공적을 남겼다. 그중에서도 에이즈나 암의 면역연구가 활발히 전개되었다.

그 결과 공포의 불치병으로 여기고 속수무책이던 인류의 공포가 조금 가시게 되었다.

1981년 원인불명의 치명적인 질병인 후천성 면역 결핍증인 에이즈가 출현한 이후 수년간의 연구 끝에 프랑스 파스퇴르 연구진에 의해서 이 질병을 앓고 있는 환자들에게서 바이러스가 발견되었다.

제7부 인연해탈의 현세와 미래 275

　이어 미국 암연구소의 로버트 켈로 연구진은 이 바이러스의 배양법을 알아내 이것이 에이즈를 일으킨다는 사실을 입증했다.
　이어 1985년에는 암 연구소 연구진에 의해 에이즈 예방약인 AZT의 인체실험이 최초로 실시되어 실효를 거두게 되었다.
　이와같은 원인불명의 병원체가 새로이 인류세계에 부상(浮上)하게 되는 것은 우주 전체의 생명력의 발달에 기인한다.
　인류의 두뇌가 발달되면 그와 비례하여 인류와 같이 공존하는 제3의 생명체, 즉 바이러스라는 생명체도 새로운 창조를 거듭하게 되고, 결국은 발달되어 가는 인류의 생명체에 어떤 경고와 의지의 실험을 하게 된다.
　질병의 유전학적 원인 규명이 지난 81년 인자중의 첫번째 것을 발견했다. 그 후 발암인자들이 계속 발견되었고, 이에 따라 수개의 항암인자도 발견되었다.
　이들은 또 포낭성·섬유종·근육·영양실조 등 종전까지 알려지지 않았던 많은 질병의 유전적 원인을 규명해 내기도 했다.
　1985년 12월 미국 암연구소의 스티븐 로젠버그 박사는 실험실에서 인체의 백혈구 세포를 변이시켜 이로 하여금 종양을 공격, 이를 축소시키는데 성공했다.
　1989년 로젠버그 박사의 연구진은 인체의 유전자를 이용하는 1단계 방법을 수정하여 외부에서 유전자를 환자에게 주입하는 방법을 발전시켜 드디어 공포의 암을 정복하게 되었다.
　이렇듯 인류와 병원체와의 싸움은 끝없이 계속되었다. 발생

→ 연구 → 박멸·발생 → 연구→ 박멸, 계속되는 병원체 인자와의 싸움은 언제까지나 인류와 박테리아 등 생명체가 이 우주에 존재하는 날까지는 계속될 것이다.

많은 주부들을 대상으로 조사한 그들 남편이 걸리면 곤란한 병의 제 1위는 단연 암이고, 2위는 심장병이라는 사실을 신문에 보도된 것을 보았다.

나의 도장에 찾아와 상담하는 예도 가장 많은 것이 병에 관한 문제다. 그 중에서 암이나 심장병이 제일 무서워하는 두려운 존재로 떠오른다.

다음이 정신질환 즉 심인성(心因性)질환이다.

의학이 아무리 연구 박멸한다 해도 아직도 암에 대하여는 공포의 대상이 되고 있다. 현재의 발달된 의학으로도 어쩔 수 없다.

악성 진행암에는 수술이 불가능하다. 모든 암제제나 치료법도 효과가 없는 예이다. 환자도 자기 자신이 암이라는데 기(氣)가 죽게 되고 투병할 의욕을 잃게 된다.

병 증세는 점점 더 악화되는 케이스가 많이 있다. 실제로 이런 수의 반 이상의 환자들이 자신의 앞날에 대해 걱정스레 상담해 오는 것이다. 그러나 그렇게 함으로써 생리적인 영역으로부터 정신적인 영역으로 들어가게 된다.

나는 이렇게 말한다.

"기력(氣力)을 충실히 보강하면 암 정도는 아무것도 아닙니다."

정신 지상주의, 정신 훈화적인 측면에서 나는 말하지 않을 수 없다.
 왜냐하면 나는 의사가 아니기 때문에 의사에게는 포기하고 나를 찾아왔기에 나는 정신요법을 그에게 주입시키지 않을 수 없다.
 또한 나의 법력으로 그를 연명시키고 구명을 시도해 보는 것이다. 병자의 종말기는 아무리 좋은 상태라 하더라도 추락하는 비행기와 흡사하다.
 기수를 아래로 향하고 떨어지는 비행기는 급기야 지평선이나 수평선에 격돌하는 때가 죽는 때이다.
 의사가 환자에게 3개월 후를 이야기 했다면 3개월 후에는 그 비행기는 추락한다. 그러나 그 기수를 조금이라도 위로 든다면 비행기는 조금 올라갈 것이고 지평선이나 수평선에 떨어져 충돌하는 것은 막게 될 것이다.
 추락하는 시간을 조금만 지연시킨다 하면 구명할 수 있는 찬스가 오게 된다.
 추락하는 비행기가 올라갔다 내려갔다 위험한 곡예비행을 한다 해도 바로 격돌하여 죽는 것보다는 구출할 수 있는 시간을 갖게 된다.
 추락을 죽음이라 한다면 3개월 또는 6개월, 1년……이렇게 그 생명력을 지연시켜 나간다면 60세의 사람이 10년도 연명할 수가 있게 되고 그 영혼도 회복될 수 있는 잠정적인 기간을 같게 된다. 이렇게 법력으로서 연명시킬 수 있기에 천수에 가까운 곳까지 그를 끌고 갈 수 있다.
 암이란 이렇게 무서운 병인데 모두가 필사적으로 이겨 낸다는 각오를 하지 않으면 안된다.

　병원에서 의사에게만 맡기고 환자 자신은 체념한다면 그 환자는 절대로 치유될 수 없다. 그렇기에 구명과 연명에는 3대원칙이 있다. 정신적인 요법으로써 첫째는 법력(法力)이다. 즉 구해 주고자 하는 나의 강한 염력(念力)이다.

　둘째는 환자의 섭생인데 내가 말해 주는 기(氣)의 섭취, 영양가의 섭취 등 건강법을 그대로 지켜 따라 주는 것이다.

　셋째는 나와 환자와의 신뢰관계이다. 서로가 확실히 믿고 인정하는 마음이다.

　이 세 가지의 요법 결과 결실을 얻게 되면 그때는 광명이 나타나는 것이다. 인간의 정신파동과 생명은 동물이나 새에게도 그 영향을 미친다. 그렇기에 인간에게 영향을 미친다는 것은 당연한 것이다.

　병이라는 병념(病念)에 의해서 병은 만들어진다. 예를 들어 TV나 라디오 등에서 암이나 에이즈가 발생하여 무서운 속도로 퍼지고 있다고 보도할 때 그것을 보고 듣는 사람이 그것에 의해 공포감을 갖게 되는 병념에 사로잡히게 된다.

　순간이라도 이렇게 병념에 잡힌 사람은 벌써 그 병원체가 그 사람을 선택하게 되는 좋은 기회를 부여해 준다. 따라서 인류의식의 '병이 있다'는 관념과 그 파장이 맞아 들 때에는 이미 그 마음속에 병원체는 거처하게 된다.

　이렇게 되면 그는 병에 걸리게 되고 그 공포에서 벗어나지 못하면 그 병에 지고 말아 결국 죽음의 길로 들어서게 된다.

　아무리 강한 암이나 에이즈의 병원체도 우리의 강한 관념의 영혼이 존재하는 한 절대로 우리의 육체내에 들어와 괴롭힐 수가 없다.

 앞으로 21세기의 병원체는 더욱 가공할 상태로 나타나 인간을 괴롭히게 될 것이다. 그것은 인간들의 마음이 더욱 복잡해지고 기계화 되어 가기 때문에 그 생각과 행동이 복잡해져 마치 거대한 컴퓨터 같은 생활의식 속에 살게 될 것이고 그에 수반되는 병원체는 자동적으로 복잡성을 띠어 인간의 발달된 두뇌로는 해결해 내기 어려운 양상을 띠게 될 것이다.

 인류의 전쟁 양상이 더욱 복잡성을 띠는 것과 마찬가지로 병원체와의 싸움도 더욱 더 복잡성을 띠게 되어 좀체로 정복되기 어려운 병원체가 새로이 등장하게 된다.

 범람하는 자유의식에 의한 섹스 풍조는 이제 도덕적으로 짜여진 극동아시아까지도 침투되어 바야흐로 전세계 인류가 도덕률이 무너진 상태의 노출화 된 섹스 산업시대가 되었고, 이제 남성 여성이 분별조차 없어지는 중성(中性)의 사태가 다가오고 있다.

 정신사적으로 복잡성이 팽배되고 섹스의 중성화가 될만치 노골화 된 현 사회에 암이나 에이즈가 나타나는 것은 당연한 결과라 하지 않을 수 없다. 그것은 또한 발달된 과학에도 그 연유는 기인한다.

 많은 사람들이 일을 저지른 후 두려움 없이 어떤 의약품에 자신을 맡기게 되고 자신의 정신과 육체를 돌보지 않고 남용하고 난 뒤에 다가오는 어떤 악적인 조건이나 결과에 부딪치면 그 결과를 상대나 또는 정부 국가기관에 자신을 의지하려 한다.

실제로 북미주에서는 마약 복용자와 에이즈에 감염된 사람들이 정부를 상대로 당신들은 무얼하고 있는가고 데모하는 현장을 본 일이 있다.

　자신이 자신을 먼저 마음대로 내던지고 난뒤 자신이 감당키 어려우니까 그때는 정부나 어떤 자선단체를 원망하고 있는 것이다.

　이와 같이 21세기의 인류의 질병은 더욱 더 고도로 발달되는 지혜와 과학 문명의 이중 혜택 속에서 더욱 더 고급화 된 질병이 정신과 섹스의 해이된 틈을 비집고 더욱 맹렬히 나타날 것은 명약관화 한 일이다.

　그렇게 나타나는 고도의 병들은 인간들의 마음의 상태에 침해되고 또는 퇴치될 것이다.

　많은 인류가 무조건 즐기고 향락만을 추구할 것이 아니라, 보다 더 평화의 조화에 천지일체(天地一體)에 감사하는 마음을 보내고 특히 선조나 부모에게 처와 남편에게 감사하는 마음가짐으로 이 세상을 살아 나간다면 더욱 건실하고 튼튼한 인본(人本)의 바탕 위에 서게 되고 그렇게 되면 아주 그 먼 옛날같이 병원체도 물러나 그 악한 모습을 감추게 될 것이다. 그렇게 되면 인류의 영혼은 더욱 더 본연의 신성한 본질을 발휘하게 될 것이며 절대로 병이 난무하는 세계에서 고통받지 않을 것이다.

◼ 유산아의 영혼

　지금까지 인간세계에 죄의식이 망각된 채로 당연시 되어 온 유산아 문제. 태내(胎內)의 생명력은 최상의 신성한 천상계(天上界)의 빛의 찬미일진대 인간들이 이제 한번 깊이 내면의 실상을 알고 반성해 봐야 하겠다.

수 많은 전세계의 미혼·기혼 여성들이 생명의 존엄성을 무시하고 자의 및 타의로 어렵게 잉태된 인간의 존귀한 생명체를 일말의 죄책감도 없이 약, 또는 산부인과의 힘을 빌어 낙태시키며 심지어는 그늘에서 출생시켜 울음 한번 제대로 울지 못하고 쓰러져가 쓰레기통 속에 버려지는 오늘의 이 말 못할 기막힌 인간세계가 존재한다는 사실에 생명력을 상실당한 수많은 뭇 태아의 영혼에 삼가 머리 숙여 위령하지 않을 수 없다.

임산부 중 과연 어느 누구, 몇 사람이 이 엄청난 죄과를 범하지 않았다고 자부할 것인가. 깊이 생각해 보지 않을 수 없다.

이 세상밖에 나와 살아 움직이는 사람이 죽어가면 슬피 울건만, 말 못하고 형체가 뚜렷치 못한 한 생명이 죽어감에는 어느 경우에는 시원한 쾌재를 부르는 어리석은 인간들이 있을 것이라고 판단해 볼 때엔 이 얼마나 천인공노할 파렴치한 죄악이며, 절대 창조주에 향해서 어떻게 고개들고 인간의 걸음마를 계속할 것인가.

물론 여러 가지 불가피한 사정이 있다손치더라도 그것은 이유에 불과할 뿐 영혼이 들리지 않고 보이지 않고 와 닿지 않는다고 그 어찌 떳떳할 수 있을까?

다만 자기 자신들이 인간의 생명력을 갖고 삶을 계속 하고 있는 한 우주의 엄연한 진리를 긍정한다면 하루 속히 망각된 죄의식 속에서 깊이 사죄하고 앞으로의 삶에 충분한 용서와 배려를 구해야 할 것이다. 그들과의 관계가 부모자식지간이지만 그들은 엄연히 한 개의 신성한 목숨이며, 개체인 독립된 인간 생명의 권한을 절대자로부터 부여받고 있는 것이다.

'낙태시켜 울지 말고' 운운의 국가적인 차원의 유산반대 계몽표어를 우리는 가끔 본다.

대개의 경우 유산의 경우엔 희비가 엇갈린다. 물론 인간 섹스의 결과이지만, 정당한 부부지간에 망설임 끝에 유산한 산모의 경우나 불장난의 하이틴 산모나 무두가 한결같이 부정(不正)과 부정(不淨)이 가득한 속에서 이중의 죄를 짓고 아픔 뒤에 오는 절망감과 슬픔과 죄책감은 부인하지 못하리라.

유산 후의 비몽사몽(非夢似夢)간의 시달림, 소위 유산병은 많은 여성들을 정신적으로 육체적으로 혹독한 시련 속에 지내게 하며 심지어는 목숨을 잃는 유산모도 있다는 사실엔 종교적인 특히 영적인 면에서 볼 때 너무도 당연한 귀결이라 하지 않을 수 없다.

어느 한 생명이 참변을 당하여 생명력을 잃었을 때 대개의 경우 원한을 갖게 되고 그래서 원한을 달래고 없애 주기 위해서 위령해 주는 것은 우리의 토속적인 관념으로나 어느 부모형제의 마음과 우주의 근원의 절대자로부터 인간 생명력을 부여받아 우주의 빛살 한번 받아 보지 못하고 인위적으로 자기 생명력을 잃어 버리고 마는 지극히 순일(淳一)한 영혼을 무주고혼(無主孤魂)으로 내버려 둔다는 것은 도저히 있을 수 없는 죄악이기에 그들을 마땅히 위령해 줌으로써 웃음중의 웃음을

제7부 인연해탈의 현세와 미래 283

웃게 해주면 당연히 그들도 우리 인간을 이해하고 용서하며 도움의 손길을 뻗칠 것이다.
 이러한 실상을 감안할 때 유산아무연공양(流産兒無緣供養)은 반드시 이루어져야 하고, 그렇게 해서 한 영혼이라도 정령(精靈)하여 이 인간사회를 밝게 해야 마땅할 것이다.

▣ 종교의 범람

 인류는 점차적으로 지구의 종말에 대하여 공포감을 갖기 시작하고 있다.
 만일 대지의 흔들림이 지구상에 바로 찾아오는 날 인류는 어떻게 될 것인가? 1989년 말경 미국 LA에서의 지진은 국지적(局地的)인 지진이었으나 사망과 실종, 파괴된 건물 등은 세계최강대국을 공포에 몰아넣는 대사건이었다.
 발달된 정보 시스템으로서도 어쩔 수 없이 속수무책으로 받아들이지 않을 수 없었던 대지의 흔들림. 이렇게 대지의 흔들림이 확실히 가까이 다가오고 있다고 느낄 때, 그것이 일어나는 날에 대해서 지니게 될 보편적인 공포의식을 우리는 미리 예측할 수도 있을 것이다.
 그것을 생각하는 사람이 늘어 갈수록 위화감은 더할 것이고 천변지이(天變地異) 종말관은 더욱 더 사람들의 마음속 깊이 침투할 것이고 불안한 일상생활이 계속될 것이다.
 거기에다 세계 각지의 예언자들은 지구의 종말에 대하여 해가 바뀔수록 강하게 소리치게 되었고, 신흥종교의 교단에서는 종말론을 들고 나와 교세를 확장해 나간다.

환경파괴 오염과 식품공해, 천변지이(天變地異)의 현상들은 궁극적으로 인류에게 불안감을 조성해 주고 종말감을 실제적으로 느끼기에 알맞은 조건들이다.

그 속에서 많은 사람들은 나에게 있어서는 그것이 무엇을 의미하는가? 나는 어떻게 될 것인가?

결과적으로 많은 사람들은 자기 개인을 생각하는 자기 보호의식속에 빠지게 되고, 그렇게 되면 결국 이웃을 모르는 엄청난 분별주의와 개체 보호주의가 팽배되어 인정이 없게 되는 인류 최대의 자기 불안감에 빠지는 결과를 가져 올 것이다.

이러한 상태를 예견 내지 예감하는 사람들에 의해 잡다한 신흥종교 형식의 교단이 여기 저기서 나타난다. 이것이 제3차 종교 붐이다.

이렇게 우후죽순같이 나타나는 신흥종교의 범람은 제 1차적으로 천변지이를 들고 나온다.

예를 들어 일본의 신흥교단인 숭교진광(崇敎眞光)의 교단에서는 천의전환기(天意轉換期)라 해서 하늘의 뜻이 바뀌는 기간에 인류가 들어 있다고 말하고 있다.

즉 신(神)·유(幽)·현(現), 삼계(三界)가운데 현계(現界)가 이런 저런 현상에 의해 이상이 발생한다는 것이다.

화(火)의 정령증량기(精靈增量期)에 들어 이 지구가 사막화된다는 것이다.

이러한 지구를 뒤엎는 현상은 최고신인 주신에 의해 천의전환기(天意轉換期) 다음에 오는 '화의 세례기'(火洗禮期)의 현상에 의해 일어난다고 보고 있다.

　불의 세례라는 것은 주신이 인류의 진보 발전을 위해서 부여해 준 물욕(物慾)을 지나치게 물질편중(物質偏重)에만 치중하여 스스로 인류가 자멸하는 길을 만들었기 때문에 물질주의 일변의 문명이 전환해서 영주문명(靈主文明)에 이르기 위해서 신재(神裁), 즉 신의 재판이 일어난다는 것이다.

　물론 영주문명은 물질문명을 부정하고, 전화・전기・동차 등이 주는 편리함을 뒤로 하는 것을 말한다.

　실제로 미국에서는 이런 주의의 기독교 집단이 나오고 있다.

　종교와 과학과의 관계는, 지금까지 인류가 피와 땀을 흘린데 의해서 개발된 물질문명을 다시 딛고서 최고도에 이르게 한 영문명시대(靈文明時代), 환원하면 영심사상(靈心思想)과 물질 과학을 융합한 새로운 신진 신시대(新眞神時代)를 만들어 내는데에 우리 인류의 책임이 있다고 말할 수 있겠다.

　만일 이러한 슬로우건을 내건 교단이 있다고 하자.

　"친구들이여! 지금 인류는 두 개의 길을 선택하지 않으면 안 된다. 대단히 급박한 시점에 처해 있다. 하나는 핵(核)미사일에 의해 지옥의 업화(業化)가 되는 것이고, 또 하나는 그 업화가 신성한 영광(靈光)에 의해서 깨끗이 지워지는 것이다. 친구여! 먼저 당신이 신성함을 찾으세요. 당신도 성자(聖者)가 된다."

　이렇게 불러들여 성대한 제전에 의해서 지옥의 업화가 당신에게 미치지 않는다면 당신은 어느 쪽을 택할 것인가?

　세기 말의 어두운 예조(豫兆)파국을 초극해서 인류의 '카르마'를 끊어버리는 시험에 당신도 볼 것이 아닌가.

결코 부정할 수 없는 인간의 불가사의한 일이다. 실제로 한국의 기독교의 번창도 6·25를 기화로 어려움을 극복하기 위한 인간의 몸부림의 영적인 안위처로써 그 발전을 가져 오게 된다.

그 이후 신흥종교 교단이 여기 저기서 나오게 되었고, 많은 사람들은 자신의 영적 안위처 내지 구원을 요구하게 되었다.

가까운 일본의 예를 들면 NHK방송 세론조사소(世論調査所)가 5년에 걸친 일본인의 종교 의식조사 결과는 종교회귀현상(宗敎回歸現象) 즉, '제 3차 종교(第三次宗敎)' 붐은 1975년 전후부터 시작되어 그 궤도를 같이 한다고 보고하고 있다.

이 시기는 일본에 있어 오일 쇼크를 계기로 한 경제적인 대변동의 전후에 해당한다.

그 이후로 초상(超常)현상, 즉 초능력을 믿는 사람들이 많게 되었고 실제로 그것을 자신들의 일상생활에 사용하려는 움직임이 싹트기 시작했다.

미국을 비롯한 전 세계의 인류가 바야흐로 진정한 자신을 발견하려고 노력하고 있다.

물질문명의 팽대로 이질감을 느끼게 되고 인간성의 퇴폐에 여기 저기서 경고와 각성의 소리가 높아가고 있다.

그러나 이러한 진정한 인류 구제를 목표로 한 세력 이외에 잡다한 많은 종교의 교단에서는 많은 신자들을 혹사무민(惑事無民)하여 오히려 그들의 정신세계를 무너뜨리고 컴퓨터식 신행방법(信行方法)을 제시하여 더욱 더 인간의 숭고한 영적 세계를 침해 내지 파괴하고 있는 사례로 가끔 정보 매개체를 통해 알 수 있다.

더욱이 종교적인 파워는 T.V나 비디오, 카세트 테이프 등에 의해 여러 형태로 변형되어 순수해야 할 인간 영혼을 어지럽히는 결과를 가져 온다. 인간의 행・불행(幸不幸)이나 극락・지옥은 현세의 자기에게 존재한다.

순수한 인간의 영성개발(靈性開發), 그 위에서 이루어지는 전생(轉生)의 인연해탈, 영장(靈障)의 해소 등에 의해서 자기 자신의 참다운 인간성을 회복하여 그 속에서 진리를 찾아 평화로운 광명의 세계를 만들어야 할 것이다.

그 어떤 열광 집단이나 지극히 먼 미래적인 환상에 사로잡히는 것은 다시 한 번 생각해 보아야 할 인류 구제의 한 장이기도 하다.

교의(敎義)・의례(儀禮) 등에 기준을 두었던 초기 신흥종교의 단계에서는 그래도 다행스럽게 인본(人本)을 위주로 했기에 신자들은 순수한 아름나움을 갖고 있었다.

시간이 지날수록 세태의 변화의 흐름을 따라 교단도 물질 팽배주의에 물들게 되고 결국 많은 사람들이 그것을 기피해서 교단을 떠나는 사람도 나오게 되었다.

소위 제 2차 세계대전을 전후로 해서 발생한 일군(一群)의 교단은 그 명칭도 다채롭거니와 신행방법(信行方法)도 흥미로운 데가 많았다.

결국 지나친 현세이익(現世利益)에 바탕을 둔 교직자나 신자들에게 그 문제점은 있는 것이다.

바꾸어 말하면 조직력과 물질만능 사상에 의한 성장교(成長敎)로써의 사회에 미치는 영향력을 행사할 뿐이고 거대한 종교화를 꿈꾸는 종교 조직의 세력 확대에 지나친 노력을 기울인다. 거기에다 개인 종교의 세력이 확대되면서부터 기계화 된 예속집단으로 점점 발전되어 가고 있다.

아무리 고도성장 산업사회 속에 산다 하더라도 신성한 인간성을 개발하는 종교만은 그 범주에서 벗어나야 할 것이다.

규격화, 전문화, 동시화, 집중화, 극대화, 중앙집권화 등의 원칙에 의해 이루어져 획일화, 집중화, 양적 확대되는 모순을 안는 위기를 만들게 될 것이고, 또 그것을 모면하기 위하여 필연적으로 다양화, 분교화, 질적 확대를 시도하게 될 것이다.

이렇게 제 3차 종교 붐은 거대교단지향(巨大敎團志向)과 조직종교지향(組織宗敎志向)을 벗어나지 못하면서, 동시에 네트웍을 향하여 나갈 것이다.

도시화 현상에 의해 뭉쳐진 정신 통일이 된 촌락가족(村落家族)의 공동체의 기능이 회복되지 못하고 있다.

이런 틈을 개인 종교가 비집고 들어가 완전히 그 조직력에 의해 자신의 선조(先祖)도 까맣게 잊게 되는 현상을 만들어 내고 있다.

참으로 안타깝고 두려운 현상이라 하지 않을 수 없다.

제 **8**부

열리는 눈동자

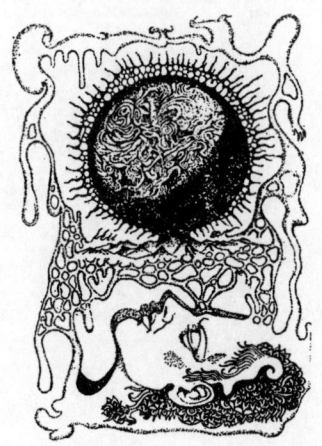

제8부

열린 한국

영과 인간의 차이점

앞에서도 인간은 유한(有限)의 존재이고 영(靈)은 무한(無限)의 존재라고 밝힌 바 있다. 이것이 영(靈)과 인간의 다른 점이다.

인간 모두가 다 영성(靈性)이 있으므로 해서 영(靈)과 인간은 대단히 가깝다고 생각할지 모른다. 그러나 영과 인간의 힘은 하늘과 땅 만큼이나 엄청난 변화의 차이가 있다.

그러면 이같은 엄청난 변화의 격차는 도대체 어디에서 나오는 것일까? 이것은 한마디로 말하면 인간과 영(靈)의 존재 기반의 차원의 다름에서이다.

곧 인간은 육체를 갖고 있어 유한의 존재이고, 영은 육체가 없기 때문에 무한의 존재이다.

영혼은 육체를 갖고 있지 않기 때문에 시간, 거리의 제약을 받지 않게 되지만 그 생김새에도 어떤 제약을 받지 않는다.

예를들어 지금 우리들이 유럽의 어느 지역에 가고 싶다고 생각한다면 먼저 비행기표를 사야 되고, 또 그 비행기에 타야만 그곳에 갈 수가 있다. 그러나 영의 세계는 그런 불편함이 따르지 않는다.

 유럽의 어느 지역에 가고자 한다면 그 생각하는 그 순간 벌써 영은 그곳에 가 있게 된다. 이것이 시공(時空)을 초월한 영의 존재인 것이다. 또한 변화의 격차에 있어서도 영은 어떤 순간 자신의 모습을 순간적으로 변형시킬 수 있는 영체변환자재(靈體變換自在)의 힘을 가지고 변한다.

 실제로 우리들은 그러한 영체(靈體)를 볼 수가 있고 또 영을 매개로 하여 여러 가지 일을 현실적으로 실현 가능케 한다.

 이것은 영의 불가사의한 힘에 의해서 이루어지는 현상이다.

 일반 사람들은 영장(靈障)에 의해 병이 나고, 또 사고나 위험이 따른다고 말한다면 의아해 할 것이다. 그러나 영의 빙의를 벗겨 개운(開運)한다든지 난병(難病)을 치유한다는 것은 결코 단순한 일은 아니다. 한 예로 여기 기이한 위장병에 걸려 고통받는 사람이 있다고 하자.

 그의 집에 사는 사람들은 대대로 기이한 위장병에 걸려 일찍 젊은 시절에 죽은 사람이 있다. 또는 그 집터에 몇 대에 걸쳐 변사자(變死者)가 있다 하면, 그 동네에는 옛부터 발광자(發狂者)나 이상한 짓을 하는 장해자가 많게 된다.

 불길한 집이나 마을, 동네에 관한 이야기는 〈전설의 고향〉이라는 TV프로에서도 그 실례를 많이 볼 수 있다.

 이런 현상은 비단 한국 뿐만 아니라 일본이나 구미 지역에서도, 아프리카에서도 동남아시아에서도 인류가 사는 곳에는 어디든지 다 존재한다.

 사실적인 묘사나 사진, 영화 등이 만들어져 나오게 된다. 그러한 사실들에 기인되어 국가간에도 다발적인 어려운 문제가 발생하게 된다.

일본의 군국주의시대의 양상이나 나치 독일의 나치즘, 현대에는 중동지역에서 계속되는 싸움, 더 가까이는 중남미 지역의 분쟁, 또 공산 진영대 민주 진영의 대립, 이런 것들을 보더라도 영(靈)과 절대로 관계가 없다고 할 수 있겠는가.

경우에 따라서는 일체(一體)의 영이 그 술(術)의 힘에 의해서 집 전체를, 동네 전체를, 국가 전체를 또는 세계 전체에 빙의해서 변환자재한 힘으로 변화시켜 놓는 것이 아닐지. 바로 이러한 생각도 하게 된다. 또 이렇게 되는 도리도 존재할 수 있다. 또한 지구 전체를 저급령이나 악령이 둘러싸고 빙의됐을 경우 도대체 어떻게 될 것인가? 그때에는 어김없이 전쟁이나 살생, 질병과 가뭄·태풍 등의 천변지이(天變地異), 대기아현상(大饑餓現象) 등 생각하기 어려운 일들이 맹위를 떨치게 될 것이다.

인간들은 과연 이런 경우 어디에서 그 연유를 알아 해결할 것인가? 실로 가공할 문제라 하지 않을 수 없다. 그러나 그런 일들이 영장에 의해 일어났다면 그 곳에는 광명이 있다.

우리들이 악령의 포위망에 갇혀 있다 하더라도 그 가운데서 그 곳에 고급신령(高級神靈)으로부터 위대한 영류(靈流)를 얻어내면 지구는 다시 변하게 된다.

왜냐하면 정령(精靈)된 악령(惡靈)이 물러나고 선령(善靈)이 자리하게 되기 때문이다. 이렇듯 알 수 없는 혼의 힘이지만 믿으면 불가능도 가능하게 된다.

우주의 윤회법칙

　우리가 살고 있는 이 광대한 우주는 카르마라고 하는 하나의 존재의 원리에 의해 설립되고, 또 윤회한다고 생각한다.
　이 지구 자체도 하나의 '카르마'의 법칙 속에 존재한다. 또한 보다 더 '카르마'에 의해 존재한다고도 할 수 있다.
　'카르마(業力)'란 모든 존재 원리이다. 즉 존재의 근본 동력(根本動力)인 것이다. 이것이 우주의 실상(實像)이라고 생각할 수 있다.
　이 '카르마'를 끊어 버린다면 모든 과(果)는 없게 되고 윤회를 조종하지 못하게 된다.
　사람이 인위적으로 만들어 나타난 모든 재해도, 자연현상에 따라 일어나는 천변지이의 재해도 모두가 이 '카르마'에 의한 것이다.
　불교는 이 '카르마(業)'을 끊고 업에서 탈출해 나오는 것을 가르친다.
　윤회란 문자 그대로 '카르마'에 의해 그 과(果)를 받아 생멸을 조종당하고 그것이 자주 반복되어 나타나는 것이다. '카르마'를 끊는 한 윤회도 멈추게 된다.
 우주라고 하는 것은 지금부터 약 150억년 전 그 먼 옛날 '핑크빵'이라고 하는 거대한 폭발에 의해 생겨났다.
 이 우주는 그 이후 빛의 속도에 따라 팽창과 확대를 계속했다.
 중심부의 폭발은 끝났지만 확대되어 가는 선두의 편에서는 아직 폭발이 계속되고 있고 점점 팽창되어지고 있다. 팽창이 계속되어지는 상태가 지금 이 우주의 실상인 것이다.
 최근은 천체물리학의 진보에 따라 그것은 확실한 사실로 인정되어지고 있다.
 가장 최근의 천체물리학의 이론에 '진동우주(振動宇宙)'란 말이 있다.
 그 이론에 의하면 팽창 우주의 폭발이 있는 한 극한에 달하면 이번에는 거꾸로 수축을 향해 되어가기 때문에 우리들의 이 우주는 폭발과 수축에 의해 조종이 반복되게 된다. 이것을 윤회하는 우주, 곧 '윤회우주론(輪廻宇宙論)'이라 말하고 있다.
 이와 동시에 우주와 같은 상황속의 지구 자체도 윤회한다고 믿는다.
 〈타임머신〉이란 작품에서는 타임머신을 타고 몇 10만년 전의 종말을 보낸 지구에 날아온 어느 소년을 그리고 있다. 태양은 쇠퇴해졌지만 그 광선이 지구를 덮고 있는 것이다. 그 속의 생물은 누에가 잠자는 것 같고 모든 생물은 지구에는 별로 존재하지 않는다.
 이런 지구의 종말의 광경이 비쳐졌을 때 일반적인 과학에 의해서나 2, 30년까지만 해도 이런 것은 감히 생각할 수도 없었던 것으로 가히 두려움을 금할 수 없다.

태양 에너지의 사용이 지나쳐 해가 떨어지는 저녁나절 같은 상황이 몇만년이고 계속된다면 그대로 암흑의 세계가 될 것이다.

태양이 사멸(死滅)한다고 생각할 수 있다. 또 이렇게 생각할 수도 있다.

지구의 종말은 태양이 지금의 10배 가량 팽창되어 확대된다. 그리고 그것이 두 개로 나뉘어진다. 나누어진 두 개의 태양은 또 계속되어 10배 이상으로 팽창되어 나간다. 또 그것이 나뉘어진다. 따라서 천공(天空)에는 10개도 30개도 넘는 태양이 나타난다.

이 태양의 열에 지구의 모든 물체는 타서 연기로 올라가게 되고 불바다가 된다.

모든 것 일체가 다 타버리고 거의 모두 괴멸되어 버린다. 그 뒤에 엄청난 비가 내린다. 그것은 몇만년 동안 계속된다. 그 사이 지진 등 기타의 작용에 의해 대지가 진동하여 지구는 가루가 된다.

인간의 영혼도 거의 동시에 우주공간에 떠 표류하게 된다.

그 가루 조각난 지구덩어리를 거대한 폭풍우가 우주공간에 불어닥쳐 지구라는 사바세계는 완전히 우주로부터 소멸되어 버린다. 그것이 또 수억년 경과하면 우주 공간에 날아오는 먼지화 한 지구의 분말이 점점 모이게 되고 여러 가지 현상이 있으면서 기(氣)의 작용에 의해 년월이 지나감에 따라 지금과 같은 인간이 나타나게 된다. 이러한 작용, 반작용이 영구히 계속 된다.

이것은 황당무계한 이야기일지 모르지만 천체물리학이 발달됨에 따라 실제로는 그와 비슷하게 움직여진다는 것을 알게 되었다.

옛날엔 태양이라는 것은 타 없어져서 점점 빛과 열을 잃게 되어 사멸한다고 생각해 왔다. 그러나 지금은 천체 물리학에서는 그렇게 말하지 않는다.

언제든지 반대현상이다.

태양이라고 하는 것은 수소가 원자반응(原子反應)을 일으켜 타고 있는 것이다. 그것은 수소 또는 기타 가벼운 기체를 수소반응에 쓰여짐이 많아지면 어떻게 될 것인가. 그렇게 되면 태양은 수축할 것이다.

그 수축에 의한 중압(重壓)에 의해 지금은 태양의 중핵(重核)에 있는 무거운 원소가 새로운 원자반응을 일으키기 시작한다. 그렇게 되면 태양은 지금의 10배 가량 커지게 된다. 그것이 계속되면 대폭발이 일어난다.

그 폭발은 수소 등과 같은 가벼운 기체의 폭발과 달리 대단히 큰 폭발이다.

태양은 언제까지나 분쇄되어 날아 흩어진다. 그렇게 빛을 내기 시작한다. 그 결과 태양은 더욱 더 부서지고 태양계의 별들〔물론 지구도 포함〕은 모두 분쇄되어 우주공간을 날아 흩어지게 될 것이다.

이렇게 끝날 것으로 말할 수 있지만 그렇지는 않고 이것이 수 10억년이 지나는 사이 환류(還流)를 시작하게 된다.

　어떻게 환류가 되는가 하면 우주에 확산된 먼지의 가운데 빛을 받는 것과 받지 않는 것이 나오게 된다. 빛에도 중량이 있다.

　거기에 빛 받는 것과 받지 않는 것의 중량의 차이에서 다음에 움직여 나오는 환류가 시작된다. 중량의 차가 회전운동을 끌고 일어나 그 결과 구심력이 생기고 중심을 향하여 점점 가속도가 붙게 되어 먼지는 수축되고 응축을 시작한다. 그래서 있는 데까지 수축·응축해 나가면 중심에 걸친 중압에 의해서 그 중심에 원자핵 반응이 일어나 타기 시작한다.

　가장 가벼운 물질 수소의 원자폭발이다. 새로운 제 2태양의 탄생인 것이다.

　그렇게 되어 다시 태양계의 별들이 차츰 재생되고 지구도 다시 생겨나 그 걸음을 한 발짝씩 내딛게 된다.

　역사는 반복되는 것이다. 새롭게 탄생된 별들은 기가 멀어지면 멀어질수록 길게 타는 것이 계속되어 그 결과 반응을 받아들여 점점 표면에서 냉각이 시작되고 구체(球體)의 지구가 만들어진다.

　거기에 원시의 바다가 만들어지고 다음으로 생물이 나타난다. 인류가 출현한다.

　이것이 천체 물리학적인 대싸이클의 지구의 윤회인 것이다.

인류에 전달되는 기억

 윤회전생(輪廻轉生)에 의해서 이루어지는 인간사는 위에서 말한 바와 같이 우주의 윤회, 지구의 윤회, 인류가 윤회하는 한 반드시 영속적으로 같은 상태의 반복이 계속될 것이다.
 지구인의 문명이라 하는 것은 지구상의 네번째의 문명이라 하는데, 오늘의 고고학(古考學)에서는 그것의 해명이 어렵게 되었다.
 여기 저기서 간혹 분별키 어려운 유적이 발견된다 하더라도 곧 납득이 안간다.
 150만년 전에 해저(海低) 암석에 쇠붙이가 있다든지 구두를 신은 사람의 족적이 발견되기도 하지만, 어떤 학자는 그런 유적을 우주인의 지구 방문의 자취라고 말하는 이도 있지만 그것은 틀림없이 그때까지 이전의 인류가 생존했던 유적이라고 생각한다.
 지금 우리가 홀연히 이 지구상에 나타났다고 생각하지만 그 이전에 우리가 이 세상에 나왔었다는 것을 부인할 수도 없다.
 양친이나 친구들 모두가 다 그 시대에 존재했다가 다시 같은 생각을 갖고 같은 생활을 해나가고 있는 것이다.

 그 반복이 계속되어 지금에 이르고 있다는 것이다. 우리가 죽고 또 이 지구가 멸망한다 해도 또 다시 윤회전생의 원리에 의해 같은 생을 되풀이 할 수 있다는 안도감을 갖을 수가 있다. 따라서 우리는 안심하고 내일을 향해 인간사를 만들어 나가는 것이 아닌가.

 다만 전생의 기억을 전달 받으면서 그 기억 속에서 모든 과학·정치·경제·사회가 만들어져 간다.

 이 시대에 존재하는 학문이나 현세의 인류의 상태는 모두가 다 전전세(前前世)에 일어났던 일들이 우주와 지구의 윤회에 의해 반복되어지는 과정에서 멸실이 거듭되었고, 현금(現今) 인간 세상에서 다시 그 기억을 정확히 전달받은 자로 하여금 새로이 과학이나 문명이 전달되고 있다 하겠다.

 그러면 이런 인류의 하나의 기억, 그것을 전달하는 그 무엇인가가 존재할 것이다.

 그것을 설명하는 이론으로서 금세기 초두의 생물학자 엘시스크 H. 헤겔이 부르짖은 '개체발생(個體發生)은 계통발생(系統發生)을 반복한다'는 이론이다.

 이것은 어머니의 태내에 태아가 인간의 발생 당시부터 현재의 자기에 이르기까지의 형태를 차례차례 더듬어 나가는 일이다. 곧 물고기나 고래·거북·토끼·원숭이와 같이 인간의 진화과정도 같은 태아형태를 나타낸다.

 인간은 10개월의 태생시대에 수억년까지의 역사를 반복하고 있는 것이다. 이것은 형태뿐이 아닌 그 형태가 지니고 있는 의식의 상태도 같은 시대의 기억을 지니고 있다고 생각한다. 즉 태아는 종족이라는 일반적인 계통 기억을 더듬어 가는 것 이외에 그 생명 자체의 개체 경험을 모아 가지고 생각한다고 할 수 있다. 그렇기에 갓 태어난 어린 생명체에도 정신적, 육체적 개성이 뚜렷하게 나타나고 보다 더 뚜렷한 영시력(靈視力)을 갖고 나오는 생명도 있다는 것을 알아야 한다.

물질은 무엇에 의해 이루어지는가를 말한다면 원자에 의해 구성된다. 그 원자는 원자핵[양자와 중성자]과 전자에 의해 구성된다. 그렇게 된 양자나 중성자, 전자는 무엇으로 인해 이루어지는가 하면 그것은 빛과 같은 하나의 파동에 있다고 말할 수 있다. 그것이 파동이 되면 도대체 어떤 파동일 것인가에 이르게 된다. 그것은 공간이라 할 수 있다.

아무 것도 아닌 공간의 파동이 우리들에게 물질로써 느껴지는 것이다. 공간이 아무 것도 아닌 것이 되면 인력(引力)을 전하고 빛을 전하고 전장(電場)이나 자장(磁場)의 존재를 설명하지 못한다. 그렇기에 일부의 물리학자는 '에텔체'라는 것에 의해 공간이 채워진다고 생각해 왔다.

아인슈타인도 그의 저서 《상대성원리》 가운데 그 '에텔체'에 관해 언급하고 있다.

이 에텔체가 물질도 의식도 파동으로 해서 공간에 기록되고 그것이 영원히 기억으로써 전달된다고 하는 이론이다. 그러나 이 가설은 후에 부정되었다. 지금 또 하나의 이론은 유전학에 이름이 높은 DNA유전자 기구이다.

곧 암같은 것이 유전자의 기억에 설명이 되는데 반해 유전자에 설명이 될 수 없는 일들이 많이 있다. 조부와 손자의 관계라든가 혈연이 없는 경우에도 나쁜 인연이 나타나기도 하고 또 횡변사의 인연도 유전자에 의한 설명이 어렵다.

　지금까지 이러한 유전인자에 의한 많은 인간사에 대하여 연구 검토 내지는 실험 추구까지 해 왔지만 아직도 추구는 계속되고 있고, 또 이후에도 계속 될 것이다.

　사람은 인연을 갖고 살아나간다. 그 인연이 윤회를 형성한다. 그러면 사람은 왜 인연을 갖게 되는가?

　인연의 기본이 되는 것이 과연 있는 것인가. 그 기본이 되는 힘은 무엇인가?

　인(因)이 있다. 그것이 연(緣)을 부르고 과(果)를 만들어 낸다. 그 과가 다음에 보(報)가 되고 다음으로 또 인(因)이 된다. 이것을 불교에서는 인연과보(因緣果報)라고 한다. 그러나 왜 인은 연을 부르고 과를 생하고 보에 이르게 되는가?

　어떤 사람이 악한 일을 했다. 본인 자신이 그 보를 없애 숨기려 노력했으나 아들과 손자에게 그 보는 전해 내려간다. 그 힘이 '카르마'이다. 인(因)을 보(報)에 연결시키는 힘이다.

　'카르마'가 있으면 악인은 악연을 부른다. 악과를 생(生)할 수 밖에 없다.

　거꾸로 선인(善因)도 또한 반드시 선과(善果)를 생한다. 선과를 생할 수 밖에 없다. 인간은 모두가 이 '카르마'의 법칙인 카르마(業)의 힘에 끌려 생해지고 여러 가지 인(因)을 쌓아 가며 보(報)를 받아 죽음의 길로 들어간다.

인간의 인연과 운명

 사람의 여러 가지 살아나가는 형태의 모양을 바라보노라면 그 속에 사람의 운명, 그리고 자신의 운명, 그렇게 말할 수 있는 운명이라는 불가사의한 것이 있다는 것을 자각하게 된다.
 그렇다면 운명이란 정말로 실재하는 것인가? 그것은 인간의 개념속에만 있는 것이 아닐까?
 사람에 따라서는 운명은 사람 가운데에 많이 있고, 개념을 떠나서는 운명이라는 것은 존재하지 않는다고 말한다.
 나는 운명이란 것이 진정 존재하는가, 하지 않는가? 충분히 생각해 보았다.
 그런 다음 운명이 실재하는가, 하지 않는가를 알아보기 위해 운명학(運命學)이란 것에 호기심이 일고 또 신경이 쓰였다.
 내 자신 운명학에 대하여 대단히 흥미를 갖고 연해자평(淵海子評)·자미두수(紫微斗數)·육효(六爻)·기문(奇門)·둔갑(遁甲)·추명학(推命學)·성명학(姓名學)·서양점성술(西洋占星術)·다롯트 카드 등을 시간이 나는 대로 공부했다.
 그렇게 그것을 마스터 하여 자기 자신의 운명학의 체계를 세우는 데까지 오게 되었다. 그렇게 해서 운명학이 실재한다는 것을, 운명학으로 실증할 수 있다는 것을 알았다.

　사람의 운명은 대체적으로 그 사람의 전생 인연에서 출발하게 되며, 사람의 운명을 예지할 수 있다는 것은 전적으로 그 사람의 운명의 레일이 깔려 있다는 것을 전제로 하지 않으면 안된다.

　이 사람이 3년 후에 병에 걸려 죽게 된다는 것을 예지했을 때 실제로 3년 후에 죽는다고 한다면 3년 전에 예지한 단계에 그것이 결정되었다고 할 수 있다.

　그렇게 결정되지 않았다면 예지할 수 없게 되고, 결정되었기 때문에 실현되고 또 예지할 수가 있는 것이다.

　따라서 사람의 운명은 모두 결정되었다고 할 수 있다. 그것이 100%가 아닌 80%, 95%래도 어쨌든 결정되어 있기에 운명은 실재한다. 그렇게 운명을 결정하는 것은 과연 무엇일까? 바로 그것은 불교에서 말하는 인연이다.

　인연은 운명의 인자(因子)이다. 사람의 운명을 변하게 하려면 운명을 이루고 있는 운명의 인자인 인연을 먼저 변하게 하지 않으면 안된다는데 도달하게 된다.

　그렇다면 인연을 변하게 하고 또는 인연을 없애게 할 수 있는 것이 가능한가, 어떤가는 다음의 단계로 나의 문제였다.

　이 단계에서 나는 여러 종교·철학을 편력해 보게 되었다.

　그래서 결국 인연을 소멸하게 되고 여러 인연을 변하게 하는 방법을 불교가 아니고는 할 수 없다는 것을 확신하게 되었다.

　그후 불교를 연구하게 되었고, 다음으로 최종적인 문제가 된 것이 그 인연을 결정하는 것이 무엇일까 하는 것이었다.

 인연을 결정짓는 것을 불교학자들은 '카르마'라고 말하고 있지만 그것 가지고는 납득이 되지 않았다.

 그 카르마는〔業業力〕하나의 힘, 운명의 동력이지 운명을 만드는 것은 아니다. 인연을 움직이는 것은 될지 몰라도 인연을 구성하는 것은 되지 못한다. 그렇다면 '카르마' 이외에 인연을 형성하는 것은 무엇인가 하고 장기간에 걸쳐 노심초사 했다. 그러나 영시(靈視)능력이 나오게 되면서부터 유전자 기구에 의한 것이 아닌 것이란 것을 알게 되었다.

 횡변사(橫變死)하는 사람이나 폭력을 휘두르는 사람들의 인연을 보게 되면 틀림없이 횡변사 하는 사람들의 영장(靈障)이 나타나게 된다. 폭력을 휘둘러 자극을 일으키는 사람들은 대부분이 폭력에 휘둘려 사망한 사람들의 영장이 나타난다.

 암이나 기타 병에 의한 사망자나 그런 사람들의 경우는 유전자에 의한다고 할 수도 있으나 횡변사의 경우는 유전이란 말이 생리적으로 맞지 않는다.

 결국 몇백, 몇천의 사람들의 경험에 의한 결과 영적인 것이 인연을 만들어 온다고 생각하지 않으면 안되었다.

 아니 인연을 형성하는 불가사의한 힘이 있으니 그것을 '영적(靈的) 에네르기'라고 불러도 좋을 것이다.

 어쨌든 '카르마'와 다른 영적인 힘이 인연을 형성한다. 그리고 그것에는 악한 영적인 존재, 양호한 영적인 존재가 있다.

 나쁜 인연은 나쁜 영적 존재에 의해 형성된다. 그 나쁜 영적인 존재를 나는 '영장(靈障)'이라고 부른다.

영장은 보통 세상 사람들이 말하고 생각하는 어떤 깊은 골짜기에서 나오는 유령같은 것으로 생각하면 곤란하다.
　세상 사람들은 영장이라고 하면 간단히 생각할지 모르지만 영적인 존재를 인연의 구성요소라 생각한다면 우리들은 다시 한번 깊이 고찰해 보지 않으면 안된다.
　많은 우여곡절 끝에 얻어진 교훈이다. 그렇게 해서 생각에 생각을 거듭하다 보면 도달하게 되는 결론이 현 단계에는 인연을 형성하는 근본적인 것이란 영적 존재라고 생각한다. 그 결론에 달하기에는 20여년의 세월이 걸렸다. 아니 지금도 잘 모른다.
　죽을 때까지라도 그것은 새로운 연구의 대상이며 새로운 발견이며 자각(自覺)이다. 지금의 나는 이 영적인 존재라 말하는 일선은 무섭지 않게 움직인다고 생각한다.
　아무리 무서운 영장이 나타난다 하더라도 몇십년 동안 수득(修得)해 온 법력에 의해 그것은 해부되고 또 퇴치할 수 있다.
　이렇다 할 여러 종교가 나타나 있고, 또 많은 사람들이 영성개발(靈性開發)에 노력했지만 사람의 운명이란 도저히 알아낼 수 없는 불가사의한 존재로 인식이 되어 있어서 무조건 도외시하고 인정치 않는다. 그러나 그런 무조건적인 도외시와 몰인정이 자못 그릇치는 결과를 가져 오게 되자 어느 실력 있는 종교의 교단에서는 얼마 만큼의 수긍을 하지 않을 수 없는 입장에까지 오게 되었다. 영적인 존재에서부터 나오는, 모든 인간에게 인연이 되어져서 나타나는 운명이란 것은 실로 놀라울 정도의 힘을 갖게 되고, 그 힘에 눌리지 않으려 오늘도 그에 대한 연구와 노력은 계속되고 있다.

인연 발동의 시기

　인간은 누구나 자기 자신의 의지로서 모든 일을 결정하고 행동한다.
　항상 주어진 조건과 방향에 따라 움직여지는 것이 인연이라고 하는 것인데 그 인연이 나타나는 것은 인간의 능력의 한계 위에서 비롯된다.
　이렇게 인간의 의지의 강약이나 사고(思考)의 깊고 낮음과 교양의 높고 낮음 등의 관계에 상관없이 그 결과는 나타난다.
　예를들어 병이 들었을 때 인연의 병이 인연의 움직이는 시기에 나왔을 경우 그 병은 의약으로도 치유되기 어렵다.
　설사 의약으로 사람의 병을 고친다 하더라도 그렇게 만만치는 않다. 의약으로 병을 고치는 데는 약품과 기구가 필요하다. 약품과 기구에 의해서 병자가 사망하는 경우도 많다.
　예를 들어 페니실린이 폐결핵에 특효약이었으나 그 페니실린으로 해서 목숨을 잃은 사람도 있다.
　이렇게 인연이 발동할 때 나온 병은 의학으로도 역효과가 발생하게 되어 의사를 당황하게 한다. 절대로 자연스럽게 치유되는 것이 아니다.
 같은 경우의 환자가 있다 하더라도 어떤 사람은 쾌유되고 어떤 사람은 효력을 보지 못한다. 실로 알 수 없는 일이 일어나고 있는 것이다.
 이런 경우 옛날 우리 조상들은 귀신이 씌었다고 했다. 또 간혹 무당이나 그렇지 않으면 간단히 집에서 풀어내는 방법으로 병자를 낫게 하기도 했다. 이것을 요행이라 할지 모르지만 절대로 그렇지 않다.
 이 세상에는 미신도 종교도 모두가 다 존재한다. 결코 미신이라 하여 배타시할 수 없는 현상이 많이 일어나고 있다. 다만 옛날엔 그런 영혼의 장난을 과학적으로 학술적으로 증명하지 못했을 뿐이다.
 세상만사가 모두 순박했던 그 옛날은 영혼의 다스림으로 해서 간단히 병을 치유할 수도 있었다. 따지고 보면 모든 병도 하나의 영적인 장애물인 것이다.
 병 이외에도 우리 주위에는 갖가지 신기한 일들이 많이 일어나고 있다. 그렇기에 우리들은 우리가 갖고 있는 인연에 대해서 알아야 하고, 또 동시에 어떤 인연이 언제쯤 우리에게 발동할 것인가를 알아야 한다.
 예를 들어 횡변사의 인연이나 괴이한 인연을 갖고 있는 사람은 항상 그 위험이 따르기 때문에 언제 일어날 것인가는 거의 정해진 것이나 다름이 없다. 그렇다면 과연 어느 시기에 그러한 인연들은 발동하는가?
 인간에게는 평운기(平運期)·순운기(順運期)·성운기(盛運

期)·쇠운기(衰運期)·흉운기(凶運期)의 5종류의 시기가 있다.

 그것은 주기적으로 변한다. 이것은 춘하추동 4계의 움직임에 따라 초목이 싹이 나오고, 꽃이 피고, 열매를 맺고, 나목(裸木)이 되어 잠을 잔다. 이런 현상과 같다고 생각해도 좋을 것이다.

 인간의 춘하추동은 식물과 달리 일률적(一律的)으로 움직여 변화되는 것이 아니기 때문에 각 사람에 따라 다른 외면적으로 알아보기 어려운 점이 있다.

 평운기, 순운기가 봄과 여름이라 한다면, 쇠운기가 가을로써 서리를 맞아 낙엽이 진다. 흉운기는 겨울로서 나목이 되어 생명은 잠을 잔다.

 다만 이렇게 대비할 수 있는데 이것은 대략 10년을 1주기로 해서 돌고 돈다.

 이 쇠운기에 들어갈 때 인연은 발동을 시작하고 흉운기에 들어서면 표면화 한다.

 이때에 특히 천살계(天殺界)에 들어가게 되는 인연이 나타나는 사람은 대부분 구출 되기가 어렵다. 어떻게 도울 수 있는 수단 방법이 없다.(몇 십차례 시도해 봤지만 80%는 실패였다.)

 우리들은 우리들의 인연을 알고 이런 인연들이 발동하는 때를 위해서 대비해야 하고 순운기와 성운기에 있을 때 미리 단단히 대처하지 않으면 안된다.

전세와 이어지는 운명

인간의 영적인 인연은 전세와 고리가 맺어지고 그 맺어진 고리에 의해 인간의 운명은 행(幸)과 불행(不幸)으로 나누어진다.

이 세상 가운데 가장 불가사의하다는 그 불가사의의 근본 원인은 전세에 있다. 그렇다면 그 전세를 알려면 어떻게 해야 하는가?

전세를 아는 목적은 단순히 과거를 회억(回憶)하고 즐기기 위함은 아니다. 지금의 자신보다 더 깊게 생각하고 이해하여 지금부터 어떻게 더 보람되고 훌륭하게 살아가느냐에 있다.

전세에 보시(布施)나 자비(慈悲)를 베풀지 않았다 해서 지금 빈천하게 산다면 지금부터라도 속히 그 업(業)을 고쳐 나가야 한다.

전세에 신(神)이나 불심을 모독했다면 지금부터라도 그 업을 고쳐 나가면 죄는 소멸될 것이고, 어떤 기이한 병이나 사고도 없어지게 될 것이다.

전세에 살생을 일삼아 금세에 병약하게 태어났다면 지금부터 그 업을 고쳐 나가면 병은 물러나고 소멸될 것이다.

자신의 인연 전생을 알기 위함은 지금부터 보다 더 올바르고 밝은 생활을 해나가기 위함이니 모든 지혜를 동원하여 어떻게 하면 자신의 전세를 알게 될 것인가 연구해 보지 않을 수 없다.

자신의 전세를 찾아내기 위해서는 먼저 특출한 수행이 필요하다.

정규적인 가행(加行)·묘행(妙行)·수호신(守護神)의 서약된 힘과 덕력(德力)과 법력(法力)의 개발이 필요하다.

약 80% 이상의 사람들의 전세는 직계의 친족(親族)〔부계나 모계〕의 선조의 태어남이 바뀌는 것이다. 이것은 거의 틀림이 없다.

그 중에서 특히 본인으로부터 4대 이내의 육친내〔六親內 : 부모·형제·백부·백모·숙부·조부모·증조부모·조부모의 형제·증조부모의 형제〕때때로 5~6대전, 7~8대 전의 선조가 그 생을 바꾸어 태어나는 경우도 있으나 이 경우는 극히 드물다.

또 혈연으로 가깝게 멀리 연결되는 친척이 생을 바꿔 태어나는 경우도 가끔 있다.

중유(中有)에 머무르는 선조령(先祖靈)이 수행하는 영혼은 그가 갖고 있는 공덕(功德)의 양과 인연에 의해서 자유로히 생을 바꿀 수가 있다.

생을 바꿀 때 그 찰라에 많은 사람들은 틀림없이 전세의 자기 자손이 있는 것에 태어날 것을 희망한다.

그렇기 때문에 자손 가운데 결혼해서 임신 가능성이 있는 자가 없을 경우에는 그곳에서 잠시 더 머무르며 수행을 하게 된다.

수행을 많이 한 영혼이 자기 생을 바꿀 자리를 찾을 때는 특히 신앙심이 두터운 사람이나 젊은 부부 사이에 태어나길 원한다. 그러나 별로 자손 중에 신앙심이 두터운 자가 없다 하더라도 결혼이나 기타 임신 가능성이 있는 자가 있을 경우 강제적으로 지도령(指導靈)(선조 가운데 깨우친 고급령(高級靈)의 명령하에 태어나게 된다.

전전생(前前生)에서도 인과율(因果律)이 적용되어 수행한 자는 그에 상응한 후손으로 태어나게 되고, 그렇지 못한 영혼은 또 반대의 상황이 전개된다.

모든 것이 자업자득, 인과응보의 원리가 영계에도 주어진다. 그렇기 때문에 전세에 악행을 많이 한 자는 금생에 고귀하게 태어날 수가 없게 된다.

사람이 생을 바꿀 때 대부분이 부계(父系)나 모계(母系)를 선택하게 된다. 만약 부친을 닮았다면 그의 전생의 영은 틀림없이 부의 선조에 있고, 모친을 닮았다면 그의 전생의 영은 모의 선조에서 온 것이다.

외모나 성격은 그 사람의 피의 인연을 따르기 때문에 대체적으로 얼굴이 닮게 되거나 성격이 닮게 된다.

이렇게 우리들 인간들의 윤회전생은 어디 까지나 혼의 문제로써 영적 인연에 의해 연(緣)이 깊이 새겨지기 때문에 대단히 중요하다 하겠다.

이렇듯 금세 사람들이 운명을 만들어 내는 전생을 알아보기에는 영능력(靈能力)이나 법력(法力)이 있으므로써만이 가능하다.

영능력이나 법력은 37보리분법(三十七菩提分法) 도품(道品)과 그 묘행에 의해 이루어진다.

선천(禪天)의 제행선계(諸行禪界)로부터 절행선천(絶行禪天)으로 문을 닫고, 욕계(欲界)의 사천왕천(四天王天)으로 들어가 타화(他化)자재천(自在天)을 통과하여 다시 범상천(梵象天)으로 해서 무루천(無漏天)을 거쳐 비상비비상천(非想非非想天)으로 나온다.

사람의 전생은 식물이나 동물인 경우도 있고, 신이 있으며 용신(龍神)이나 천구(天狗)·야차아수라(夜叉阿修羅)·귀신(鬼神)·선인(仙人)·사생아(私生兒)·여우·쥐·뱀·고목나무·자연석(自然石)에 잠자는 정령(情靈)·요괴(妖怪)·오랜 기간 지옥에 머문 아귀·개·소·말 등이 인간으로 태어나는 경우도 많다.

신에도 여럿이 있어 색계(色界)나 범천(梵天)에 사는 신, 욕계(欲界) 최상부(最上部)인 마왕(摩王)이 주재(主宰)하는 타화자재천(他化自在天)에 있는 신, 우리들이 제일 가까이에서 생을 바꿔 나오는 사천왕천(四天王天)과 화락성(化樂城)에 사는 용왕(龍王)·용신(龍神)·용녀(龍女)등이 있다.

다음에 각각의 전세에서 태어나 온 인간 형태를 간단히 분류해 보기로 한다.

① 범천무색계(梵天無色界)의 신이 인간으로 태어나는 경우
—깊은 사색을 하는 철학자가 되거나 고귀한 깨우침을 얻는 구도자(求道者)가 된다.

세간적(世間的)인 명예나 재산을 탐하지 않고, 처자도 필요로 하지 않는다. 일체가 정신이 맑고 깨끗하고 순수한 상태를 갖는다.

범천세계(梵天世界)의 신들은 무량(無量)에 가까운 수명을 갖게 되고, 인간으로 태어나는 경우는 최고성자(最高聖者)가 된다.

② 천신(天神)·천녀(天女)가 인간으로 태어나는 경우—전세에 타화자재천(他化自在天)·화락천(化樂天)·도솔천(兜率天)·야마천(夜摩天)의 신의 세계를 말한다.

고상하고 높은 취미를 갖게 되고, 학문 예술을 좋아하고, 신심(信心)이 깊다. 타인에 친절하고 동정심이 강하며 봉사활동을 좋아한다.

무엇이든지 물질적인 것보다 정신적인 면에 더 치중하게 되고, 거기에서 행복을 찾는다. 연애도 플라토닉한 사랑을 한다. 틀림없이 도교(道敎)나 기독교나 불교 등의 역사 깊은 종교에 귀의하게 되는 특징이 있다.

신경질이나 결벽증이 있고, 남녀 모두 미남미녀가 많다.

가문은 명문 가정에 태어나고, 경제적으로 행복을 누린다.

학자나 예술가가 많다.

③ 도리천(忉利天)·사천왕천(四天王天)의 신이 인간으로 태어나는 경우—대단히 프라이드가 높은 이상주의자(理想主義

者)이다. 정의감이 강하고 호전적이다.

　무슨 일이든지 승부의식이 강하고 결벽할 만큼 타협을 허락하지 않는다. 운동에 대단한 취미를 갖게 되고 즐긴다. 현실긍정적인 쾌락주의자이다.

　신앙심이 두텁고 사원이나 교회, 토속신앙 등에 연구가 깊고 적극적으로 종교 시설을 만들고 후원한다. 종교가의 설교를 듣기 좋아하고 방문한다.

　정치가나 실업가·군인·스포츠 선수로써 대성하는 사람이 많다.

　④ 용왕(龍王)·용녀(龍女)·용신(龍神)이 인간으로 태어나는 경우—대단히 향상심(向上心)이 강하고, 야심가로써 커다란 욕심을 갖게 된다. 또한 머리회전이 빠르고 승부욕이 강하며 성질이 급하다. 독점욕이 강하며 질투심이 대단하다.

　많은 사람의 경우 술을 즐기고 호탕한 반면 자비심을 갖고 자선을 한다.

　남녀가 미남미녀로써 호색적이고 남자의 경우 여자가 많다. 대개의 경우 신흥종교나 신도(神道)·도교(道敎)·토속신앙을 즐겨 찾고, 숭배한다. 또 고독한 자기 수행을 즐기는 사람도 있다.

　⑤ 지옥계(地獄界)·마계(摩界)·축생계(畜生界)에서 인간으로 태어난 경우—대부분 가난한 집에 태어난다. 자신의 신분도 낮고 가문도 약하다. 한가족이 서로 흩어지고 가족 인연이 없다.

　친족에도 병자가 많고, 자기 자신도 여러 가지 장해를 갖고 있다. 지혜와 깨우침도 없고 그때 그때 우직하게 살아간다. 신앙심도 없어 종교를 무시하고 적대시한다.

어릴때 부터 쓴 고생을 하게 되고, 행복감을 맛볼 수 없는 삶을 산다.

또한 단명하고 자살이나 사고사(事故死)로 변사한다. 물론 역사적으로 대위인이나 대종교가도 나오지만 그 경우는 보살이 전세에 신에 대해 약속하는 서원을 강하게 갖고 있기 때문에 자기가 바라는 집안에 태어나는 경우이다.

대강 이상과 같이 분류해서 인간의 전세를 알아 볼 수 있을 것이다.

〈2권에서 계속〉

저자약력

충남 홍성에서 출생. 법호는 靈山, 滋鏡이며 본명은 지세웅이다. 21세가 되던 해에 불교에 귀의하여 인도, 태국, 대만, 티벳트, 일본 등지에서 불교 수행하였다. 일반불교학, 철학, 도학, 주법, 심리학 등 연구 수학. 종교의 실천과 조사를 계속하였다, 동시에 국내 및 아시아의 다종교 세계를 더듬어 종교의 근원을 집중탐구하였다. 금강법계원 법주, 캐나다 토론토 법계원 법주.
저서: 「인간의 질서」 「눈빛 한소리」

개정판 | 2021년 5월 15일

발행처 | 서음미디어
등록 | 제7-0851호
서울시 동대문구 난계로 28길 69-4

지은이 | 지자경
기획·편집 | 이광희
발행인 | 이관희
교 정 | 이정례

표지일러스트 | Juya기획
본문편집 | 은종기획

Tel | 02) 2253 - 5292
Fax | 02) 2253 - 5295

이 책은 저작권법에 의해 보호를 받으므로
무단복제, 전제를 금합니다
ⓒ seoeum
값 20,000원